中山大学粤港澳发展研究院资助

澳门博彩业
面临的问题及对策研究

袁持平　杨继超　著

中山大學出版社
SUN YAT-SEN UNIVERSITY PRESS
·广州·

图书在版编目（CIP）数据

澳门博彩业面临的问题及对策研究/袁持平，杨继超著．—广州：中山大学出版社，2020.3

ISBN978－7－306－06707－4

Ⅰ.①澳… Ⅱ.①袁… ② 杨… Ⅲ.①博彩业—研究—澳门 Ⅳ.①F726.952

中国版本图书馆 CIP 数据核字（2019）第 215175 号

出 版 人：王天琪
策划编辑：曾育林
责任编辑：曾育林
封面设计：曾 斌
责任校对：付 辉
责任技编：何雅涛
出版发行：中山大学出版社
电 话：编辑部 020－84111996，84113349，84111997，84110779
发行部 020－84111998，84111981，84111160
地 址：广州市新港西路 135 号
邮 编：510275 传 真：020－84036565
网 址：http：//www.zsup.com.cn E-mail：zdcbs@mail.sysu.edu.cn
印 刷 者：广州市友盛彩印有限公司
规 格：787mm×1092mm 1/16 22 印张 480 千字
版次印次：2020 年 3 月第 1 版 2020 年 3 月第 1 次印刷
定 价：68.00 元

“澳门博彩业面临的问题及对策研究”课题组成员

负责人：袁持平　杨继超

成　员：让　妍　刘偲民　杜　妍　李　丹　陈　静

本书在调研期间得到澳门理工学院博彩教学暨研究中心的大力支持，特此感谢！

前　　言

澳门自1999年回归祖国以来，“一国两制”理论在澳门得到成功的实践，特别是澳门特别行政区政府从青年着手，在“爱国爱澳”与“人心回归”方面展开工作，效果显著，真正实现了在“一国两制”前提下从主权回归到人心回归，被普遍认为是“一国两制”实施的成功典范。国家主席习近平在庆祝澳门回归祖国15周年大会暨澳门特别行政区第四届政府就职典礼上说，“‘一国两制’、‘澳人治澳’、高度自治方针和澳门特别行政区基本法在澳门社会广泛深入人心、得到切实贯彻落实，宪法和基本法规定的澳门特别行政区的宪制秩序得到尊重和维护，中央全面管治权有效行使，特别行政区享有的高度自治权受到充分保障”。

澳门回归20年来，在中央政府的大力支持下，国家不断为澳门经济发展创造新机遇和平台。比如，2003年开放自由行，签订《内地与澳门关于建立更紧密经贸关系的安排》（CEPA）并不断丰富其补充协议。无论是经济还是政治，澳门都交出了一份令世界称叹的成绩单。2018年，澳门本地生产总值从回归之初的518.7亿澳门元增长了近8倍，在外部需求快速扩张的带动下，本地生产总值为4446.7亿澳门元，实际增长率为5.4%。此外，澳门同内地交流合作日趋深化，积极迎接国家的发展战略，在多个领域与内地展开“先行先试”，如澳门大学横琴校区的建立，澳门对自身水域的管辖权和执法权，澳门单牌车可出入珠海横琴，等等。上述事实表明中央政府给予了澳门很大的政策红利，促进了内地与澳门共同繁荣，这也是澳门坚守“一国”之本、善用“两制”之利的体现。

对于澳门能够取得如此令人惊叹的成绩，博彩业在其中起着不可磨灭的作用。对澳门经济有着举足轻重作用的博彩业，自澳门回归以来，和澳门的整体经济同时实现了高速增长。但澳门博彩业的波动使得澳门经济总量在2014—2016年也产生大幅波动。2014—2016年，受产业结构单一、博彩旅游经济逐渐饱和与内地经济形势等因素的影响，澳门经济增速呈负增长趋势，并且2015年增速达到近20年以来历史最低，为-21.6%。这无疑对澳门未来的繁荣提出了严峻的考验。目前，经历2014—2016年近3年的连续下滑，澳门博彩业在经历短期波动后逐渐保持稳定增长态势。2018年博彩业毛收入同比上升14.0%至3038.79亿澳门元，博彩税总收入为1135.12亿澳门元，同比上升13.7%。

虽然澳门博彩业和澳门经济目前已经从波动中回复到了正常的轨道，但是为了澳门未来长期的可持续稳定发展，对于博彩业过去存在的问题以及目前潜在的风险，我们不容忽视。只有反思历史，居安思危，方可实现澳门长期的繁荣稳定，进而更好地发挥“一国两制”的优势，实现澳门和祖国的共同繁荣。

2019年2月18日，中共中央、国务院印发《粤港澳大湾区发展规划纲要》，其中总共有49项内容与澳门有关，并且也将澳门作为粤港澳大湾区4个中心城市之一，使澳门具有核心增长极点的地位，未来在自身发展的同时，发挥辐射带动作用。本书基于以上背景，通过定性分析、计量实证分析及系统动力学仿真分析，采用最新的统计数据，全面系统地分析了澳门博彩业从赌权开放以来面临的四大问题的原因及对策：①澳门博彩业收入下降的风险及隐患；②澳门博彩业与其他产业不协调发展的问题；③澳门博彩业内部问题；④澳门博彩业面临的市场竞争问题。

本书是我和我的团队长期对澳门跟踪研究的成果合集，其中倾注了几届团队的不懈努力，在此要对其中付出过努力的学者表示衷心的感谢。此次校稿编辑过程中，特别要感谢编辑曾育林老师的严格把关和反复校对。同时，也要感谢中山大学出版社和中山大学粤港澳发展研究院对本书出版所提供的帮助和支持。2019年是澳门回归20周年，希望以此书献礼澳门回归20周年，能够为澳门未来的长期繁荣稳定发展献出绵薄之力。

本书在编写过程中力求严谨、细致，但由于作者知识水平有限，书中难免有纰漏之处，恳请广大读者给予批评指正。

袁持平

2019年12月20日 于中山大学康乐园

目　　录

第一章　澳门博彩业的发展历程及整体现状

澳门博彩业的存在已经有200多年的历史，自1847年以来澳门博彩业共经历了四次重大变革，逐渐成为澳门的支柱性产业。

第一节　澳门博彩业的发展历程[①]

一、博彩专营权确立（1930年）

澳门博彩业历史悠久，成熟时期可以追溯至晚清。当时的赌博方式有“番摊”“骰宝”“铺票”“白鸽票”“山票”“字花”等，其中以“番摊”最为盛行，如图1-1所示。1535年，外国商人向中国官吏行贿，将市舶提举司迁往澳门，允许葡萄牙人和其他外商在澳门附近海上进行贸易，澳门港自此正式开埠。1842年，第一次鸦片战争后，英国占领香港并实行自由港政策后，许多商人迁往香港，澳门的对外贸易地位一落千丈。同时，澳门当地赌场不断增加。1844年，澳门得到葡萄牙省级的独立管治，为了保证政府的开支，总督彼亚度批准跑马

① 袁持平等著：《澳门产业结构适度多元化研究》，中国社会科学出版社2011年版。

合法化，为赌博合法化奠定了基础。1847 年，为了巩固统治地位，增加税务来源，澳葡政府颁布法令，把赌博作为一种商业活动收税，并将赌饷列为当局的财政收入。赌博从非法走向合法，标志着澳门博彩业的兴起，澳门从此走向依靠博彩业为主要经济支柱的发展道路。但是，这一时期当局滥发赌牌，缺乏有效的监管，局面异常混乱，博彩业还停留在较低的发展水平上。

图 1－1　清末的番摊赌坊

资料来源：https://cul. qq. com/a/20141220/013709. htm。

为了增加政府库房收入，扭转当时澳门赌场分散经营、杂乱无章的局面，1930 年，澳葡政府采取暗投竞标和价高者得的原则，批出赌场专利权。以霍芝庭为首的豪兴公司历史性地初次投得全部博彩游戏的专营权。豪兴公司获得专营权后，马上进行改革，打进了澳门最豪华的澳门中央酒店，同时，对澳门博彩业及其周边配套服务做了创新的改进。例如，为赌场进行华丽的装修，设置戏台；为客人提供免费水果、香烟、食品及代客购买船票等。澳门现代博彩业的雏形渐渐显现。

二、博彩专营权的再次竞投（1937 年）

由于豪兴公司在经营方面仍显保守，无法满足澳葡政府对财政收入和社会安定的要求，1937 年，澳葡当局进行第二次博彩专营权竞投。由澳门商人高可宁、傅老榕组成的泰兴娱乐总公司以承诺 180 万澳门元的年税收击败了其他对手，夺得赌场专营权。泰兴公司重视相关配套设施的改善，完善赌场专营权制度，增加了澳葡当局的财政收入，也增强了澳门博彩娱乐业的吸引力，澳门的博彩专营制度逐渐走向成熟。1941 年，太平洋战争爆发，广东、香港相继沦陷，而澳门作为中立区进入特别繁荣期，人口激增至四五十万。20 世纪 40 年代以后，欧美盛行的赛马、赛狗等形式传到澳门，澳门的赌博业因博彩专营和西方新赌博方式的传入而极度繁荣，澳门作为“东方蒙地卡罗”声名鹊起。

三、博彩业的再度繁荣（1961 年）

1961 年 2 月，葡萄牙政府颁布法令，将澳门辟为旅游博彩区，特许开设赌博娱乐业，“博彩”一词取代“赌博”。同年 10 月，以港资为背景的霍英东、何鸿燊、叶汉、叶德利等人合组的财团，以承诺年饷 316.7 万澳门元及承担繁荣澳门的条件，投得澳门赌场专营权。1962 年 3 月，何鸿燊代表该财团与新澳督签署《承办澳门赌博娱乐专营合约》，其间多次续约和修订，最后一次修约在 1997 年，合约有效期至 2001 年 12 月 31 日。1961 年 5 月，澳门旅游娱乐有限公司成立，以全新的手法熔中西博彩于一炉，此后，该公司一直掌有澳门赌场专营权近 40 年，在澳门博彩业中处于垄断地位。1982 年，澳门立法会颁布法律，将澳门界定为“恒久博彩区”，将“赌博娱乐”更名为“幸运博彩”，重新规范了幸运博彩业的批给制度、总督的职权以及该法律的修改程序等内容。其间，澳门幸运博彩业再度繁荣发展。

四、从“垄断”到“开放”（2002 年）

2001 年年底，澳门特别行政区政府抓住赌权到期的机会，做出了历史性的选择，改革博彩业制度，开放赌权，实行赌权多元化。如图 1-2、图 1-3 所示，2002 年，澳门特别行政区政府通过公开竞标的方式，发放了 3 个博彩专营牌照：澳门博彩股份有限公司、永利度假村（澳门）股份有限公司、银河娱乐场股份有限公司。从此，澳门博彩专营制度结束。之后，博彩牌照经过 3 次转批，赌牌数目扩展为 6 个：澳门特别行政区政府为了保留“威尼斯人集团”在澳门投资的机会，同意将银河的赌牌一分为二，成为现在的“银河”和“金沙”两大博彩公司；2005 年，澳娱分拆赌牌给何超琼与美国的合资公司美高梅；2006 年，永利公司行使批转权，将副牌授给新濠与百宝来合资的公司，澳门博彩业从此由一家企业的垄断市场变成一个垄断竞争市场，

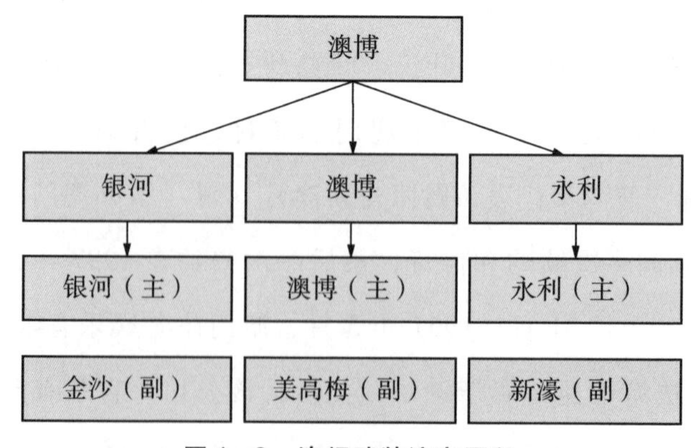

图 1-2　澳门赌牌演变历程

图1-3　澳门博彩业发展重大事件时间轴

博彩制度变革在推动经济发展方面取得了巨大成效。澳门本地生产总值从2002年的58826百万澳门元增长约8倍至2018年的444666百万澳门元。相比于2002年，至2019年第三季度，澳门博彩业赌台数目从339张增加至6756张，角子机数目从814部增加至17348部；澳门幸运博彩娱乐场数目从11间增加至41间，其中25间开设于澳门半岛，余下16间则设在凼仔。在总体娱乐场数目当中，澳博占22间、银河占6间、威尼斯人占5间、新濠博亚占4间、永利占2间及美高梅占2间娱乐场。此外，澳门逸园赛狗股份有限公司于2018年7月20日正式结束经营赛狗活动。

如今，澳门正在积极融入粤港澳大湾区，并作为核心城市之一，努力建设世界旅游休闲中心、中国与葡语国家商贸合作服务平台，促进经济适度多元发展，打造以中华文化为主流、多元文化共存的交流合作基地。其中，澳门博彩业也在不断进行优化调整和创新，目的是更好地将澳门建设成为世界旅游休闲中心，并促进澳门经济适度多元化。

第二节　澳门经济整体现状

一、经济总量

澳门经济增速可观，但近年经历剧烈波动。澳门经济属于典型的微型经济体系，市场规模有限，经济门类相对来说并不完整。澳门服务业的高度发达并非基于高度发达的工业基础，而是建立在对博彩业高度依赖的基础之上，而澳门博彩业是一种外向型产业，其对外依存度高达95%[①]，这是由博彩业本身的特点决定的。由于澳门经济没有形成完善的内部产业体系，经济发展基础不牢固，过度依赖博彩业及相关产业的膨胀，因此，经济增长容易受到外部因素的冲击而大起大落。2003年，受非典型性肺炎（SARS）的影响，澳门游客骤降，酒店月均入住率仅为64.2%，博彩业收入大幅下降，同期澳门经济增长率为11.7%，第二季度出现回归以来的首次负增长，为-7.7%，而当年失业率则高达6.0%；随着CEPA的全面实施，澳门2004年实现地区生产总值（GDP）增长25.3%，创澳门经济回归以来的最大增幅，同期失业率仅为4.9%；受国际金融危机的影响，澳门经济增长放缓，2009年澳门GDP增长率仅为1.3%。而后，随着全球经济的日渐复苏，澳门经济也迅速反弹，2010年澳门GDP增长率为25.3%，创澳门经济增长的新纪录。总体而言，自澳门回归以来，本地生产总值持续增长，但实际增长幅度存在波动。值得注意的是，由于澳门博彩业收入构成了澳门地区生产总值的绝大部分，并且澳门对博彩业严重依赖，澳门博彩业的波动使得澳门经济总量在2014—2016年也产生大幅波动。如图1-4所示，2014—2016年，受产业结构单一、博彩旅游经济逐渐饱和与内地经济形势等因素的影响，澳门经济增速呈负增长趋势，并且2015年增速降至近20年以来最低水平，为-21.6%。

---

① 郭小东，刘长生：《澳门博彩业的经济带动能力及其产业政策取向分析》，载《国际经贸探索》2009年第8期。

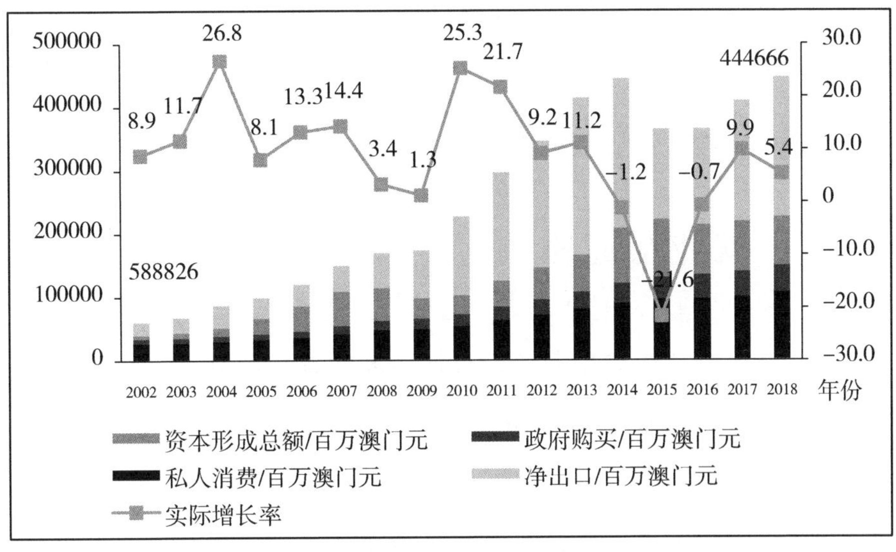

图 1-4　2002—2018 年澳门经济总量①及实际增长率

数据来源：澳门特别行政区政府统计暨普查局。

目前，澳门整体经济已回暖，总体经济稳定。在经历 2014—2016 年波动后，随着澳门博彩业的及时调整和内地经济复苏，从 2016 年第三季度开始，澳门整体经济随着博彩业的回暖而逐步呈平稳增长态势。2018 年，澳门在外部需求快速扩张的带动下，本地生产总值为 4446. 7 亿澳门元，实际增长率为 5. 4%，净出口为 2204. 6 亿澳门元，同比上升 11. 5%，为经济实质增长率贡献 5. 7 个百分点，净出口当中主要为服务出口；私人消费开支和政府最终消费支出分别录得 1057. 5 亿澳门元和 420. 6 亿澳门元，同比上升 4. 2% 和 3. 5%，分别为经济实质增长率贡献 1. 0 个百分点和 0. 3 个百分点；固定资本形成总额为 763. 9 亿澳门元，同比下降 6. 5%，拉低经济实质增长率 1. 1 个百分点。值得注意的是，固定资本投资逐年下降成为澳门经济负向推动力，这对于澳

① 以当年价格按支出法计算而得的本地生产总值。本书中若无特殊说明，本地生产总值皆为以此方法计算的统计数据。

门而言，实际上利大于弊，一个成熟的经济体必然不会主要依靠投资来驱动，未来澳门经济的发展更多的是思考如何进行内在动力的调整，逐步实现长期稳定且可持续的发展。

二、就业与通胀

澳门就业形势随着博彩业的发展不断改善，目前就业状况稳定。如表1-1所示，2002—2018年间，澳门的劳动参与率从62.6%上升到70.9%，失业率由6.3%下降到1.8%。2018年，博彩业及其相关服务业的就业增长率是总的就业增长率的2.95倍。如表1-2所示，博彩业就业人口占总就业人口的比例也由2002年的11.5%增长到2018年的25.0%，这就意味着2018年澳门每4个劳动力中就有一个从事博彩业。充足的就业机会是维持社会稳定的重要因素，一个国家或地区的失业率突破国际上通用的7%警戒线，就会引起诸多问题。博彩业的发展在吸收澳门劳动力和降低澳门失业率方面做出了突出的贡献，是影响澳门劳动力就业市场的最重要因素。

表1-1　2002—2018年澳门劳动参与率与失业率

年　份	失业率	劳动力参与率
2002	6.3%	62.6%
2003	6.0%	61.2%
2004	4.9%	62.2%
2005	4.1%	63.4%
2006	3.8%	65.7%
2007	3.2%	68.6%
2008	3.0%	70.7%
2009	3.5%	72.3%

续上表

年　份	失业率	劳动力参与率
2010	2.8%	72.0%
2011	2.6%	72.5%
2012	2.0%	72.4%
2013	1.8%	72.7%
2014	1.7%	73.8%
2015	1.8%	73.7%
2016	1.9%	72.3%
2017	2.0%	70.8%
2018	1.8%	70.9%

数据来源：澳门特别行政区政府统计暨普查局。

表1-2　2002—2018年澳门总体和博彩业就业人数及同期变动率

年　份	澳门总体就业人数/千人	同期变动率	博彩业及相关服务业就业人数/千人	同期变动率
2002	204.9	-0.04%	23.5	5.17%
2003	205.4	0.24%	23.9	1.54%
2004	219.1	6.70%	31.3	30.91%
2005	237.5	8.35%	40.8	30.29%
2006	264.2	11.26%	52.5	28.91%
2007	293.0	10.90%	72.7	38.36%
2008	317.1	8.22%	77.4	6.48%
2009	311.9	-1.62%	73.7	-4.78%
2010	314.8	0.92%	75.4	2.25%
2011	327.6	4.07%	82.0	8.78%
2012	343.2	4.78%	89.5	9.18%
2013	361.0	5.18%	93.4	4.34%
2014	388.1	7.51%	94.0	0.59%
2015	396.5	2.16%	94.2	0.30%
2016	389.7	-1.72%	92.7	-1.58%

续上表

年　　份	澳门总体就业人数/千人	同期变动率	博彩业及相关服务业就业人数/千人	同期变动率
2017	379.8	-2.54%	92.3	-0.44%
2018	385.4	1.49%	96.4	4.39%

数据来源：澳门特别行政区政府统计暨普查局。

但同时，由于澳门长期偏重博彩业的发展，导致本土低学历和低技术劳工持续大量地涌入劳动力市场。一方面，本土低素质劳动力难以与具有高学历和高应对能力的外来劳动力竞逐博彩业及其相关行业新增的职位。赌权开放早期，澳门高等教育学历的就业人口比例皆低于小学、初中和高中教育学历的就业人口的比例，直到2012年，中高等教育学历的就业人口比例超过了初中教育学历的就业人口比例，随后超过其他所有学历水平的就业人口比例。（如图1-5所示）这在很大程度上得益于2012年澳门特别行政区政府将进入赌场的限制年龄由之前的18岁提升至21岁；另一方面，由于当地缺乏相关经验和技术人员，不得不从内地和香港等地输入劳动力填补空白，非本地雇员占澳门整体就业人口的比重升至2018年的48.9%。（如图1-6所示）若长期缺乏高素质管理人才，必然会影响其未来的核心竞争力。

通胀保持温和水平，但有较大的上升趋势。澳门近年来通胀水平都保持在温和的区间范围内，并且从2014年起，澳门通胀水平的整体趋势是下降的，这也是澳门经济能够一直保持稳定增长的原因之一。如图1-7所示，2018年综合消费物价指数同比上升1.78至3.01，上升主要是由衣履、交通、医疗及教育价格上升而推动的。

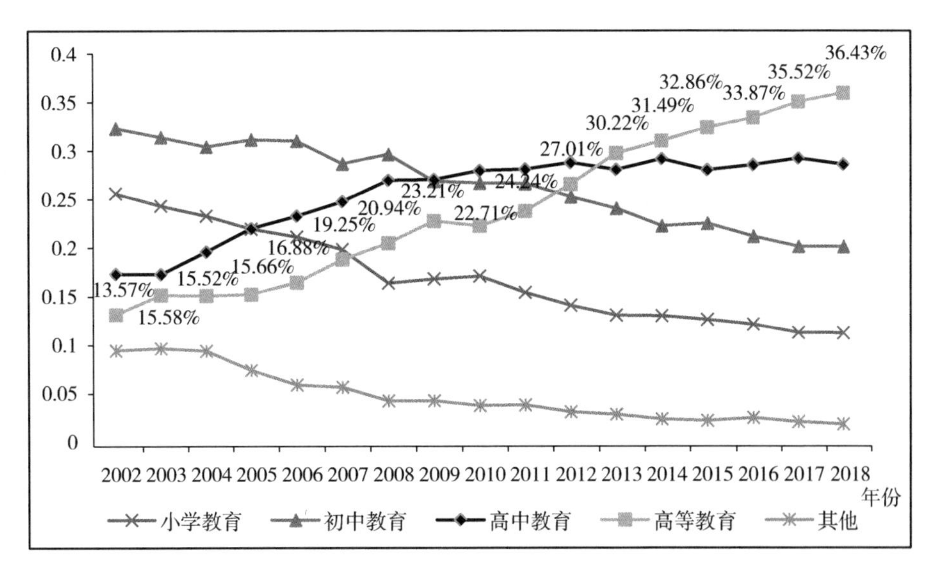

图 1-5　2002—2018 年澳门总就业人口中不同学历的占比

数据来源：澳门特别行政区政府统计暨普查局。

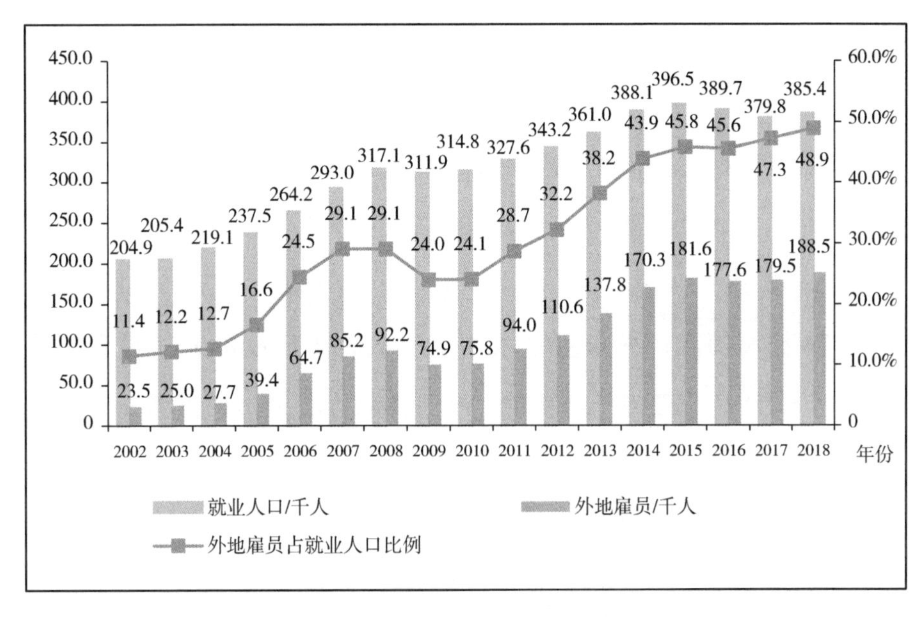

图 1-6　澳门总就业人口及外劳就业人口比例

数据来源：澳门特别行政区政府统计暨普查局。

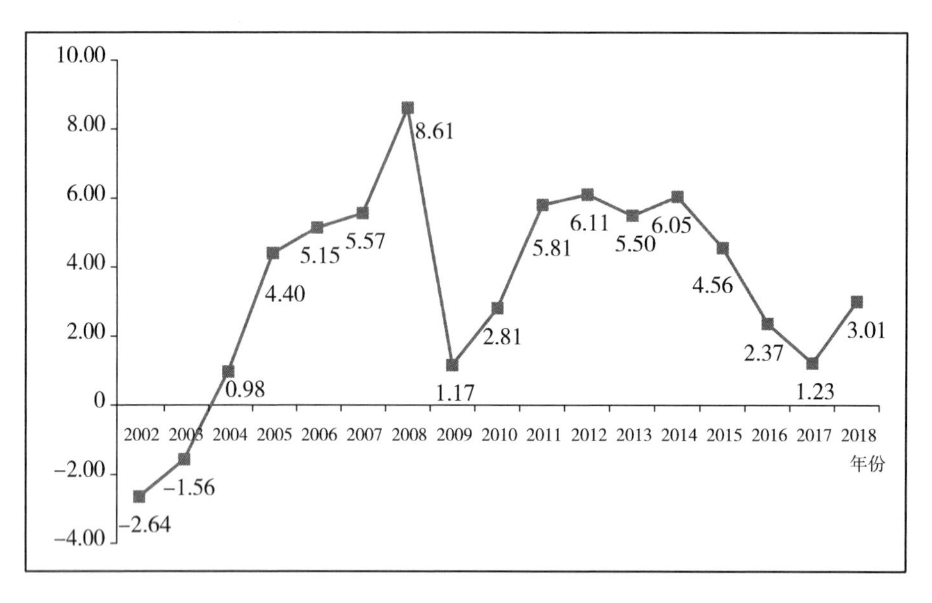

图 1-7　2002—2018 年澳门综合消费物价指数

数据来源：澳门特别行政区政府统计暨普查局。

三、博彩业

澳门博彩业在经历短期波动后逐渐保持稳定增长态势。如图 1-8 所示，在经历 2014—2016 年近 3 年的连续下滑，澳门博彩业从 2016 年年末开始逐渐回升。2018 年，博彩业毛收入同比上升 14.0% 至 3038.79 亿澳门元，博彩税总收入为 1135.12 亿澳门元，同比上升 13.7%。其中，幸运博彩占绝对主导地位，超过 99% 的博彩业毛收入都来自幸运博彩，在鼎盛时期的 2013 年及 2014 年，幸运博彩业毛收入分别高达 3607.5 亿澳门元及 3515.2 亿澳门元。随后，如表 1-3 所示，幸运博彩业务经过 2015—2017 年的 3 年调整期后，2018 年回稳至 3028.5 亿澳门元。另外，其他类别（足球彩票、篮球彩票、赛马、赛狗、中式彩票及即发彩票等）的收入微不足道，2018 年合计只有约

10.3 亿澳门元。

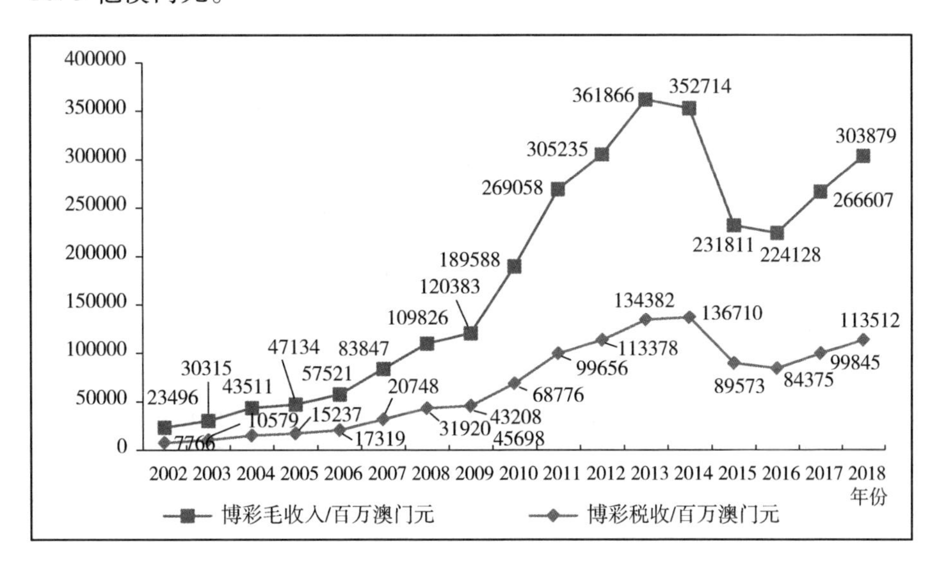

图 1-8　2002—2018 年澳门博彩业毛收入和博彩税收

数据来源：澳门特别行政区政府统计暨普查局。

表 1-3　2015—2018 年澳门按类别统计的博彩业毛收入和比重

类　别	2015 年		2016 年		2017 年		2018 年	
	博彩业毛收入/百万澳门元	比重	博彩业毛收入/百万澳门元	比重	博彩业毛收入/百万澳门元	比重	博彩业毛收入/百万澳门元	比重
总数	231811	100.00%	224128	100.00%	266607	100.00%	303879	100.00%
幸运博彩	230840	99.58%	223210	99.59%	265743	99.68%	302846	99.66%
其他	971	0.42%	917	0.41%	864	0.32%	1033	0.34%

数据来源：澳门特别行政区政府统计暨普查局。

澳门的幸运博彩业务当中，贵宾厅业务比重占绝对优势，但也渐渐开始合理化。在 2012—2014 年，贵宾厅业务的收入占整体博彩业毛收入的 60% 以上，2012 年占比更是近七成。由于内外因素的变化，近年来贵宾厅业务的比重有所下降，2016 年及 2017 年其在幸运博彩业毛收入的比重分别为 53.6% 及 56.9%，分别较 2012 年下跌 15.9 个及

12.5 个百分点；2018 年比重为 55.0%，较 2012 年下跌 14.4 个百分点。这样的结构性变化，是内因和外因共同作用的结果，也意味着澳门博彩业开始从过去以依赖贵宾厅为主的收入结构向更为合理和可持续的方向发展。这亦可从近年中场和角子机业务的占博彩业毛收入的比重有所上升看出，2018 年中场收入约为 1212.3 亿澳门元，角子机收入约为 150.5 亿澳门元，在幸运博彩业毛收入中所占比重分别为 40.0% 及 5.0%，如表 1-4 所示。

表 1-4　2015—2018 年澳门按类别统计的幸运博彩业毛收入和比重

类　　别	2015 年		2016 年		2017 年		2018 年	
	幸运博彩毛收入/百万澳门元	比重	幸运博彩毛收入/百万澳门元	比重	幸运博彩毛收入/百万澳门元	比重	幸运博彩毛收入/百万澳门元	比重
总数	230840	100.00%	223210	100.00%	265743	100.00%	302846	100.00%
贵宾厅	128271	55.57%	119519	53.55%	151315	56.94%	166571	55.00%
贵宾百家乐	127818	55.37%	118960	53.30%	150673	56.70%	166097	54.85%
中场	90815	39.34%	92307	41.35%	101264	38.11%	121227	40.03%
角子机	11754	5.09%	11384	5.10%	13164	4.95%	15048	4.97%

数据来源：澳门特别行政区政府统计暨普查局。

对于与博彩业直接相关的酒店业而言，同样保持了稳定增长态势。如图 1-9 所示，2018 年的酒店入住率为 91.6%，同比上升 4.4 个百分点，住客为 1374.4 万人次，同比上升 5.9%，平均留宿时间为 1.5 晚，与上一年持平。其中，五星级酒店的入住率为 92.4%，同比上升 5.2 个百分点，住客为 773.3 万人次，同比上升 9.5%，平均留宿时间为 1.7 晚，同比上升 0.1 晚。

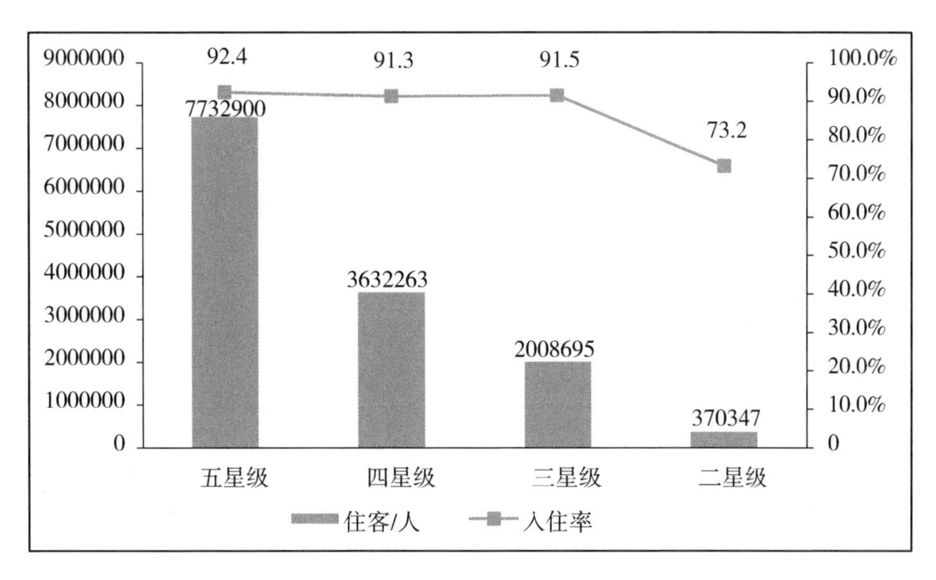

图 1－9　2018 年澳门酒店入住情况

数据来源：澳门特别行政区政府统计暨普查局。

四、产业结构

澳门已形成以第三产业为主导的产业结构。如表 1－5 和图 1－10 所示，澳门第一产业占 GDP 比重几乎为零，第二产业的比重随着制造业的外移呈现不断下降的趋势，而以博彩业为主的第三产业占据澳门经济的绝对主导地位。另外，随着近年来世界经济大环境的急速转变，澳门经济结构的不合理之处逐渐显现出来。

表 1－5　2002—2018 年澳门产业结构①变动

年　份	第一产业	第二产业	第三产业
2002	0	9. 80%	90. 20%
2003	0	10. 09%	89. 91%

① 以澳门当年生产者价格按生产法计算的主要行业增加值总额计算而得。

续上表

年　　份	第一产业	第二产业	第三产业
2004	0	9.25%	90.75%
2005	0	11.74%	88.26%
2006	0	15.29%	84.71%
2007	0	14.27%	85.73%
2008	0	12.19%	87.81%
2009	0	7.58%	92.42%
2010	0	4.87%	95.13%
2011	0	4.15%	95.85%
2012	0	4.05%	95.95%
2013	0	3.73%	96.27%
2014	0	5.09%	94.91%
2015	0	7.80%	92.20%
2016	0	6.70%	93.30%
2017	0	5.06%	94.94%
2018	0	4.18%	95.82%

数据来源：澳门特别行政区政府统计暨普查局。

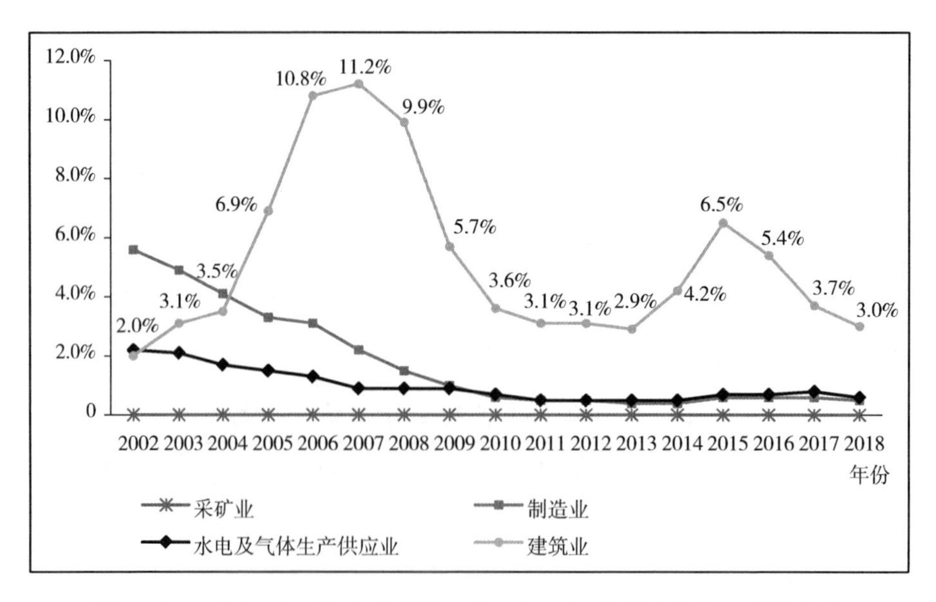

图1-10　2002—2018年澳门第二产业各行业占本地生产总值的比重

数据来源：澳门特别行政区政府统计暨普查局。

第三产业内部结构呈现出典型的单极化特征。如表1-6所示，自1999年以来，批发及零售业、酒店业、饮食业增加值所占澳门地区生产总值的比重均仅略高于一成，2018年所占比重为12.0%；运输、仓储及通信业自2003年起增加值所占澳门地区生产总值的比重均小于5%，2018年仅占2.6%；银行业、不动产业和租赁及工商服务业增加值所占澳门地区生产总值较高，但仍不及20%；而只博彩业这一行业增加值所占澳门地区的生产总值比重均值就超过50%，如图1-11所示。

表1-6　2002—2018年澳门主要行业占本地生产总值的比重

年份	建筑业	批发及零售业	酒店业	饮食业	运输、仓储及通信业	银行业	不动产业	租赁及工商服务业	公共行政	博彩及博彩中介业
2002	2.0%	4.5%	1.9%	3.4%	5.4%	5.3%	9.6%	3.9%	7.1%	38.0%
2003	3.1%	4.3%	1.6%	3.2%	4.3%	4.7%	8.9%	3.6%	6.6%	42.3%
2004	3.5%	4.0%	1.7%	3.6%	4.0%	3.9%	8.0%	4.4%	5.5%	46.2%
2005	6.9%	3.8%	1.6%	3.0%	3.7%	5.1%	9.4%	4.3%	5.2%	43.3%
2006	10.8%	3.8%	1.5%	2.9%	3.4%	5.3%	8.7%	5.1%	4.6%	40.9%
2007	11.2%	3.6%	1.7%	2.5%	3.0%	4.4%	8.8%	5.0%	4.4%	44.5%
2008	9.9%	3.5%	2.7%	2.5%	2.5%	4.1%	8.5%	4.8%	4.3%	47.2%
2009	5.7%	4.3%	3.1%	2.2%	2.5%	4.0%	8.7%	4.9%	4.5%	50.0%
2010	3.6%	4.9%	3.2%	1.9%	2.4%	3.2%	6.3%	4.4%	3.6%	59.2%
2011	3.1%	5.0%	3.2%	1.7%	2.1%	3.0%	5.8%	3.5%	3.1%	63.0%
2012	3.1%	5.3%	3.1%	1.7%	1.9%	2.9%	6.6%	3.2%	3.0%	62.9%
2013	2.9%	5.3%	3.1%	1.6%	1.8%	3.3%	7.1%	3.3%	2.8%	63.1%
2014	4.2%	5.2%	3.5%	1.6%	2.0%	3.9%	8.4%	3.7%	3.0%	58.5%
2015	6.5%	5.6%	3.8%	1.7%	2.7%	5.3%	10.2%	3.9%	4.2%	48.0%

续上表

年份	建筑业	批发及零售业	酒店业	饮食业	运输、仓储及通信业	银行业	不动产业	租赁及工商服务业	公共行政	博彩及博彩中介业
2016	5.4%	5.3%	4.1%	1.8%	2.9%	5.6%	10.6%	4.7%	4.4%	46.7%
2017	3.7%	5.7%	4.3%	1.7%	2.6%	5.4%	10.5%	4.7%	4.3%	49.0%
2018	3.0%	5.8%	4.6%	1.6%	2.6%	5.3%	9.6%	4.7%	4.1%	50.5%

数据来源：澳门特别行政区政府统计暨普查局。

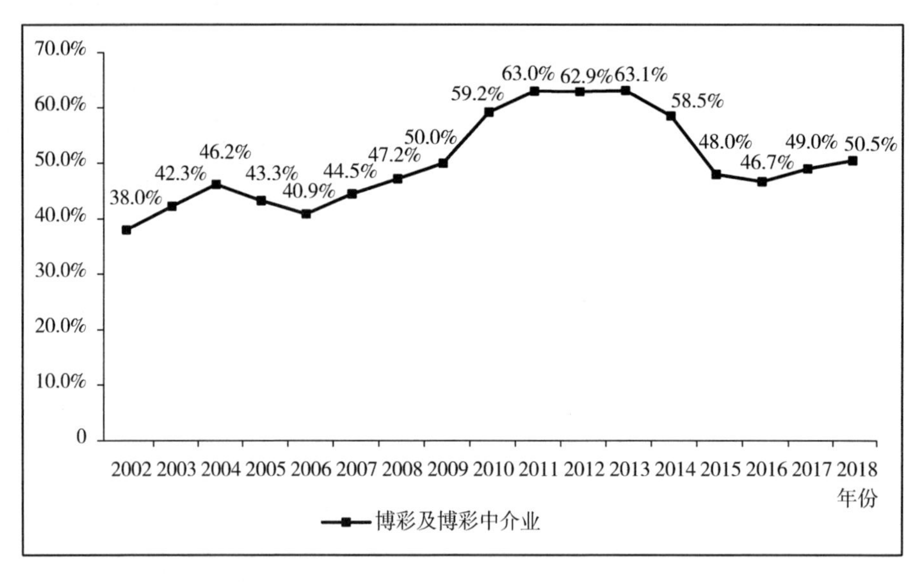

图 1-11　2002—2018 年澳门博彩业占整体经济的比例

数据来源：澳门特别行政区政府统计暨普查局。

博彩业依旧占据龙头，但较鼎盛时期，其比重有所下降。近年来，澳门多元化程度提高，主要原因是不动产业、银行业等行业的发展，产值不断增加，为澳门多元化程度的提升起到至关重要的作用，减轻了澳门的潜在风险。以当年生产者价格按生产法计算的本地生产总值

中，博彩业（包括博彩中介业）所占的比重相较其他行业均为最高。紧随博彩业之后，不动产业务、建筑业、批发及零售业、金融业（银行业＋保险及退休基金）、租赁及向企业提供服务和酒店业皆是在澳门经济中的比重处于前列的行业。博彩业产值的增长速度近年一直处于较高水平，2003年和2004年更呈现爆炸式增长，在2013年左右达到顶峰，以当年生产者价格计算的博彩业增加值在澳门产业结构的比例高达63.1%；由于内外因素的影响，博彩业自2014年第二季开始进入了调整期，至2015年由于博彩业毛收入大幅下滑（34.3%），令2014年及2015年博彩业在澳门的产业结构中的比重分别下降至58.5%及48.1%；2016年博彩业开始回稳，其在产业结构的比重同比轻微下降1.4个百分点至46.7%；2017年博彩业的比重回升2.3个百分点至49.0%；续后在2018年其比重上升1.5个百分点至50.5%。其后，增长步伐虽然放缓，但博彩业仍然处于“一业独大”的地位，成为占生产总值比重最高、升速最快的独立行业。紧随博彩业之后，不动产业务、建筑业、批发及零售业、金融业（银行业＋保险及退休基金）、租赁及向企业提供服务和酒店业，皆为澳门经济中的比重处于前列的行业。此外，由于多个大型酒店及娱乐设施项目相继竣工，建筑业在产业结构的比重于2018年同比下降0.7个百分点至3.0%。

从相关关系方面来看，如图1－12所示，澳门GDP和博彩业毛收入呈很强的正相关关系。因此，可以看出博彩业发展是影响澳门GDP的重要因素。博彩业同时带动其他产业的发展。从博彩相关产业发展角度看，受博彩业影响比较大的产业主要有酒店业、批发及零售业、餐饮业，这些产业的发展受到博彩业发展的深刻影响，具有很强的博彩业印记。梁华峰（2012）采用简单计量模型测算博彩业与其他产业的关联关系，发现建筑业、租赁及向企业提供的服务、酒店业、批发零售业与博彩业正向关联度高居前四；陈章喜（2012）用灰色关联度测算出博彩业与酒店业、批发零售业、餐饮业的相关系数分别为0.7942、0.7357、0.6452，可以推论，博彩业的发展对其他相关产业具有举足轻重的作用。

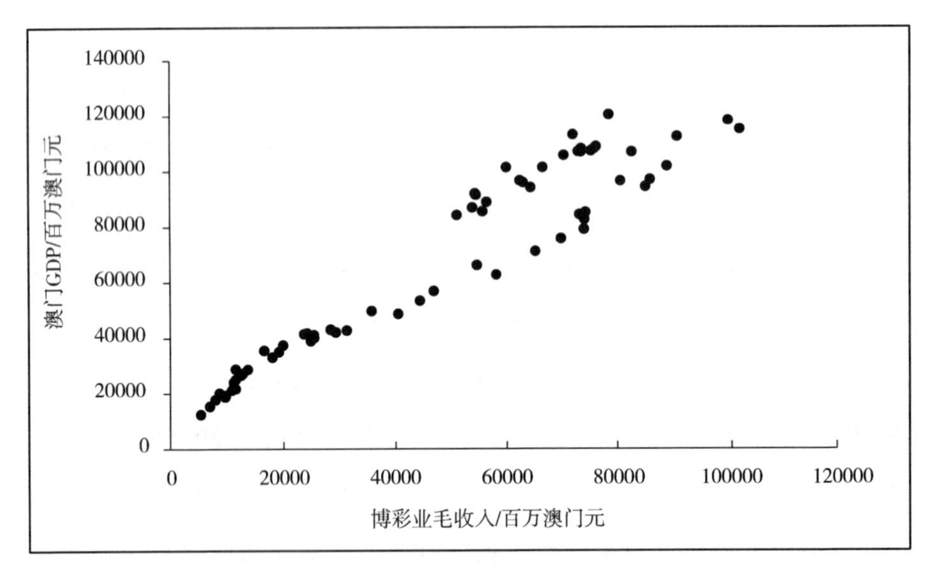

图1-12　澳门博彩业毛收入与澳门GDP散点

数据来源：澳门特别行政区政府统计暨普查局。

批发及零售业、酒店业及餐饮业增加值增长率与澳门博彩业具有很强的趋同性，如图1-13所示。2003年出现SARS，澳门游客骤降，博彩业收入大幅下降，对整体经济带来的负面影响令人印象深刻，博彩增长速度放缓，其他相关产业的增长速度随之降低。可见，在某种意义上，博彩业的发展是其他相关产业发展的晴雨表，其他产业的发展与博彩业具有很高的关联度。

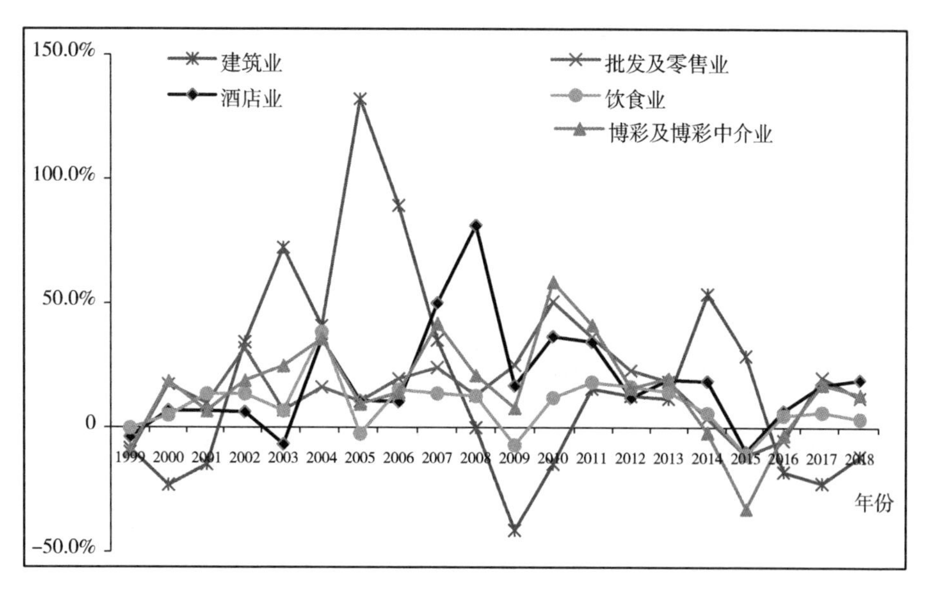

图 1-13　1999—2018 年澳门博彩业及相关行业增长率

数据来源：澳门特别行政区政府统计暨普查局。

五、旅客来源及旅客消费

目前，澳门旅客来源单一，主要依赖于内地客源。如图 1-14 所示，自由行政策实施以来，来自内地的游客数量一路攀升，其比重由 2008 年的 50.64% 上升到 2018 年的 70.55%，而来自香港的旅客比重则大幅降低。另外，美洲、欧洲及大洋洲 2018 年旅客的访澳门人次较 2017 年分别增加 6.4%、3.5% 及 2.7%，国际化程度有一定提高。受惠于旅游设施及旅游景点的不断完善，留宿旅客数量于 2016 年首次超越不过夜旅客数量，占整体旅客的 50.7%；2017 年的相关比重进一步提升至 52.9%，同比增加了 2.2 个百分点。随着港珠澳大桥在 2018 年 10 月下旬正式通车，不过夜旅客量逐步回升，2018 年全年留宿旅客比重同比下降 1.2 个百分点至 51.7%；内地（52.7%）及香港

(45.1%) 的占比分别下跌 1.0 个百分点及 2.6 个百分点。

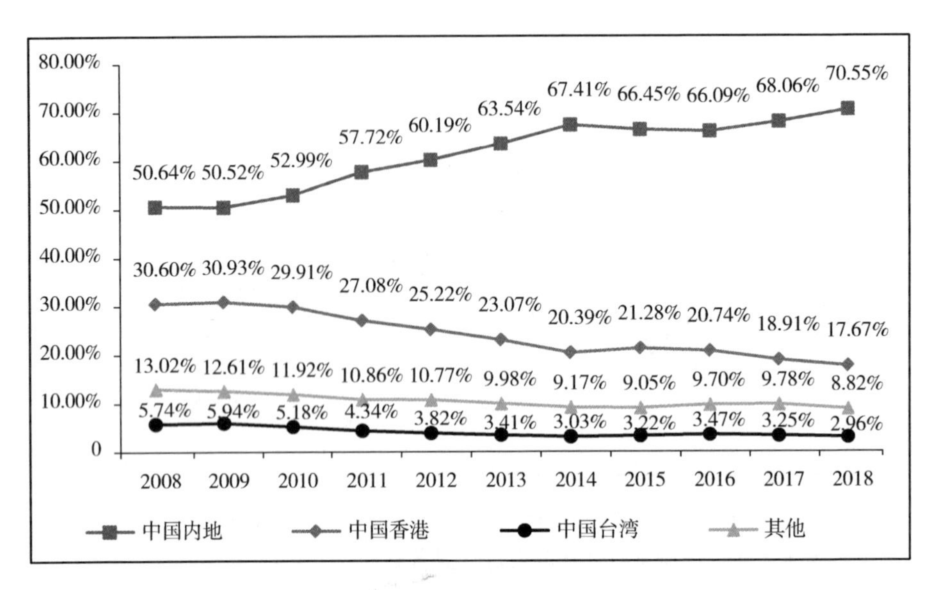

图 1-14　2008—2018 年澳门旅客来源结构

数据来源：澳门特别行政区政府统计暨普查局。

随着竞争者的不断发展，澳门的最大竞争对象早已不仅限于拉斯维加斯。近距离的东南亚国家的博彩业的兴起对旅客的争夺日益激烈，因此旅客市场的多元化对于澳门而言亦有重要战略意义。澳门的旅客市场高度集中于国内，来自内地、香港和台湾地区的旅客占了所有旅客的 90% 以上，而来自内地的旅客数目仍占最大份额。这样的旅客结构目前而言也许是比较稳定的，但柬埔寨、新加坡等未来“赌城”的发展对国内旅客也有十足的异乡诱惑，因此，我们应该追求澳门更国际化、多元化的旅客结构。

如表 1-7 所示，2018 年有 54.5% 的旅客来澳门的主要目的为旅游或度假，比例同比上升 1.2 个百分点；过境（占 14.9%）及购物（占 8.9%）的旅客分别微增 0.6 个百分点及 0.9 个百分点。另外，参加会展的旅客比例与 2017 年持平，同样为 0.9%。按旅客来澳门主要目的

及人均消费分析，以会展为目的旅客消费（3506澳门元）最高，同比增加1.4%，购物（2618澳门元）及来澳门旅游或度假的旅客消费（2552澳门元）均上升1.8%；探亲（1288澳门元）及业务公干（1199澳门元）则分别下跌7.6%及18.3%。

表1-7　2017—2018年澳门按旅客类别及来澳门主要目的统计的入境旅客人次、人均消费及总消费

年　份	2017年			2018年		
旅客类别/访澳门目的	入境旅客/人	总消费/百万澳门元	人均消费/澳门元	入境旅客/人	总消费/百万澳门元	人均消费/澳门元
总数	32610506	61324	1880	35803663	69687	1946
旅游/度假	17388465	43603	2508	19523792	49828	2552
购物	2599743	6684	2571	3170691	8301	2618
博彩	1776640	1750	985	938286	1115	1188
探亲	1950176	2719	1394	1982022	2553	1288
公干（不包括参加会展）	1456350	2138	1468	1827466	2191	1199
参加会展	307454	1062	3456	334725	1173	3506
过境	4664470	1372	294	5325601	2381	447
留宿旅客						
总数	17254838	49753	2883	18492951	56237	3041
旅游/度假	11944281	38462	3220	13500908	44291	3281
购物	502842	2185	4345	481803	2679	5559
博彩	644363	1410	2189	374460	864	2307
探亲	1388791	2420	1743	1090055	2151	1974
公干（不包括参加会展）	576257	1778	3085	561481	1712	3049
参加会展	267480	1040	3889	286391	1153	4026
过境	640853	730	1139	824774	1587	1924
不过夜旅客						
总数	15355668	11571	754	17310712	13450	777

续上表

年　份	2017 年			2018 年		
旅客类别/访澳门目的	入境旅客/人	总消费/百万澳门元	人均消费/澳门元	入境旅客/人	总消费/百万澳门元	人均消费/澳门元
旅游/度假	5444183	5141	944	6022884	5537	919
购物	2096901	4499	2145	2688888	5622	2091
博彩	1132276	340	300	563826	251	446
探亲	561385	298	532	891967	401	450
公干（不包括参加会展）	880092	360	409	1265985	479	378
参加会展	39974	22	557	48334	20	419
过境	4023617	642	159	4500827	794	176

数据来源：澳门特别行政区政府统计暨普查局。

另外，在留澳时间方面，如表 1－8 所示，2018 年整体旅客的平均逗留时间和 2017 相当，维持在 1.2 天。中国内地旅客的平均逗留时间于 2015—2017 年间每年持续上升后，2018 年则维持在 2017 年 1.3 日的水平。但其余大多数地区的访澳门旅客平均逗留时间整体上有所下降，这对澳门未来旅客国际化提出了一定的挑战。

表 1－8　2015—2018 年按证件签发地统计的访澳门旅客平均逗留时间

国家或地区	2015 年		2016 年		2017 年		2018 年	
	逗留时间/天	同比增量	逗留时间/天	同比增量	逗留时间/天	同比增量	逗留时间/天	同比增量
合计	1.1	0.1	1.2	0.1	1.2	0	1.2	0
中国内地	1.1	0.1	1.2	0.1	1.3	0.1	1.3	0
中国香港	0.8	0.1	0.9	0.1	0.9	0	0.9	0
中国台湾	1.0	0.1	1.1	0.1	1.1	0	1.1	0
印度	1.7	0.3	1.7	0	1.7	0	1.7	0
印尼	2.7	1.3	2.7	0	2.3	-0.4	2.5	0.2
日本	1.0	0	1.1	0.1	1.1	0	1.0	-0.1

续上表

国家或地区	2015年		2016年		2017年		2018年	
	逗留时间/天	同比增量	逗留时间/天	同比增量	逗留时间/天	同比增量	逗留时间/天	同比增量
马来西亚	1.3	0.2	1.4	0.1	1.4	0	1.4	0
菲律宾	3.9	2.2	4.1	0.2	3.6	-0.5	3.6	0
韩国	1.1	0.2	1.2	0.1	1.3	0.1	1.4	0.1
新加坡	1.1	0.1	1.2	0.1	1.3	0.1	1.3	0
泰国	1.1	0.1	1.0	-0.1	1.1	0.1	1.2	0.1
越南	6.0	3.8	8.1	2.1	5.7	-2.4	6.0	0.3
亚洲其他	1.8	0.6	2.0	0.2	1.8	-0.2	1.3	-0.5
巴西	1.6	0.5	1.8	0.2	1.6	-0.2	1.6	0
加拿大	1.2	0.1	1.3	0.1	1.3	0	1.3	0
美国	1.3	0.3	1.3	0	1.3	0	1.2	-0.1
美洲其他	1.1	0.1	1.2	0.1	1.1	-0.1	1.1	0
法国	1.2	0.3	1.3	0.1	1.3	0	1.3	0
德国	1.1	0.2	1.2	0.1	1.2	0	1.2	0
荷兰	1.1	0.1	1.3	0.2	1.3	0	1.2	-0.1
意大利	1.3	0.4	1.3	0	1.3	0	1.2	-0.1
葡萄牙	4.6	1.8	4.8	0.2	4.4	-0.4	4.6	0.2
俄罗斯	1.4	0.4	1.6	0.2	1.5	-0.1	1.4	-0.1
西班牙	1.3	0.3	1.5	0.2	1.6	0.1	1.3	-0.3
瑞士	1.1	0.2	1.2	0.1	1.1	-0.1	1.1	0
英国	1.5	0.4	1.5	0	1.4	-0.1	1.4	0
欧洲其他	1.4	0.4	1.5	0.1	1.4	-0.1	1.3	-0.1
澳洲	1.4	0.2	1.5	0.1	1.4	-0.1	1.4	0
新西兰	1.4	0.2	1.6	0.2	1.4	-0.2	1.5	0.1
大洋洲其他	1.7	0.2	1.6	-0.1	2.0	0.4	1.6	-0.4
南非	1.5	0.3	1.5	0	1.5	0	1.7	0.2
其他	1.4	0.7	1.8	0.4	2.0	0.2	2.3	0.3

数据来源：澳门特别行政区政府统计暨普查局。

六、直接投资

澳门外来直接投资流量近年来波动较大，2018 年有较大幅度回升，如图 1-15 所示。正如前文所分析的，澳门目前仍然是以博彩业为产业主导的经济，因此，其外来直接投资在很大程度上取决于澳门博彩业业绩的波动情况，这一点可以从 2013—2016 年澳门外来直接投资急剧下滑看出。相应地，这段时期正是澳门博彩业下滑最严重的时期。从 2016 年年末开始，澳门博彩业开始回暖，紧接着澳门外来投资也逐渐开始回暖。值得关注的是，如图 1-16 和表 1-9 所示，2011 年、2015 年和 2017 年，博彩业及相关行业相继出现了一定程度的撤资现象，这一现象从另一个侧面反映了澳门由于博彩业“一业独大”而存在的风险及不稳定性。

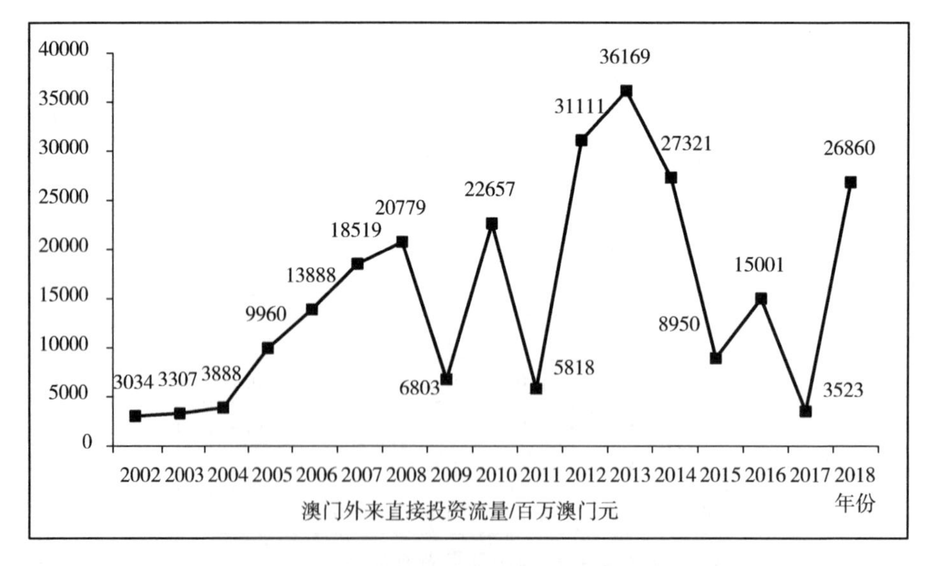

图 1-15 2002—2018 年澳门外来直接投资流量值

数据来源：澳门特别行政区政府统计暨普查局。

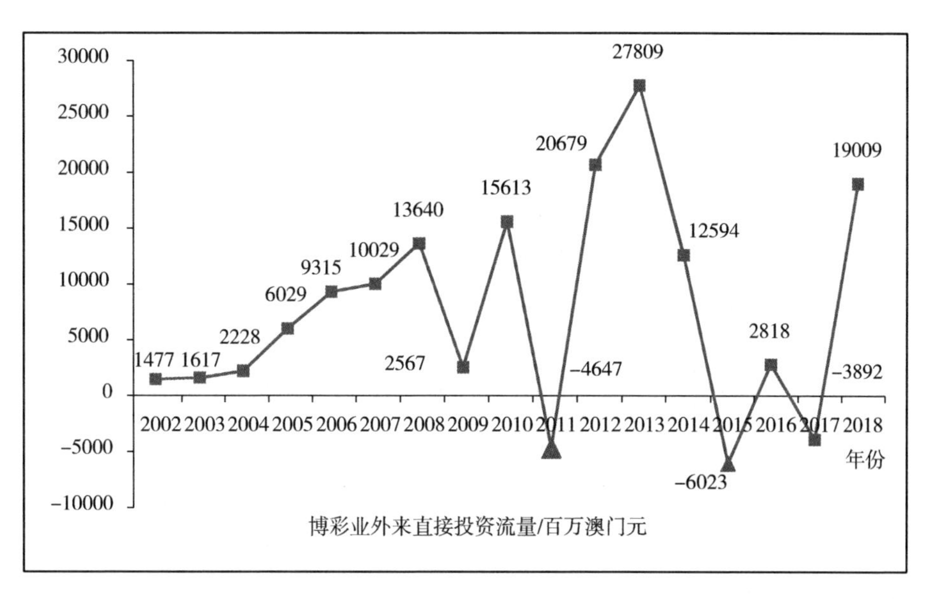

图 1-16　2002—2018 年澳门博彩业外来直接投资流量值

数据来源：澳门特别行政区政府统计暨普查局。

表 1-9　2012—2018 年澳门按行业划分的外来直接投资

单位：百万澳门元

年　　份	工业	建筑业	批发零售业	酒店及饮食业	运输、仓储及通信业	博彩业	银行及其他金融业	保险业
2002	151	45	324	102	517	1477	366	51
2003	159	12	455	-65	305	1617	703	122
2004	65	23	508	127	425	2228	429	84
2005	99	360	680	1128	193	6029	1099	246
2006	194	750	796	170	586	9315	1621	345
2007	-9	2587	3332	-1036	695	10029	2569	268
2008	122	642	407	-82	4	13640	5473	545
2009	-221	837	1637	138	847	2567	944	212
2010	209	1301	3056	212	142	15613	1536	581
2011	-85	228	3773	393	300	-4647	1870	-261
2012	-47	111	3777	483	-830	20679	3998	389
2013	257	921	1348	128	97	27809	3722	992

续上表

年　　份	工业	建筑业	批发零售业	酒店及饮食业	运输、仓储及通信业	博彩业	银行及其他金融业	保险业
2014	35	986	3911	457	140	12594	4959	445
2015	329	2765	3355	-754	800	-6023	7795	877
2016	771	2636	1801	-814	342	2818	4914	3586
2017	139	205	-1363	202	254	-3892	4018	1332
2018	384	490	2178	185	601	19009	6035	1340

澳门的外来投资主要以港资为主，无论是企业数量还是投资金额港资都占据榜首，而来自内地的投资近年也有较明显的上升。如表1-10所示，2018年澳门拥有外来直接投资的企业共3093家，来自中国内地、中国香港及英属处女岛的企业分别有943家、1664家及299家。2018年年底澳门的外来直接投资累计总额共2928.3亿澳门元，同比增加9.8%。按国家或地区划分，外来直接投资累计总额中以来自香港的为最多，有840.3亿澳门元，同比上升6.9%。英属处女岛（807.9亿澳门元）、中国内地（513.2亿澳门元）分别上升14.9%及9.4%。2018年，葡语系国家在澳门的累计投资总额为91.6亿澳门元，同比增加2.9%。

表 1-10　2015—2018 年澳门按国家或地区统计拥有外来直接投资的企业数目

国家或地区	2015 年	2016 年	2017 年	2018 年
	直接投资企业数目/家	直接投资企业数目/家	直接投资企业数目/家	直接投资企业数目/家
总数	2592	2793	3107	3093
中国香港	1543	1681	1813	1664
英属处女岛	186	205	272	299
中国内地	710	745	836	943
开曼群岛	11	12	14	15
葡萄牙	21	26	38	38
百慕大	12	11	12	9
英国	18	17	18	18
中国台湾	40	41	35	36
美国	31	34	38	41
新加坡	26	30	42	43
意大利	6	9	10	11
法国	7	10	9	9
荷兰	13	13	9	10
其他	109	115	135	141

数据来源：澳门特别行政区政府统计暨普查局。

在内地的省份当中，北京在澳门投资占比最大，广东仅为其投资的1/10。澳门的外来直接投资中，来自北京的投资为434.2亿澳门元，占内地总数的84.6%；来自广东省的投资为41.7亿澳门元，仅占总数的8.1%；随后是来自上海的投资，共28.5亿澳门元，占总数的5.6%。从投资的省份划分来看，离澳门最近的广东省却并没有对澳门开展较大规模的投资，主要是因为内地在澳门投资的大型企业大多是为了满足澳门公共服务的企业。不过，未来粤港澳三地共建粤港澳大湾区，广东和澳门之间的投资预计会逐步提升。

七、公共财政

自2002年赌权开放以来，随着博彩业的蓬勃发展，澳门的财政状况一直处于良好的状态。2002年，澳门博彩业毛收入234.96亿澳门元，实现税收77.66亿澳门元，博彩业税收占博彩业毛收入的34%，当年澳门财政收入152.27亿澳门元，博彩业税收占比超过50%。接下来的十余年里，随着博彩业规模的迅速扩张，澳门财政收入也随之水涨船高。到2013年，澳门博彩业达到高峰期，收入达到3618.66亿澳门元，实现博彩税收1343.82亿澳门元，财政收入1759.49亿澳门元，博彩业税收占财政收入的比例高达76%。博彩税对澳门特别行政区政府运作和实现社会再分配具有举足轻重的作用，使其能够有充足的财力投入基础设施建设、科教文卫、社会福利等方面，以促进澳门社会

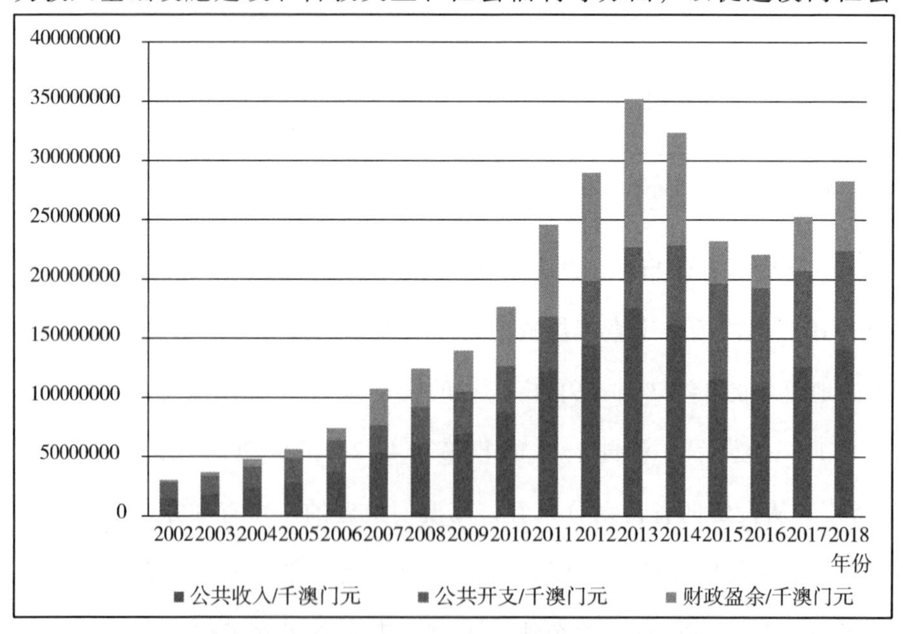

图1-17 澳门公共财政情况

数据来源：澳门特别行政区政府统计暨普查局。

平稳、有序地运行，从而实现社会公正、公平。如图 1-17 所示，2018 年财政收入为 1431.3 亿澳门元，同比上升 12%；财政开支为 830.3 亿澳门元，同比上升 2.1%。虽然澳门的财政状况目前并没有出现危机，但因其和博彩业的紧密联系，仍需要居安思危，未来需要在税收来源上适当拓展，以便应对突发风险。

八、对外货物贸易

对外货物贸易平稳发展，进出口略有增加。澳门的主要贸易伙伴包括中国内地、欧盟、美国和中国香港等。货物出口方面，在机器设备与零件的出口增长带动下，2018 年出口总额同比上升 8.1% 至 121.9 亿澳门元，如表 1-11 所示。货物进口方面，随着经济增长步伐加快，旅客消费和内部需求稳步扩长下，进口总额同比上升 18.8% 至 901.0 亿澳门元。贸易逆差为 779.1 亿澳门元，同比上升 20.7%。

表 1-11　2012—2018 年澳门对外货物贸易值

单位：百万澳门元

年　份	出口值	进口值	贸易盈余
2002	18925.41	20323.39	-1397.98
2003	20700.10	22097.23	-1397.12
2004	22561.08	27904.02	-5342.93
2005	19823.34	31340.29	-11516.95
2006	20461.27	36527.30	-16066.04
2007	20430.57	43113.86	-22683.29
2008	16025.40	43034.22	-27008.82
2009	7672.54	36901.98	-29229.44
2010	6959.95	44118.40	-37158.45

续上表

年　份	出口值	进口值	贸易盈余
2011	6970.93	62288.89	-55317.96
2012	8159.67	70927.78	-62768.11
2013	9093.92	81013.55	-71919.63
2014	9914.76	89952.16	-80037.40
2015	10692.05	84663.23	-73971.18
2016	10046.62	71351.64	-61305.02
2017	11283.14	75851.11	-64567.96
2018	12192.56	90102.58	-77910.02

数据来源：澳门特别行政区政府统计暨普查局。

九、新兴产业多元化

随着全球博彩业的发展，“赌城”如果纯靠博彩业吸引旅客和创造价值，则逐渐难以立足。对于旅客而言，旅行游玩、文化感染、城市魅力都是影响其旅行决策和旅途体会的重要因素。对于劳动力而言，发展机会、工作环境、服务业水平是工资水平外的重要考虑层面。对于投资者而言，投资环境、产业关联度、多元化市场前景都十分重要。因此，澳门非博彩行业的发展对于澳门的未来发展具有重要意义。

新兴产业的多元化是澳门城市发展活力的重要体现，近年来，澳门新兴产业增加值一路稳步增长，呈现良好态势。其中，金融业的发展最为显著，会展业次之，但文化产业和中医药产业增长情况不明显，可见澳门的新兴产业仍有很大的发展空间。如表1-12所示，2018年金融业、会展业、文化产业及中医药产业的增加值总额达353.3亿澳门元，占所有行业增加值总额的8.1%，与2015年相比，增加值总额上升36.5%，占比增加0.8个百分点。

表 1－12　以当年生产者价格按生产法计算的总体增加值及新兴产业增加值的占比

行　业	2015 年		2016 年		2017 年		2018 年	
	增加值/百万澳门元	占比	增加值/百万澳门元	占比	增加值/百万澳门元	占比	增加值/百万澳门元	占比
所有行业	356378	100.00%	356115	100.00%	397633	100.00%	437155	100.00%
新兴产业	25882	7.26%	28856	8.10%	31559	7.94%	35334	8.08%
金融业	22198	6.23%	24407	6.85%	25766	6.48%	28896	6.61%
会展业	1365	0.38%	1981	0.56%	3096	0.78%	3522	0.81%
文化产业	2063	0.58%	2225	0.62%	2367	0.60%	2597	0.59%
中医药产业	256	0.07%	243	0.07%	330	0.08%	319	0.07%

数据来源：澳门特别行政区政府统计暨普查局。

在新兴产业中，会展业发展尤为迅速。作为澳门特别行政区政府大力推动的新兴产业之一，会展业对澳门经济的贡献备受关注。会展活动不限于单一行业，而是由不同行业提供的一系列服务所组成，例如酒店业提供场地、住宿及餐饮服务，广告业及会议展览筹办服务业提供宣传、场地设计及搭建、公关服务等。2018 年的会展业增加值总额 35.2 亿澳门元，约占所有行业增加值总额的 0.8%，与 2015 年相比，增加值总额增长近 1.6 倍，占比则增加了 0.4 个百分点。2018 年全年澳门共举办了 1427 项会展活动，同比增加 46 项；参会观众增加 11.4% 至 211.8 万人次。另外，在“会议为先”的政策持续推动下，2018 年在澳门举办的会议同比增加 57 项至 1342 项，与会者增加 20.5% 至 29.6 万人次。

文化和中医药产业上升空间较大。文化产业包括创意设计、文化展演、艺术收藏和数码媒体 4 个领域。2018 年，澳门从事文化产业的机构共有 2246 间，同比增加 155 间，在职员工 12719 人，增加 8.5%；收益增加 1.9% 至 71.8 亿澳门元。在扣除中间消耗后，文化产业的增加值总额同比上升 9.7% 至 26.0 亿澳门元，升幅高于 2017 年的 6.4%，占所有行业增加值总额的比例则维持在 0.6%。2018 年，澳门共有 6 间制造中药的场所，在职员工 107 人，收益 4110.4 万澳门元，增加值总额 343.4 万澳门元，同比下跌 76.8%。从统计数据可以得出，澳门在新兴产业中，文化和中医药产业还存在上升空间，目前发展较为缓慢的原因主要是受土地和人才的限制。未来澳门需要多思考如何与珠海横琴合作，解决土地和人才的限制，方能摆脱桎梏，创造新的内生增长动力。

第二章　澳门博彩业面临问题的文献综述

作为澳门博彩业体制改革的重要举措，赌权开放对博彩业本身乃至整个澳门经济的发展，都起到了重要的推动作用，它因此当然地成为澳门经济史上值得纪念的一个历史事件（王五一，2012）。澳门经济的超高速增长以及社会的繁荣稳定，用事实证明了赌权开放之不可否认的历史意义。然而，澳门博彩业和澳门经济在经过长期的大繁荣后，澳门经济社会结构中已显现出诸多制约长期发展的桎梏。因此，在肯定其为澳门经济和社会所带来的辉煌成绩的同时，还应当看到，在博彩业“井喷式”增长的背后，也存在着一些不容回避的问题和隐忧，包括土地资源瓶颈、产业单一化、客源结构单一化、就业过度集中于博彩业、博彩监管的制度瓶颈及贵宾厅的困境等，有待澳门特别行政区政府及社会去面对、重视及采取措施加以解决（张应武，2009；王五一，2011；冯家超，2012；陈国平，2012；袁持平等，2014）。所以，重新审视研究澳门经济发展战略问题，对澳门经济的可持续发展具有重要的理论意义及实用价值（萧志泳等，2008）。

目前学术界关于澳门博彩业的问题有较多文献是集中于澳门博彩业的“一业独大”和澳门经济适度多元化的，实际上，这二者在澳门的现实问题当中属于一个硬币的正反两面。因此，本章将对澳门博彩业面临问题的文献总体上分为两大部分，即澳门博彩业“一业独大”与澳门经济适度多元化的问题和澳门博彩业面临的其他问题。

第一节　澳门博彩业“一业独大”与澳门经济适度多元化的问题

一、澳门经济适度多元化的内涵

首先要先定义什么是适度多元化？部分学者在结合澳门经济发展现状及产业结构现状后，对澳门的经济适度多元化进行了定义。袁持平等（2009）和封小云（2008）均认为适度多元化是一种循序渐进的过程，也是一种协调发展的过程。博彩业作为现行澳门经济中绝对的龙头产业，在推行适度多元化的同时，不应干扰原本的优势产业。具体而言，前者通过描述澳门微观经济体的产业结构现状，从不同角度确定博彩业“一业独大”的地位并通过回归计量对博彩业与其他产业进行相关性分析，明确澳门产业结构调整的必要性。博彩业发展产生的外部性说明了澳门博彩业受外部宏观环境的影响度，以及澳门进行产业结构调整的必要性。最后提出，所谓“适度多元化”，就是在专业化的前提下循序渐进地推动多元化，以免对优势产业造成干扰，增加经济发展成本。因此，适度多元化绝不是全面多元化，不是将社会有限的资源分散至大量行业，从而降低经济效率并大幅增加经济成本，而是澳门特别行政区政府借着本身经济结构的特殊性，确立经济发展的路向，给予产业转型必要的引导与支持，在优化传统产业的同时，积极培植和推动新兴产业的发展，以形成较为合理和多元的产业结构。

后者认为澳门的“壮大龙头”与适度多元的“协同发展”策略，是澳门经济发展所不可偏废、缺一不可的两个并行策略。澳门微型经济体的规模限制决定了其在全球经济版图中地位的维持，必须实施“壮大龙头”（扩张博彩业）策略；同时，为孕育和扶植澳门本土内生、自主的经济发展动力，创造本土长期可持续增长的竞争性基础——“创造性资产”，则必须实施适度多元化，鼓励本土经济因素与龙头产业“协同发展”策略。只有二者相结合，才能从根本上创新澳门的经济发展模式。

对此，尽管徐雅民（2009）认为目前需改变博彩业“一业独大”的现状，即“适度多元”，这意味着不是一个独大的博彩业来支撑澳门经济体，而是在整个产业结构中有几个支柱产业并存，它们在总量中所占的份额虽不均等，但一定是彼此关联、协调发展的。但同样也认可协调发展是适度多元的核心价值。适度多元是一个动态概念和不断实现的过程，而推动这一过程前进的动力是发展。“促进澳门经济适度多元发展”，可以诠释为“以发展促进澳门经济适度多元”。实际上，一个地方的产业多元化与否，评定标准有两个，一个是产业的数量，另一个是各种产业比例的均衡程度，由此可以得出澳门的产业结构问题是不均衡。而在澳门，博彩业成为澳门经济的重要财政来源，博彩税占澳门税收的比例超过80%，博彩业一枝独秀，造成产业结构失衡，存在经济风险。要使澳门产业发展适度多元化，博彩业就不可以有过快的增长，而且需要调整行业的规模，留下足够的空间给其他产业发展。（曾忠禄，2012）

二、澳门经济适度多元化的必要性

那么，是否有必要在澳门实行适度多元化呢？对此，部分学者从适度多元化的概念、必要性等理论出发，结合澳门发展现状，对澳门发展适度多元的必要性问题进行了阐述和探索。第一个出发点就是澳门博彩业“一业独大”会给澳门的经济带来潜在风险。由于澳门具备优质的资源、优越的地理区位和强大的市场基础，回归以来澳门旅游业发展迅猛，但仍然存在产品单一、博彩业“一业独大”、承载力有限、发展结构不平衡等多个瓶颈问题。（陈海明等，2014）博彩业一枝独秀正在耗损澳门自身长期增长的潜力，恶化澳门社会长期繁荣发展的根基。（陈国平，2012）回归后，澳门经济实现了前所未有的跳跃式增长。但是，这种增长是以产业格局的单一化为条件，以社会的全方位超载为代价。在这样的模式下，整个社会的可持续发展能力遭遇挑战。事实上，澳门的第三产业发达，但过度依赖博彩业，使得博彩业“一业独大”，对外依存度越来越高的弊端已经显现，这样的产业结构特征决定了澳门经济缺乏抗风险能力。例如，2003 年突然暴发的 SARS 和 2008 年的金融海啸，对澳门博彩业“一业独大”造成了沉重打击，其教训是深刻的。（左连村等，2009；郭永中，2012）

不仅如此，由于博彩收入及旅游消费下跌，澳门 GDP 于 2014 年出现了回归以来的首次负增长，澳门长达十多年以博彩业为主导的经济高速增长已经进入调整期，产业结构亦将会进行相应调整。同时，由于博彩业的开放实现了资本和管理人才国际化，但是与游客市场一样同为外生要素，产业发展受外部环境影响较大且博彩业运行具有虚拟经济的特征，对经济增长的贡献存在不确定性、敏感性和脆弱性，为

此，要转变经济模式，积极推进澳门经济适度多元化发展（梁华峰，2014；袁持平、杨继超，2017）。另外一种观点认为博彩业“一业独大”不可怕，值得担忧的是独大而无法独强。因为“一业独大”长期在澳门这种微型经济体内存在的事实并不能单凭主观意愿而扭转，逆道而行的结果可能导致整体经济结构与发展形势逆转。经济学上也认为，产业资本在一定空间的大量聚集是具有配置效率的。在面对其他地区同业竞争时，缺乏比较优势才是澳门乃至整体经济未来真正的危机因素（郑华峰，2010）。

澳门博彩业“一业独大”的另一个风险是澳门特别行政区政府的财政风险。澳门的博彩税收入易受外来因素和经济形势影响，依赖外来游客的支持而不是本土居民的消费。澳门财政储备制度的及时设立可以在面对经济衰退及逆境时提供一些政策的回旋空间，更可促进宏观经济稳定、优化财政预算以及促进代际公平。博彩业的膨胀逐渐凸显出澳门“一业独大”的产业结构特征，不仅造成经济抗风险能力低，而且还难以发展具有竞争力的其他产业。从长久考虑，澳门特别行政区政府应该有条件地进行多元化投资和区域合作，逐步建立产业结构，为澳门的可持续发展奠定更坚实的基础。目前，澳门财政储备准则尚未经历财政危机的考验，因此，澳门特别行政区政府需要在以后的管理中借鉴先进的管理经验，逐渐完善财政储备准则。在这方面，香港所制定的财政储备水平指引以及修订方法可以作为一个参考（苏育楷等，2014）。此外，澳门特别行政区政府财政的结构失衡、资金运作效率不高和经济调节功能弱化等问题受到社会各界的关注，尤其是博彩业单一化导致的财政失衡问题尚未得到有效解决。调整经济结构，促进财政收入多元化，为了长期稳定的财政收入来源，澳门必须推动产业多元化的发展，应综合发展休闲、旅游、会展、零售等行业，以提升澳门经济结构的合理性（张涛，2016）。

三、澳门经济适度多元化的路径

回答了必要性问题，就要明确道路和方向。对此，一些学者同样结合澳门发展现状，对澳门实行适度多元化的道路进行了积极探索。首先，从时间规划上看，澳门应该就面临的问题进行长远性的战略定位；巩固和发展博彩业的竞争优势，把握“适度多元化发展”的内涵与外延，警惕“多元化”陷阱（郑华峰，2010；吴江秋，2014）。郭永中（2011）认为，解决澳门多元化的发展道路是一项复杂、艰巨、长期的发展目标，必须谋定而后动。其基本战略构想是三步走，从短期、中期和长期3个阶段推进，有计划分阶段地逐步实施。第一，短期目标。澳门特别行政区政府必须从现在开始，首先成立多元化发展委员会。该委员会应该直接由特别行政区行政长官领导。委员会的组成人员必须从各个部门抽调精兵强将，应该由干部、大专院校的专家和专门从事学术研究的专家及企业家组成。其次，多元化发展委员会利用2～3年的时间，在现有发展的基础上进行广泛的调查研究，实事求是地确定符合澳门实际的多元化发展的可行性方案。最后，在内地与粤港澳等区域就确定澳门多元化发展的可行性方案进行广泛的咨询和论证，在此基础上确定多元化发展的产业定位和实现发展目标。第二，中期目标。澳门多元化发展的方案确定以后，其中期目标就是利用3～5年的时间进行推广和实施。在实施方案的过程中，必须遵循政府主导、民间参与的原则。这是因为尽管澳门实行的是市场经济制度，但是，促进经济适度多元发展是特别行政区政府经济社会发展中的一个长期发展战略，绝不能由市场来主导，政府必须强制地进行推广和实施。这样才能更好地有利于各项工作的顺利进行和实施。第三，长期发展目标。长期发展目标就是在中期目标的基础上，利用5～10年的时间，有计划、分阶段把促进适度多元发展的各项目标实施。在实施的过程中，一定对各项工作进行有效的监督，甚至可以实行干部问责制，这是保证多元化发展目标全面实施的更有力的制度和法律保障。

此外，李红（2009）与冯邦彦（2010）就道路的横向和纵向发展问题进行了探讨，均认为应当在澳门同时发展横向与纵向适度多元化。具体而言，前者从边境产业多元化的矛盾规律出发，在检视边界效应及澳门博彩业的“挤出效应”之后，提出澳门产业纵向与横向多元化协调发展之必要性，并通过珠澳跨境工业园区的案例，说明处于弱势的澳门产业横向多元化与跨境产业园区的发展，有赖于政府产业政策、跨境合作规模、边境区位效应发挥以及基础设施与管理机制等的配合。应利用澳门与内地的“一国两制”互补优势，推动澳门产业适度多元化，保证特区经济持续发展与社会繁荣稳定，这是各界的共识。而在适度多元化实践进程中，推陈博彩旅游业内部的纵向多元化与出新非博彩产业的横向多元化之间，有待保持平衡、协调，以达至适度多元。后者从澳门的比较优势出发，研究了澳门在区域经济乃至全球经济中的战略定位，进而对澳门经济适度多元化的发展路向研究，认为澳门经济适度多元化发展路径，必须从三个方向展开，包括推动主导产业博彩产业的垂直多元化，围绕“中葡商贸服务平台”建设所展开的现代服务业的培育，以及以横琴开发为契机的区域合作。澳门适度发展多元化经济。特别是一些高附加值的产业，增加一些类似像会展业、金融业、旅游业、酒店业的发展，并且澳门是一个发达但微小的经济体，其产业结构不健全，有着成熟过早的特点。这种产业结构决定了澳门经济缺乏抗风险能力，为了解决这一风险，势必要进行产业结构调整，正统的办法就是大力发展第二产业以达到与第三产业相适应。但澳门自身资源特点和地域环境又决定了澳门发展第二产业有相当大的局限性，因此，应该从实际出发，发展某些有特色的第二产业，同时与珠粤联合进行第二产业分工。（褚俊虹，2008；郭小冬，2009；柯晶莹，2010）

在具体的实施操作层面上，学者们积极探索，各抒已见，总结起来可分为大的两个方面：一个是依托区位优势，积极融入大珠三角区，通过区域合作带动自身的适度多元化发展；另一个是大力发展自身现有的服务业，主要包括文旅业、金融业和会展业等，打破博彩业“一业独大”的现象。

具体而言，由于澳门产业优势相对薄弱、企业规模细小、土地和人力资源等生产要素严重短缺，澳门要有效推进经济适度多元化，就必须通过区域合作来拓展发展空间。比如，把与珠海的合作由单项合作向整体合作拓展，将使澳珠“一河两岸”成为珠三角最独特的商务功能聚集区和生活区。这不但可以借助对岸的配套改善澳门空间不足的局限性；更重要的是，“一河两岸”将成为珠三角“境内外”信息交流最便捷的地带，这无疑将极大地增加澳门商务区对产业聚集的吸引力。珠江西岸的上川岛、下川岛沙滩优美水质佳，世界文化遗产开平碉楼也是发展观光旅游的优势资源，澳门可以在做好与邻近的珠海合作的基础上，进一步向区域性合作拓展，积极推进珠江西岸滨海旅游和文化观光旅游的发展，使其成为有影响力的国际休闲旅游目的地（马向明，2014），抑或积极融入并建设大珠三角经济一体化。从区域经济学看，大珠江三角洲经济一体化的基本含义应包括基础设施一体化、经济运行机制一体化和产业一体化等多个方面。其中，基础设施一体化可为粤港澳三地之间的商品、服务、信息等要素的自由流动提

供硬环境；经济运行机制一体化是粤港澳三地之间高效配置资源的软环境，而产业一体化则要求粤港澳三地产业能按共同的发展目标及各自互补优势的特点，建立起各具特色、互为补充及相互支持的产业，以促使珠港澳地区形成以产业协作、经贸互促和金融推动为主题的优势互补的区域经济一体化合作体系。经济适度多元化对于澳门在产业上形成与珠三角城市的有效分工，从而实现区域产业融合和经济一体化至关重要。（杨英，2012；杨英，2013；李志杰，2012）

展望未来，一方面，澳门的发展与区域合作密不可分，区域合作是澳门发展的一个大方向，在过往所打下的基础上，澳门社会上下有必要用好用足国家给予的政策支持，充分利用“一国两制”的制度优势，尽享政策所带来的红利（萧志伟等，2016）。另一方面，澳门应大力发展自身现有的服务业，打破现行的产业结构，通过内部产业结构的自我调节，实行经济适度多元化。大力发展并扶持会展业、旅游业、特色金融产业、文化产业及中医药产业。

具体而言，对于会展业，分析澳门会展旅游的发展条件，澳门会展旅游发展的推进路径有粤澳合作“前展后厂”模式及“政府扶持+博彩旅游业带动”模式。可以通过以下三个方面进行具体实施：第一，加强区域会展旅游合作重视泛珠区域的会展旅游市场优化与对接。充分利用 CEPA，加强粤澳边境合作，通过基础设施建设衔接、消除边境障碍来加强与珠江三角洲地区的经济一体化，构筑粤港澳大三角会展旅游区，协助澳门本地会展旅游业界开拓内地市场。第二，培育高品质的会展品牌。鼓励建立专业会展公司（professional conference organizer，PCO）、目的地管理公司（destination mangement company，DMC）等，形成市场运作机制，保证会展品牌的高品质；也应选择加入亚洲太平洋地区展览会及会议联合会（The Asia Pacific Exhibition and Convention

Council，APECC）、亚洲会议旅游局协会（The Asian Association of Convention and Visitor Bureaus，AACVB）、国际大会和会议协会（International Congress and Convent Association，ICCA）等著名的国际会展组织，增强会展品牌的知名度。第三，培训和引进会展人才。加强与内地及海外会展机构的合作，开办会展理论和实务培训课程，尤其是具有国际认可性及专业性的课程，鼓励和支持相关部门工作人员参加培训；对急需的会展管理人才，应该放宽限制，积极引进。（梁明珠等，2012）

对于旅游业，近年来众多学者都在此方向上展开了极为丰富的研究，总结起来大致分为两个方面：一是将传统的旅游业着力打造为具有澳门特色的博彩文化旅游业；二是积极建设世界旅游休闲中心，进一步开拓国际旅游市场，拓宽游客来源，在吸引更多内地游客的同时，更要加大对国际游客的吸引。具体而言，对于第一个方面，首先，澳门作为东西方文化交汇的世界文化遗产地，拥有多项世界非物质文化遗产，其发展文化旅游有着得天独厚的优势。2005 年，澳门历史城区被联合国教科文组织评定为世界文化遗产，随后，澳门特别行政区政府准备以此为契机发展澳门文化遗产旅游，以使其旅游形象不再局限于“赌城”形象。面临新的机遇与挑战，如何处理好文化遗产保护与旅游开发的关系，实现遗产旅游的可持续发展，是有待研究的一个课题。对照生态旅游的发展理念和发展经验，目前澳门历史城区遗产旅游发展在利益相关者利益协调、旅游环境容量控制、旅游服务设施规划和遗产旅游管理等方面还存在诸多不完善的地方，需要建立权威、高效率的“澳门文化遗产委员会”，有针对性地采取行之有效的措施，以促进澳门遗产旅游的可持续发展。（袁俊等，2010）澳门的“赌城”形象虽然知名度高，但并不利于澳门继续提升国际竞争力。重塑澳门

城市形象，需要以现有产业发展基础和战略为根基，充分利用历史文化城区和世界文化遗产修正“赌城”形象。澳门需要从产业发展、历史文化城区世界遗产的保护和利用，以及城市环境建设和景观设计等方面，培育新城市形象。（覃成林，2009）其次，澳门博彩旅游带动能力较强并与文化旅游有一定关联性，其旅游业转型可以文化旅游为突破口，以博彩旅游带动文化旅游，使二者成为澳门旅游业持续健康发展的双翼。如挖掘和开发“博彩文化”旅游，建立“澳门促进文化旅游基金”，发展婚庆、节事和娱乐秀等特色文化旅游产品，设计博彩与多元互补的旅游线路，鼓励博彩企业将经营范围向文化旅游扩展，政府主导营销澳门文化旅游的城市形象。（罗浩等，2015）

对于第二个方面，休闲体验时代下，目前澳门博彩业面临博彩消费方式悄然向休闲体验转变、竞争激烈以及博彩业快速发展带来的诸多问题。此时基于访澳门游客博彩动机视角，论证博彩旅游传统赢利模式已不合时宜，应主动向多元化休闲体验转型，推进澳门世界旅游休闲中心建设。（杨英等，2017）针对澳门世界旅游休闲中心的建设路径，学者们提出了如下建议：第一，要扩大旅游休闲市场规模。旅游市场规模能够创造出良好的规模经济效益，是世界旅游休闲中心建设的重要目标。从以往几年旅游产业供求关系分析，澳门存在的问题并非需求不足，而是需求兴旺，但供给明显不足，增加供给可以在扩展澳门经济规模的同时推动经济适度多元发展。（杨道匡，2016）澳门在世界旅游休闲中心建设的过程中，要善于把握国家“一带一路”的发展机遇，发挥澳门21世纪海上丝绸之路重要节点的地理优势，通过旅游休闲产业的“走出去”与“请进来”行动，大力吸引“一带一路”沿线国家和地区的旅游市场客源，进一步扩大旅游休闲市场规模。第二，要完善旅游休闲基础设施。首先可借鉴国际旅游休闲基础设施建设的经验。旅游休闲基础设施建设可是改善旅游休闲环境，是建设世界旅游休闲中心并提高其竞争力的重要组成部分。其次，澳门需要根据国家发展的重大战略部署，按照世界旅游休闲中心建设的要求，建设和完善交通基础设施，构建高效、快捷的交通运输体系。要加快市内道路交通网络建设，改善市内交通拥挤状况，完善对外交通设施，加快国际机场的建设和通关便利化，延长游客逗留时间。通过进一步完善对外交通运输条件，提高休闲旅游服务水平，改善食宿条件，扩大机场容量和服务水平，增加高档酒店的数量和服务水平，降低休闲旅游者的住宿成本，延长游客在澳门的逗留时间，提高旅游休闲经济效益。再有，澳门需要加强旅游休闲人才基础设施建设，必须加强培养和引进高级旅游休闲专业人才。从短期来看，提高人力资源素质最快捷的方法是引进高素质人才。澳门特别行政区政府可以根据世界旅游休闲中心建设的需要，制订合理的旅游休闲人才引进计划。从长期来看，提高人力资源素质的根本方法是加强对本地人力资源的充分挖掘和有效利用，因此，要加强大学相关专业的教育，特别是加大职业教育培训力度，联合内地（特别是珠海）及国际相关机构建设国际一流的旅游高等学府。第三，澳门需要开发旅游休闲资源。澳门应以世界旅游休闲中心建设为统领，利用“一带一路”相关国家是古代“四大文明古国”诞生地的优势，摆脱单一的“赌城”形象，加强旅游文化和休闲度假旅游的宣传，提高澳门文化遗产的知名度，增强“澳—葡”旅游文化元素、强化旅游休闲文化资源凝聚力。第四，澳门应该提升旅游休闲国际化程度。首先，澳门应当积极开拓多元的国际客源，减轻对内地单一客源的依赖。对澳门来说，旅客客源多元化发展是当前的大方向，应尽可能减轻对内地单一客源的依赖，而且不能过于标榜博彩旅游，要吸引游客来澳门并非只是为了赌博，应多推广澳门的

美食、购物、艺术、独一无二的景点、历史及故事。以其国际性旅游休闲中心定位为基础，加强澳门休闲度假和历史文化形象的宣传和旅游资源优化，大力发展主题多样、特色多元的旅游休闲业态，吸引更多世界各地的游客，特别是东亚、南亚、欧美等地区的游客，建设具有国际高知名度的“世界旅游休闲中心”。其次，澳门应该创新旅游签证方式。可以考虑简化落地签证及实行免签的制度，适度降低入境旅游签证门槛，增加入境旅游免签国家或地区数量，延长入境旅游可逗留时间，刺激国际游客在澳门消费，带动澳门旅游休闲产业的发展，增强澳门旅游休闲业在国际上的持续竞争力。（陈章喜，2017；柳智毅，2009）

对于特色金融业，澳门是个典型的小岛经济，在全球市场上只是价格的接受者，而非价格的制定者。净出口、私人消费、资本支出在当地经济发展中发挥着重要作用。由于货币发行制度，澳门特别行政区政府历来奉行宏观谨慎的财政政策；澳门金融管理局的主要政策目标就是捍卫澳门元与香港元的固定汇率制度。澳门经济的不稳定因素主要来自净出口，私人消费、信贷规模和固定资产投资的影响相对稳定。澳门服务贸易的净出口不仅抵销了商品贸易逆差，而且还保持着较大数量的顺差，成为当地经济发展的主要力量。金融服务业是服务型经济的重要组成部分，但是作为离岸金融中心，澳门还没有完全发挥出自己的比较优势，特色金融发展处于起步阶段，与香港的差距还相当大。（王应贵等，2016）尽管各类数据表明澳门经济的最大冲击力来自净出口（主要为旅游服务业），金融指标对其的影响相对较小，但关红玲（2015）运用联合国服务贸易数据，通过产业动态绩效指数计算，发现澳门自 2002 年博彩经营权开放后，其金融还是取得了长足的发展，只是被掩盖在博彩业的光环之下。因而，澳门应多管齐下，从跨境贸易金融、建设国际金融副中心、共同建设横琴自贸区和人才引进与培养等多方面，提升澳门离岸金融服务业的发展水平，以实现当地经济的适度多元化。（王应贵等，2016）

对于文化创意产业，澳门的文化创意产业可通过两个融合路径得以发展：一是摆脱澳门地域限制，寻找紧密的发展伙伴，共同发展文化创意产业；二是通过澳门现有产业的有效融合互动，在产业边缘地带激发出全新的产品和服务方式，形成互生互赢的多重效应。具体而言，第一，由于受地域空间狭小、人力资源匮乏、起步较晚等不利因素的制约，澳门的文化创意产业必须跳出地域化的思维，寻找紧密合作的发展伙伴。经济发展水平、历史人文资源和制度环境等方面的资源互补优势，奠定了珠澳外联内通、跨界合作的基础。合作的基本路径是合作制定文化创意产业的行业标准，编制珠澳文化创意产业一体化发展规划，共建文化创意产业园。但长期以来，珠澳合作差强人意，甚至貌合神离，远未达到想象中的默契和成功。一个重要的原因是，澳门是珠澳合作的单方面受益者，但澳门对全世界的博彩旅游吸引力并未惠及珠海。因此，珠澳合作能否成功，关键在澳门方面能否放下“高珠海一等”的心态，摒弃先天优越感，主动以平等合作的诚意构建珠澳关系。充分认识两地合作的必要性和可行性，努力克服体制、理念、文化等障碍，求同存异，大力发展文化创意产业，为双方经济发展安装创意引擎。（苏武江，2012）第二，澳门现有产业的有效融合互动。融合互动是产业集成的一种有效形式。澳门博彩业与文化创意产业具备融合互动的基本条件，博彩业的发展拓宽了文化创意产业的发展空间，而文化创意产业的发展则丰富了澳门博彩业的内涵和外延。澳门经济和社会的可持续发展离不开博彩业与文化创意产业，只有充分发挥各自优势，构建长期有效的合作机制与发展策略，大力促进博

彩业与文化创意产业的融合互动相互促进，才能创造出更多效益，为澳门博彩业乃至整体经济的适度多元化发展创造条件。（王鹏，2010）

澳门的经济长期由博彩业主导，多元化一直是个难题。学术界为澳门经济适度多元化提供了诸多政策建议，从2006年开始，澳门特别行政区政府在促进经济适度多元发展中，也采取了一些具体的政策措施，概括起来主要有九个方面：一是积极深化CEPA实施的一些优惠政策；二是通过解决一些营商环境来提升经济综合竞争力；三是扩大对外合作，寻找发展商机；四是加强和提升博彩旅游业的竞争力；五是发展一些现代物流业；六是提出改造传统工业产业，提供税务优惠等；七是为跨境工业区招商引资；八是最近推出发展会展产业；九是又提出了发展文化产业。（郭永中，2010）但十多年过去了，这些产业并没有取得成功，虽然对于促进经济适度多元化发展起到了一定的积极作用，但是效果甚微。原因是：一方面，这些措施没有跳出澳门规模狭小的市场范围。澳门形成单一化的产业结构有内在的合理性，在人力资源、土地资源等要素禀赋稀缺的约束条件下，澳门作为开放的微型经济体，必然要依靠外部市场，必然在国际分工中形成单一化的产业结构；另一方面，过去10年间，博彩业一直在进行规模扩张，其他相关行业的发展在时间上相对滞后，而且这些措施还是围绕博彩旅游业的范围来循环，很难培养出新的经济增长点，换句话说，就是培育不出与博彩旅游业发展没有任何关系的新型产业。澳门能否实现产业多元化、多元化的方向在哪里，是摆在澳门社会目前亟待回答的问题。要从根本上解决澳门博彩业“一业独大”与经济适度多元化的矛盾的政策与措施，意味着产业多元化需要发展未来有发展潜力、占用空间少、高附加值的产业，培育出不依赖博彩旅游业发展的新产业和新经济增长点。（郭永中，2010；周庆华，2012；曾忠禄，2015）

此外，部分学者开始关注澳门博彩业与澳门经济适度多元化的矛盾，实际上是提出了关于如何处理好在不损害澳门博彩业的基础上发展经济多元化的问题。澳门博彩业“一业独大”及产业多元化成为各界讨论的热点，但这远非澳门博彩业中唯一的问题。在追求产业多元化的同时，把博彩业自身的事情办好，保持博彩业健康有序地发展，仍将是今后相当长的一个时期内澳门经济发展中的首要任务。而要把博彩业的事情办好，最重要的是把贵宾厅的事情办好，最困难的也是把贵宾厅的事情办好。在产业多元化短期内难以找到出路的情况下，保持博彩业的可持续发展，防止其出现更大的问题，可能更为重要。（王五一，2011、2012）

第二节　澳门博彩业面临的其他问题

一、澳门博彩业面临的约束问题

（一）人力资源约束

人口规模、人口年龄结构和人口文化素质是推动城市竞争力提高的重要因素。澳门的极低生育率、人口老龄化、人口文化素质同产业结构的契合度问题是影响未来澳门城市竞争力提升的风险因素。此外，澳门在回归祖国后，经济得到快速增长，人力资源的教育水平虽然有所改善，但教育程度仍主要集中在中学程度，就业人口的素质仍没有得到相应提升。在金融海啸的冲击下，澳门企业对人力资源的需求量随即下降，而澳门人力资源的供需还长期存在落差，人才高不成低不

就。(柳智毅，2009）曹达华（2016）认为，虽然澳门制造业失业人口向博彩业的平稳转移有效解决了经济结构变动带来的社会失业问题，但是客观上并未明显提升全社会劳动力素质，反而在一定程度上使得本地居民丧失了个人不断学习新的技能和提升自身素质的动力，抑制了人才在不同行业间的正常流动，从而更加强化了澳门博彩业“一业独大”和经济结构、就业结构日益单一化的问题，进而加剧了经济和社会风险，这一问题也是社会各界的担忧所在。

（二）土地资源约束

澳门具有微型经济特征，包括地域较小，人口较少，经济总量较小，同时呈现出“微而不全”“微而不同”“微而不弱”“微而不差”等特征。(李嘉曾，2017）袁持平等（2014）着重分析了澳门面临的承载力适应性问题，指出经过赌权开放，澳门博彩业的发展取得了举世瞩目的成就，然而，澳门土地狭小、人力资源短缺，博彩业高速发展带来的大量入境游客、资源价格快速上涨，使得澳门社会承受着巨大的压力。通过建立评价指标体系，对澳门地区的承载力状态进行评估，发现澳门正在以只相当于香港 2.74% 的土地，承载着相当于香港 9 倍多的压力。

就澳门的土地资源约束问题而言，澳门与横琴进行产业合作，无疑是为澳门的可持续发展破除了桎梏。澳门及横琴两地应坚持紧密合作、共赢发展的思路，基于综合资源和效益最大化原则，建立双方合作开发横琴的运行机制，力争把横琴建设成为“一国两制”下探索粤港澳合作新模式的示范区，以横琴发展为契机，深化粤港澳合作，强化中西方文化交流与商贸平台的地位，通过培植新兴产业等方式实现博彩业与其他产业的协调发展，使之成为博彩产业的有益补充。(袁持

平，2013；袁持平等，2014；吴江秋，2014）

（三）旅客资源约束

从澳门的游客数据来看，内地旅客的数量增减与澳门经济的重要数据均呈高度正相关。从中央对澳门“自由行”政策的变化，明显察觉到澳门经济的发展与“自由行”政策紧紧捆绑在一起。这反映出澳门单一客源的旅游环境风险很大。内地稍有“风吹草动”，将直接影响澳门旅游业及整体经济。（柳智毅，2009）客源结构单一化的问题，实际上涉及两个方面的问题，一是与客源地的利益冲突，二是博彩业本身的产业风险。因此，澳门未来需要思考如何向客源结构多元化、国际化的大方向迈进。对澳门来说，旅客客源多元化发展是当前的大方向，应尽可能减轻对内地单一客源的依赖，而且不能过于标榜博彩旅游，要吸引游客来澳门并非只是为了赌博，应多推广澳门的美食、购物、艺术、独一无二的景点、历史及故事。（王五一，2011；柳智毅，2009）虽然内地游客占访澳门旅客的绝大多数，但其中大多数只在澳门做短暂停留。对此，陈嘉贤（2008）分析了内地旅客在澳门只做短暂停留的现象，通过深度调查访问、问卷调查和统计分析探究及检验内地旅客决定在澳门停留天数的因素。结果发现，来澳门目的、来澳门次数、可支配收入、出入境交通工具、出入境便利性等都是重要因素，故提出鼓励以商业为目的的旅客，举办季节性转变的主题活动，在内地高档场所加强宣传和推广，开拓更多的航班和航线，提高边检部门的效率等对策。

二、澳门博彩业面临的制度问题

在博彩业“井喷式”增长的背后，也日益暴露出诸多体制矛盾和结构冲突。实际上，能够形成瓶颈而影响产业发展可持续性的，并不仅是硬件因素。制度、体制、结构等“软件”因素，也可能形成发展的瓶颈，影响产业的持续发展。从纯技术意义上讲，博彩业的进入壁垒并不高，它不是高科技产业，也没有很强的自然条件制约；有地就能建赌场，在拉斯维加斯的沙漠上可以建赌城，在澳门的一个偏僻海岛上也可以兴建。澳门不仅有“一国两制”的制度优势，同时还有“一国两制”的政治优势。澳门只有把“一国两制”的制度优势和政治优势同时发挥好，才能够保证澳门经济社会全面、协调和可持续发展。(郭永中，2012）谢四德（2014）认为，澳门当前发展的主要经济矛盾有博彩业独大与经济适度多元的矛盾、博彩财政与国家利益的矛盾和利益最大化的矛盾，制度缺陷是澳门当前矛盾的根源，而矛盾向深层扩大化必定促使政治改革，并提出澳门当前发展的经济矛盾源自制度落后与缺陷，而制度落后并非生产力低造成的，而是政治资本化造成的，归根到底是政治腐败引致制度落后。

然而，博彩业却是一个有着较细腻的法律制度要求和较高管制能力要求的产业。澳门赌权开放10年来的辉煌成绩得益于澳门的体制改革和制度创新。同理，澳门博彩业的可持续发展也将取决于它能否在赌权开放的基础上，进一步理顺其体制矛盾，协调其结构冲突，将博彩业的市场化改造工程进行到底。（王五一，2012）博彩业的稳定发展对澳门十分重要，且具有不可替代的作用。但是，博彩业作为一种特殊的产业，其健康和有序发展需要配套的有效监管制度。（毛艳华，

2009）

澳门博彩立法存在的立法滞后、执法与监管规章不完善、立法不透明等问题。不仅如此，博彩业对新环境下产生的互联网博彩、偷漏税和洗钱、博彩负面效应等问题也需要加强监管（邹小山，2004）。而新潮与传统的制度矛盾，则必须下大决心进行法律闯关。只有从根本上割掉专营制度的法律尾巴，政府才能从“大股东”的角色中解放出来，以纯监管者的超然姿态管好博彩业，澳门博彩业的真正市场化才能完成，其健康运行和可持续发展才能得到保证。（王五一，2012；谢四德，2014）

此外，澳门还应该思考在通关便利化制度方面做文章，可以考虑简化落地签证及实行免签的制度，适度降低入境旅游签证门槛，增加入境旅游免签国家或地区数量，延长入境旅游可逗留时间，刺激国际游客在澳门消费，带动澳门旅游休闲产业的发展，增强澳门旅游休闲业在国际上的持续竞争力。（袁持平等，20111；陈章喜，2017）

三、澳门博彩业所带来的社会问题

“一国两制”的战略构想，为澳门的赌权开放提供了法理上的支持。自2002年澳门博彩经营权开放以后，博彩业发展迅速，博彩业的大发展成为澳门经济和社会整体发展的主动力源。但也有学者认为博彩业给澳门带来的繁荣不可持续。柯晶莹（2010）通过采用旅客人数的变动来代表博彩业的发展情况，发现澳门博彩业的发展长期来讲会导致博彩产出和就业都提高，工资会上升，价格水平也会提高。但短期的服务业产出上升，而制造业下降，长期来说，它们都是下降的。这便提供了有力的证据来证明澳门有“荷兰病”的症状。戴安娜

（2011）指出，近年来，澳门经济高速增长，已经进入高收入经济体的行列，但澳门的生态资源和环境保护问题正日益凸显。博彩业的发展除了对经济和产业可能会产生影响，也有学者关注其对澳门社会的影响。这些显在的或潜在的社会问题包括就业结构严重失衡、外劳输入引发的社会冲突、青少年的教育冲击、社区赌博化、病态赌徒等。（林双凤，2012）

（一）病态赌博

每当博彩活动出现，赌博相关犯罪及赌博失调行为也会伴随而来。（王五一，2011）为解决澳门博彩业带来的此类社会问题，许多学者都提出负责任博彩的观点。即把博彩行为可引致的危害减至社会可接受的水平。负责任博彩概念源于西方社会，目前还没有在华人地区推行，也没有实践经验可以借鉴，因此，在澳门推行负责任博彩还处于探索当中，同时也面临诸多问题。澳门在推行负责任博彩过程中，社会上对于其负责主体还未达成一致的看法，而且负责任博彩的实行可能会扩展至跨境协作问题上。现时负责任博彩政策主要由几个政府部门与学界组成的非正式小组推行。由于没有专责部门执行，导致推行过程没有稳定的财政预算，部分计划未能如期推行，负责任博彩政策不单是负责任政府治理下的一个施政方针，它的成功需要一个集合不同利益相关者意见且具备跨部门及跨界别执行力的常设机构。此外，澳门关于开展负责任博彩的专业人员和资金都还不足。（冯家超等，2015）

（二）青年价值观冲击

赌权开放以来，博彩业一直作为澳门的龙头产业，成为澳门人的热门行业选择，吸收了许多人才，在澳门的6家博彩企业中，年轻的从业人员颇多。但是，随着澳门经济的快速发展，不少人的价值观被扭曲，目光短浅、急功近利，不是在短时间内就可以纠正的。尤其是对于澳门的青少年而言，赌权开放所引发的博彩业高速增长对澳门青少年群体的日常生活、个人价值观、事业发展选择产生了明显的负面干扰。（欧阳军等，2009；文彤等，2012）青少年人力资源是澳门最重要的资源。澳门回归祖国后，高中毕业生人数虽然不断增加，但升入大学的比率逐年下降，辍学的情况并没有改善；就业取向为安于现状，缺乏危机意识。（柳智毅，2009）此外，吴伟东等（2012）聚焦于青年群体在单一产业结构下就业的问题和利益诉求，运用质性研究方法展开经验调查，对9名澳门青年进行了深度访谈。结果显示，澳门产业结构的单一化发展增加了低端劳动力的需求和劳动报酬，促使青年群体中的部分人过早地停止接受学校教育，而且只能在较为单一的行业里面就业，增加了群体的就业风险。

在未来，博彩企业的新项目会陆续登场，中级、高级职位通常会由内部晋升，低级职位会向外公开招聘。当博彩企业发展到极限，没有更多项目开发时，大局已定，博彩企业中的从业人员已完成晋升过程，博彩业内的人力资源固定，加上低级职位的新员工缺少晋升机会，事业发展前景暗淡。（冯家超，2012）

（三）外劳和就业的问题

由于澳门本地人力资源的限制，澳门经济在高速发展的同时必然需要引进大量外来劳动力和一定量的外来移民。外劳的引入对澳门经济可产生正向影响在逻辑上是可以说通的，但仍存在一定分歧。宋雅楠（2013）利用2003—2011年季度数据，通过选择外来劳动力较为

集中和澳门主要就业分布的制造业、建筑业、旅游业和其他服务业，利用科布道格拉斯生产函数建立模型实证分析外来劳动力对澳门经济增长的影响作用。研究发现，随着澳门产业转型和经济发展，制造业就业已经难以维持对澳门经济的正向贡献作用。而建筑业方面，外来劳动力对经济增长的正向影响程度明显高于本地劳动力水平。旅游与其他服务业方面，澳门本地劳动力对经济增长的正向影响能力高于外来劳动力。研究结果说明，澳门引进外来劳动力确实促进了澳门经济的发展，符合澳门发展的长期利益，澳门特别行政区政府需要针对不同行业需求制定外来劳动力的政策和澳门整体人力资源政策，以保证澳门经济的长期发展。但陈广汉等（2015）认为，博彩业主导的高速经济增长，导致对土地和劳动力需求的不断增加，推动房价、租金、物价不断攀升，营商成本上升。同时，澳门在区域经济中的服务功能弱化，对外经济依赖性增加，辐射能力减弱。在发展空间和人力资源双重约束下，澳门要保持经济的持续发展，需要转变经济增长方式，挖掘自由港体制优势，提升创新能力和服务功能，优化内部经济结构，拓展外部发展空间，利用博彩业发展积累的资本实力，利用国家赋予建设世界旅游休闲中心和中葡商贸服务业平台的政策优势，发挥外引和内联的中介作用，增强创新能力、拓展发展空间、提升服务功能，确立“走出去”发展策略。

对于外来劳动力输入对本地劳动力就业和工资产生影响，从而加深澳门的社会矛盾等问题，学界和社会上也存在着不同的声音。澳门中华新青年协会副秘书长梁倩文（2013）表示，澳门博彩业占澳门本地生产总值比重不断上升，经济适度多元的路途仍然遥远，博彩业的繁盛发展为澳门特别行政区带来很多发展机会，也使澳门人力资源出现严重倾斜，使其他产业缺乏发展的资源。博彩业虽然为澳门特别行政区带来不少经济收益，但同时，它也使澳门的社会矛盾加深，并为此付出了很大的社会成本。目前，澳门博彩旅游业高增长背后隐藏着各类失衡与矛盾，其中包括资源配置与长远发展方向的失衡。澳门经济失衡也必然伴随着社会失衡的产生，引发社会矛盾和问题。为了澳门经济的长远发展与社会和谐，着手解决这些问题已经刻不容缓。（封小云，2006）

宋雅楠（2013）通过建立向量自回归（vector autoregression model，VAR）模型，利用脉冲响应函数和方差分解，考察了基于2003—2011年季度数据的澳门不同行业外来劳动力与行业工资水平之间的交互响应情况和响应路径。研究结果表明，在长期关系中，制造、建筑、金融和旅游业的外来劳动力会对本行业工资水平产生长期影响。除建筑业外来劳动力会微弱拉升本行业工资水平外，其他3个行业的工资水平均受到本行业外来劳动力进入的影响而降低。这说明廉价的外来劳动力降低了澳门该行业的工资成本，进而从人力资本方面提升了澳门的竞争力。此外，虽然外来劳动力的引入降低了旅游业工资平均水平，但是其冲击作用显示出长期渐强地对其他行业的工资水平拉动上的正效应。这说明旅游业作为澳门的龙头行业对就业人口的吸纳能力，导致澳门不仅在旅游行业需要引进大量外来劳动力，其他被旅游业挤占的行业更需要外来劳动力满足其开工需要。也就是说，真正受外来劳动力引入而对工资水平产生巨大冲击的行业都是需要特定技术能力且本地居民缺乏的行业，所以要解决外来劳动力问题，必须通过高等教育和培训等方式提升本地居民的专业技术能力，使外来劳动力真正实现与澳门本地居民的就业互补，促进双方和谐发展。同时，曹达华（2016）从理论和实证角度研究了1992—2014年澳门行业收入差距的演变情况。研究结果表明，这一时期，澳门行业收入差距呈现为倒

“U”形的演变轨迹，其中，1992—2002 年，由于产业结构和就业结构的剧烈变动，导致收入差距的扩大；2002—2014 年，由于博彩业的持续快速增长，这一阶段的产业结构反而基本稳定，同时，大量外地雇员的引进不断强化了澳门的二元劳动力市场，使得收入差距不断缩小并稳定在一定的区间内。然而，由于澳门特殊的产业结构和就业政策，虽然人力资本有助于提高收入水平，但其对行业收入差距基本没有影响。

虽然现时澳门社会面对外来劳动力问题存在抵触情绪，但澳门特别行政区政府必须始终明确外来劳动力问题绝不是禁止或开放的简单政策选择，需要根据产业发展需要，合理规划人力资本发展的长期策略。以移民和外劳补充本地劳动力的不足，除了借鉴一些国家的经验，优先保障本地居民就业，建立外雇工人退出机制之外，更重要的还在于政府行政透明化和法治化的提高。政府有必要将移民和外劳条件、计划，尤其是本地人力资源的供求状况等信息更清楚地向市民公布，让市民能够及时、准确地获取正确的信息，加强打击黑工的力度，加大对黑工和使用黑工企业的双重惩罚，增加企业使用黑工的违法成本，积极研讨现行法律漏洞，加大立法和司法力度。而且，在移民和外劳的引入上，也要进行更为科学合理的规划，侧重于吸引澳门本地短缺，且为澳门发展急需的高端专业技术人才。人才吸引进来以后，还要建立起人才带动学习机制，使引进来的劳动力在为澳门经济社会发展贡献体力和智力的同时，也能将知识技能传递给澳门本地居民，切实让澳门居民感受到政府吸引外来劳动力和移民从根本上还是从澳门本地居民利益出发的。（薛伟玲等，2015）

（四）从业人员的影响

澳门博彩业的急速发展，使从业人员面临巨大的压力、复杂的工作环境，对他们的身心发展带来不同程度的损害。博彩业从业人员受到轮班、长时间工作的影响，相比其他行业的从业人员，他们较难去参加培训课程，职业技能的单一为他们带来就业风险。博彩业从业人员的工作压力、工作对家庭及社交的影响比其他行业大，幸福指数较低，他们长时间处于亚健康状态。除了对从业人员自身会造成负面影响外，对他们的子女也会造成连带的影响。（梁孙旭，2012）王薛红（2008）指出，从事博彩业的夫妇感情会出现较多问题，离婚率颇高。如果夫妇两人都从事博彩业的相关工作，与儿女间的关系疏离；虽然他们可以向儿女提供金钱，但没有时间及精力去关心儿女的学习、身心成长，令儿女缺乏家长的监管，影响学习成绩，容易出现不良行为。

梁孙旭（2012）提出，澳门特别行政区政府应减低博彩业对从业人员价值观的影响，并建议澳门特别行政区政府要求博彩企业，开办员工有薪培训及持续进修课程，增加从业人员向上流动的机会。同时，梁孙旭（2012）提出，澳门特别行政区政府应减低博彩业对从业人员价值观的影响，并建议澳门特别行政区政府要求博彩企业开办员工有薪培训及持续进修课程，增加从业人员向上流动的机会。

四、澳门博彩业带来的政治影响

澳门赌权开放，只面向外资，而排斥了中资。市场的过度开放和赌牌的监管法律漏洞事实上造成了外资势力的过度成长，带来了产业安全问题和其他的政治经济问题。这表现为外资势力借澳门干涉我国

内政的问题和外资势力对澳门事务超乎寻常的影响力，及相伴而生的澳门政治腐败和小商人政治。（杨正浒，2011）陈广汉等（2008）指出，对于澳门来说，引进外资发展博彩业固然有巨大的经济利益，但也存在着一定的政治风险。因为博彩业是澳门绝对的龙头产业，虽然从目前来看，外资在博彩业中所占的比重还不大，对澳门的博彩业不会造成很大的冲击，但是随着外资投资份额的逐步加大，为了维护其经济利益，外国政府极有可能插手澳门事务，对特别行政区政府的决策过程发挥影响力。外资进入澳门博彩业，不仅带来了社会的政治问题，而且会造成随着博彩业高速膨胀，产业结构不均衡加剧，博彩业“一业独大”的趋势更加严重，澳门经济对博彩业的依赖性强化。此外，随着“自由行”政策的实施，中国内地游客的比重不断上升，澳门博彩业日趋内地化，内地居民的金钱源源不断地流入外国投资者的囊中。更重要的是，外资引入后，在促进博彩业发展的同时并没有惠及社会各个阶层。最终结果就是，由于在澳门本地生产总值中，博彩收入占重要比例，财富相对集中在博彩业投资者手中，其次得益较大的是博彩业从业人员。然而，外资进入澳门博彩业，虽然创造了大量的就业机会，却不利于澳门整体人力资源素质的提高。

此外，冯邦彦等（2008）通过“二重双钻石模型”（DDD 模型）对澳门进行分析，指出澳门博彩经营权开放后，外资的强势发展令一些澳门本土中小企业家生境艰难，主要是由于中小企业职员纷纷跳槽到龙头产业，土地成本、人力成本上涨，加上纺织品配额制度取消，一些中小企业纷纷歇业。刘伯龙（2008）也指出，澳门特别行政区政府应该重视国际化带来的一些负面影响，强大的美国资本使本地财团难以招架。如果澳门的博彩业形成了美国资本的垄断局面，则不利于澳门的稳定。澳门特别行政区政府可以通过制定反垄断法案来保证澳门的良性竞争，这将有助于澳门的健康发展。澳门目前的博彩业形成美国资本和本地资本两分天下，再加上有香港资本和澳大利亚资本的加入，形成一个多元化资本的博彩局面。如果任由美资把其他资本挤垮，确实不利于将来澳门的稳定局面。垄断的美国资本也必将提高各种物价的水平。这对平均工资仍相当低的澳门市民来说，将难以负担，会引起澳门市民的普遍不满。从政治上来讲，这样的竞争结果也是澳门特别行政区政府和澳门社会难以接受的。世界各先进国家都已建立了反垄断法，这是营造公平营商环境，保证公平竞争，维护市场秩序的重要法律。澳门目前仍未建立保证公平竞争及防止垄断的法律，应吸取先进国家的经验，早日订立澳门的竞争法。

外资对博彩业的过度控制给澳门经济和政治的自主性带来了明显的威胁。虽然经济多元化一直受到澳门特别行政区政府的高度重视，但效果并不明显。要解除澳门长期发展的桎梏，奠定澳门长期繁荣的基础，需要从博彩业入手来降低澳门对博彩的依赖度，最关键的是要再次开放赌牌，同时加强和改进对赌牌和博彩业的管理。保持澳门长期繁荣稳定是一篇大文章，要做好这篇文章，需要中央政府、澳门特别行政区政府、澳门各界人士等的共同努力，需要从政治、经济、文化各个方面统筹考虑、协调推进。需要综合运用国家规划和产业政策手段，实现澳门经济多元化，从根本上减少澳门对博彩业的依赖，同时，在博彩业中有序引入多种资本，以平衡、制约美资的发展；完善博彩业竞争和反垄断法律制度，促进澳门博彩市场健康持续发展。以赌牌的适度开放来推动博彩业的持续健康发展和产业多元化，进而为澳门的长期繁荣稳定打下坚实的基础，的确是切实可行的办法，可能也是唯一的办法。把握住了这一点，就等于找到了打开通向澳门长期繁荣稳定之门的钥匙。（陈国平，2012；于欣，2015）

此外，郑华峰（2008）借鉴博弈理论的内容，研究澳门博彩经营权适度开放后的对策选择问题，从讨论非合作博弈与合作博弈出发，通过指出两者与政府选择的关系，探讨政府选择如何使非合作博弈最终逐步转向合作博弈的转化过程，并以博彩税率调整为例，论证调低博彩税率是加速博彩业由量变向质变方向迈进的一种方法。曾忠禄（2008）分析了澳门利益相关者的矛盾，指出企业（行业）长期的繁荣和发展，需要辨识主要的利益相关者，分析他们的利益和关注点并加以考虑。澳门博彩业的最大利益相关者是澳门博彩业的投资者、博彩消费者、澳门社区和澳门特别行政区政府。为保持澳门博彩产业的长期繁荣和稳定发展，澳门特别行政区政府和博彩企业需要综合平衡他们的利益。

五、澳门博彩业对澳门中小企业的影响

目前，澳门中小企业面临着的营商环境问题主要体现在市场环境、融资环境、人才环境和政策环境四个方面。从市场环境看，博彩业“一业独大”，严重挤压了澳门中小企业的生存和发展空间，大幅提高了企业营商的成本，也破坏了中小企业健康成长的社会生态环境。从融资环境看，澳门中小企业资金来源单一，外部融资渠道狭窄且不通畅。融资难、融资贵是中小企业发展的瓶颈，而银企两种制度之间的内在矛盾使澳门中小企业的融资困难重重。从人才环境看，澳门劳动力市场上的供不应求矛盾一直相当突出，中小企业人力资源环境出现了深度恶化，并反映出中小企业目前已深陷危机。从政策环境看，虽然澳门特别行政区政府已经确立了辅助中小企业发展的基本政策导向，并实施了一系列的倾斜性政策支持，但也存在未形成完整的政策体系、

政策执行机构不健全、政策落实不到位、政策效果不彰显等问题。因此，澳门中小企业的政策环境还有待根本性改善。(龚唯平等，2014)

郭永中（2013）认为，中小企业在澳门的经济和社会发展中一直都具有举足轻重的作用，但中小企业普遍面临规模微小、人力资源短缺和转型升级的困扰。为此，提议澳门中小企业必须实现观念上的五个转变，即把澳门的地域优势转变为现实的经济优势，把澳门的制度优势转变为竞争优势，把澳门的服务优势转变为品牌优势，把澳门的资金优势转变为人才优势，实现从小老板向真正的企业家转变。澳门中小企业要充分利用澳门3个贸易平台的作用，同时利用CEPA加强与内地的深度合作。不仅如此，郭永中（2010）指出，随着经济全球化和区域经济一体化的深入发展，当前澳门中小企业发展不仅面临严重的挑战，而且即将陷入困境。从根本上摆脱困境，提升竞争力，实现制度、技术和管理创新是澳门中小企业的必然选择。制度创新是澳门中小企业实现整体创新的基础，技术创新是澳门中小企业创新的核心，管理创新是澳门中小企业实现制度和技术创新的保障。

综上所述，学者对于澳门博彩业所面临问题的探讨，总体上逻辑都是从博彩业“一业独大”出发，研究其对澳门经济的潜在风险、对其他产业的挤压、对就业市场的扭曲以及对澳门社会的负面影响，进而提出澳门应该展开经济适度多元化。当然，也不乏文献是从博彩业本身内在的制度出发，探讨其对澳门经济和政治生态的影响，这其中其实也并不脱离博彩业“一业独大”的逻辑起点。但是，目前的文献存在两个主要问题：第一，现有文献并没有系统全面地分析澳门博彩业的问题，而仅仅只是就某一方面进行探讨。实际上，这些问题都有其相同的内在原因，如果不是作为一个整体来研究，就很难对澳门的经济做出全面且科学的判断。第二，现有文献从严谨的数据模型出发

的较少，这对澳门的研究来说是有缺失的。尤其是利用最新的数据对澳门博彩业进行分析更是有不可忽视的必要性。因此，本书将利用澳门最新的统计数据，从定性和定量出发，全面地分析澳门博彩业从赌权开放至今面临的种种问题，以期能够对澳门今后的长远发展献计献策。

第三章　澳门博彩业收入下降问题分析

从禁赌到专利经营，再到“赌权”开放，100 多年来，澳门博彩业已发展为当地的支柱产业，成为拉动澳门经济增长的主要动力，目前，已形成了以幸运博彩业为主的多元化体系。博彩业重要的经济地位表现在它是政府财政的主要来源，在旅游业中占主导地位，可以带动相关产业发展，能够促进基础设施建设和经济发展。

2002 年以来，“赌权开放”加上内地“自由行”政策实施，以博彩业为主导的澳门经济取得了前所未有的发展。但从 2014 年 6 月以来，受多种不利因素影响，澳门博彩业收入连续下跌，进入 2015 年更是断崖式下跌，全年博彩业总收入同比减少近三成半，为 2318.1 亿澳门元，较前一年大跌 34.3%。受其拖累，博彩及相关服务收益同比减少 34.1% 至2329.5 亿澳门元。从 2016 年第二季度起，澳门博彩业开始回暖，相比于 2015 年第三季度，2019 年第三季度博彩业毛收入上升 30.04% 至 710 亿澳门元。虽然目前澳门博彩业已经回暖，但是仍然有必要对 2014 年第一季度至 2016 年第二季度澳门博彩业大跌的这段时期进行分析，探究澳门博彩业下降背后的原因，为澳门的长期稳定发展提出相应的对策。

本章从经济总量和博彩业收入结构两方面对博彩业收入下降阶段

进行分析，并进一步分析研究澳门博彩业收入下降的主要原因，然后采用计量经济学方法分析博彩业收入下降的影响，最后通过建立澳门博彩业系统动力学模型进行博彩业收入下降的隐患及对策分析。

第一节　澳门博彩业收入下降阶段的特点

一、澳门博彩业收入下降，澳门经济总量波动明显

澳门博彩业于 2014 年第一季度至 2016 年第二季度发生了剧烈波动，其中，年博彩业毛收入于 2016 年第二季度跌至近 5 年来最低值。根据澳门发布的数据，2013 年、2014 年、2015 年博彩业毛收入分别为 3618.7 亿澳门元、3527.1 亿澳门元、2318.1 亿澳门元。相比于 2013 年，2014 年博彩业毛收入下降约 2.5%，而 2015 年博彩业毛收与 2014 年相比则下降超过 34.2%。由于澳门博彩业收入构成了澳门地区生产总值的绝大部分，澳门对博彩业的严重依赖，因此澳门经济总量近几年产生大幅波动，博彩业毛收入在 2016 年第二季度下降到最低点 518.6 亿澳门元，同时，澳门生产总值也下降到最低点 843.0 亿澳门元。（如图 3－1 所示）

澳门特别行政区政府统计暨普查局公布的数据显示，2014 年 2 月，澳门博彩业收入为 380.09 亿澳门元，创下单月收入的最高纪录。但是，仅仅 4 个月后，澳门博彩业毛收入开始同比下降，最高时在 2015 年 2 月收入为 196.17 亿澳门元，同比下降 48.5%，如表 3－1 所示。这一同比下降的趋势从 2014 年 6 月一直持续到 2016 年 7 月，已经连

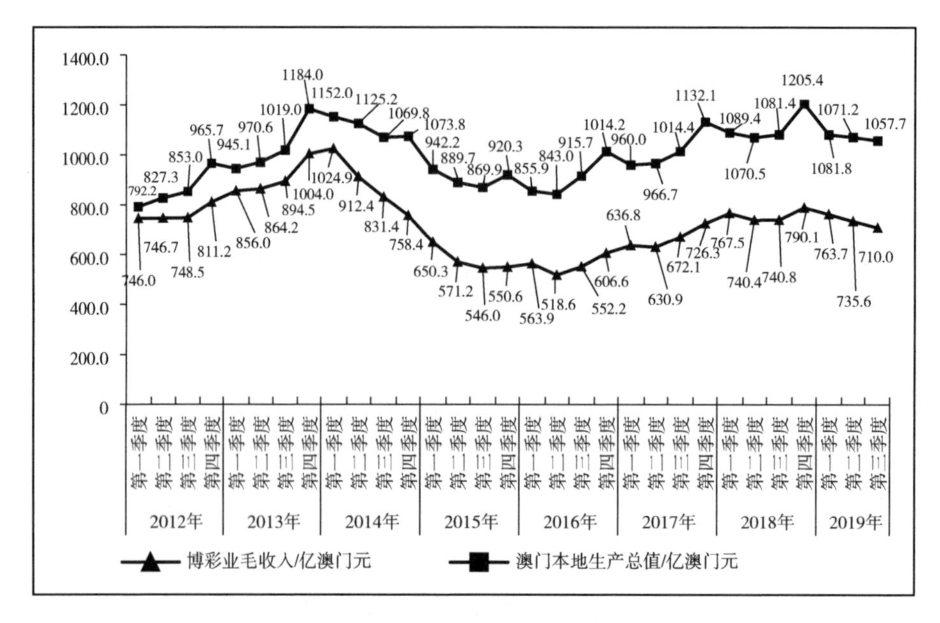

图 3-1 2012—2019 年澳门博彩业毛收入与本地生产总值变动趋势

数据来源：澳门特别行政区政府统计暨普查局。

续 26 个月同比收入下跌，尽管在 2016 年 2 月，同比下降只有 0.1 个百分点，这需要考虑 2 月有春节长假带动澳门旅游的一些因素，但是 3 月同比下降又增加到 16.3 个百分点。如图 3-2 所示，同比数据显示，在排除季节性因素和旅游旺季的情况下，短期内澳门博彩业毛收入的整体下降趋势依然明显。尽管在 2015 年 5 月以后，同比下降的幅度逐渐减小，但可以预测短期博彩业毛收入同比变动比率仍无法保证大幅度增长。

表 3-1 2014—2016 年澳门博彩业毛收入按月统计

单位：百万澳门元

月份	博彩业毛收入			博彩业毛收入			博彩业毛收入		
	2014 年	2013 年	同比变动率	2015 年	2014 年	同比变动率	2016 年	2015 年	同比变动率
1	28828	26966	6.9%	23839	28828	-17.3%	18740	23839	-21.4%

续上表

月份	博彩业毛收入			博彩业毛收入			博彩业毛收入		
	2014 年	2013 年	同比变动率	2015 年	2014 年	同比变动率	2016 年	2015 年	同比变动率
2	38096	27177	40. 2%	19617	38096	-48. 5%	19590	19617	-0. 1%
3	35567	31457	13. 1%	21577	35567	-39. 3%	18059	21577	-16. 3%
4	31404	28396	10. 6%	19235	31404	-38. 7%	17420	19235	-9. 4%
5	32458	29680	9. 4%	20444	32458	-37. 0%	18473	20444	-9. 6%
6	27374	28343	-3. 4%	17436	27374	-36. 3%	15971	17436	-8. 4%
7	28520	29578	-3. 6%	18688	28520	-34. 5%	17865	18688	-4. 4%
8	28981	30834	-6. 0%	18715	28981	-35. 4%	18903	18715	1. 0%
9	25642	29035	-11. 7%	17199	25642	-32. 9%	18452	17199	7. 3%
10	28110	36566	-23. 1%	20132	28110	-28. 4%	21897	20132	8. 8%
11	24363	30283	-19. 5%	16509	24363	-32. 2%	23106	16509	22. 4%
12	23371	33553	-30. 3%	18420	23371	-21. 2%	22794	18420	14. 6%

数据来源：澳门特别行政区统计暨普查局。

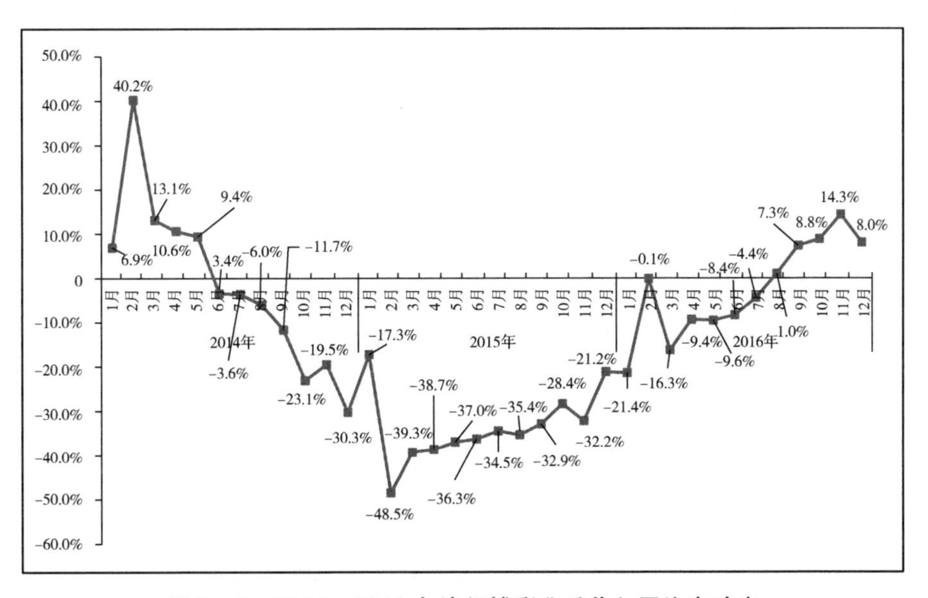

图 3-2　2014—2016 年澳门博彩业毛收入同比变动率

数据来源：澳门特别行政区政府统计暨普查局。

二、澳门博彩业收入结构变化：贵宾厅收入占比下降

澳门博彩业收入源自幸运博彩、赛狗、赛马、中式彩票、即发彩票、体育彩票这6种博彩方式，其中，幸运博彩业是澳门博彩业收入的主要来源。根据澳门特别行政区博彩监察协调局2014年的数据显示，博彩业总收入为3632.95亿澳门元，其中，幸运博彩收入3621亿澳门元、赛狗收入1.49亿澳门元、赛马收入3.15亿澳门元、所有彩票收入7.64亿澳门元，幸运博彩业占比高达99.67%。因此，在本节分析的博彩业收入是指幸运博彩收入，本部分分析澳门博彩业收入结构变化主要是分析幸运博彩收入结构的变化。

澳门幸运博彩的方式多种多样，包括百家乐、角子机、骰宝、二十一点、轮盘、德州扑克、富贵三宝等。长期来看，贵宾百家乐基本上占了幸运博彩收入的60%以上，独占鳌头，接着是百家乐和角子机。这三者占收入的绝大部分。在2014年，贵宾百家乐收入2189.11亿澳门元，占整个幸运博彩收入的60.46%；百家乐收入1097.22亿澳门元，占收入的30.30%；角子机收入148.77亿澳门元，占整体的4.11%；其余剩下的各种幸运博彩业方式只占总体收入的5.13%。(如图3-3所示)

博彩业方式多样，但一般将其收入源划分为三部分，即贵宾厅、中场和角子机，贵宾厅一直是澳门博彩业收入的主要来源，长期占幸运博彩收入的60%以上。但是，如今这一主要收入来源大幅下降，根据澳门特别行政区政府统计暨普查局的数据，反映贵宾厅业绩的贵宾百家乐在2014年第一季度达到最高650.62亿澳门元后就呈现不断下降的趋势。到2015年第四季度，贵宾百家乐收入只有295.88亿澳门元，相比跌幅高达55%，如表3-2所示。

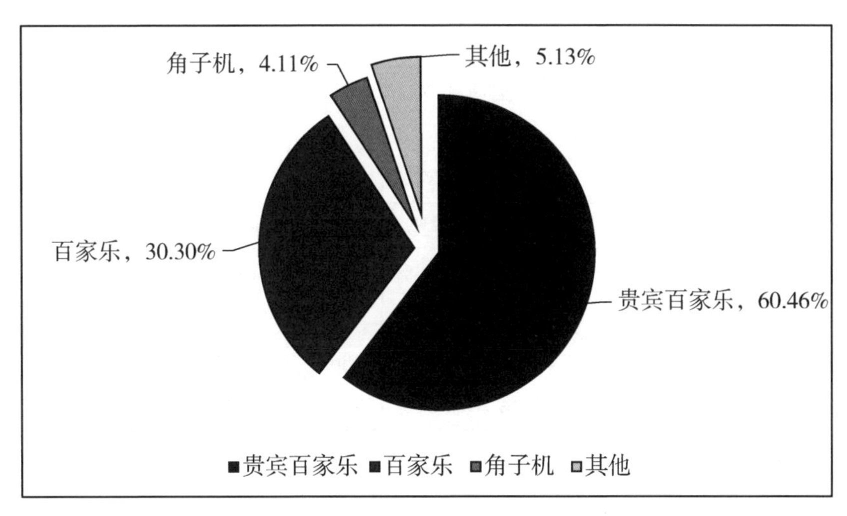

图 3－3　2014 年各种幸运博彩业方式收入占比

数据来源：澳门特别行政区统计暨普查局。

表 3－2　2013—2016 年澳门幸运博彩业收入分类统计

单位：百万澳门元

年/季度	幸运博彩业收入分类							年度合计
	角　子　机		其他（主要为百家乐）		贵宾百家乐		总　数	
	收入	占比	收入	占比	收入	占比		
2013/1	3572	4. 19%	23897	28. 02%	57815	67. 79%	85284	360749
2013/2	3490	4. 05%	24647	28. 61%	58026	67. 34%	86163	
2013/3	3556	3. 99%	27835	31. 21%	57794	64. 80%	89185	
2013/4	3766	3. 76%	31462	31. 43%	64888	64. 81%	100116	
2014/1	3943	3. 86%	33194	32. 48%	65062	63. 66%	102199	351521
2014/2	3621	3. 98%	32623	35. 89%	54643	60. 12%	90887	
2014/3	3747	4. 52%	32337	39. 03%	46771	56. 45%	82855	
2014/4	3133	4. 15%	26388	34. 91%	46059	60. 94%	75580	
2015/1	2905	4. 48%	24201	37. 36%	37671	58. 15%	64777	230840
2015/2	2961	5. 21%	22339	39. 28%	31568	55. 51%	56868	
2015/3	2940	5. 41%	22440	41. 27%	28991	53. 32%	54371	
2015/4	2948	5. 38%	22289	40. 65%	29588	53. 97%	54825	

续上表

年/季度	幸运博彩业收入分类							年度合计
	角　子　机		其他（主要为百家乐）		贵宾百家乐		总　数	
	收入	占比	收入	占比	收入	占比		
2016/1	2857	5.47%	19010	36.38%	30382	58.15%	52249	223210
2016/2	2627	5.49%	18647	38.95%	26598	55.56%	47872	
2016/3	2841	5.93%	19469	38.21%	28647	56.22%	50957	
2016/4	3059	5.06%	24026	39.77%	33333	55.17%	60418	

数据来源：澳门特别行政区统计暨普查局。

除贵宾厅业绩下降外，角子机、百家乐反映的中场业务同样出现下滑。2014 年第一季度，角子机和其他（主要为百家乐）业绩为 39.43 亿澳门元和 331.94 亿澳门元，同时到达单季收入的最高水平。但此后的 7 个季度的业绩则一直缩水，到 2015 年第四季度分别减少到 29.48 亿澳门元和 222.89 亿澳门元。受贵宾厅、中场、角子机三部分收入的同向减少，幸运博彩业收入总体也由 2014 年第一季度的 1021.99 亿澳门元减少到 2015 年第四季度的 548.25 亿澳门元，减少超过 46%，如图 3 – 4 所示。

上文的数据和图表都揭示了贵宾厅、中场和角子机收入在减少，但是，相比于博彩业收入，它们各自所占的比重却发生着不同的变化。如图 3 – 5 所示，三部分幸运博彩业收入占总收入比例变化趋势显示，贵宾厅业绩在 2013 年第一季度占总收入的比重高达 67.79%，到 2015 年第四季度，其比重已经下降到 53.79%；中场和角子机收入占总收入的比重在 12 个季度不断增加，分别从 28.02%、4.19% 增加到占总收入的 40.65% 和 5.38%。因此，可以发现虽然三部分收入都在不断减少，但是中场和角子机收入占比与收入下降趋势恰好相反，形成了

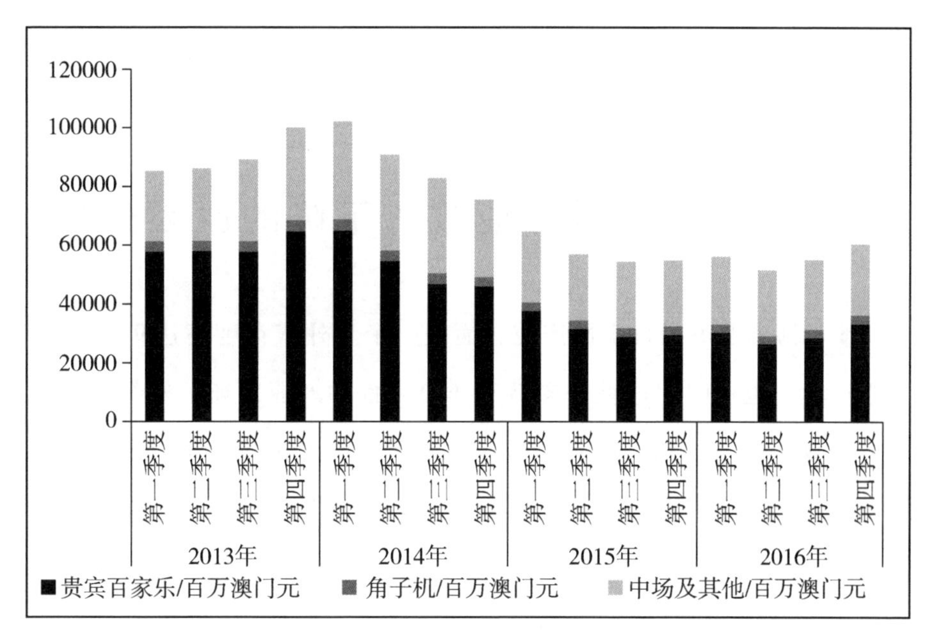

图 3－4 2013—2016 年三部分幸运博彩业收入变化趋势

数据来源：澳门特别行政区统计暨普查局。

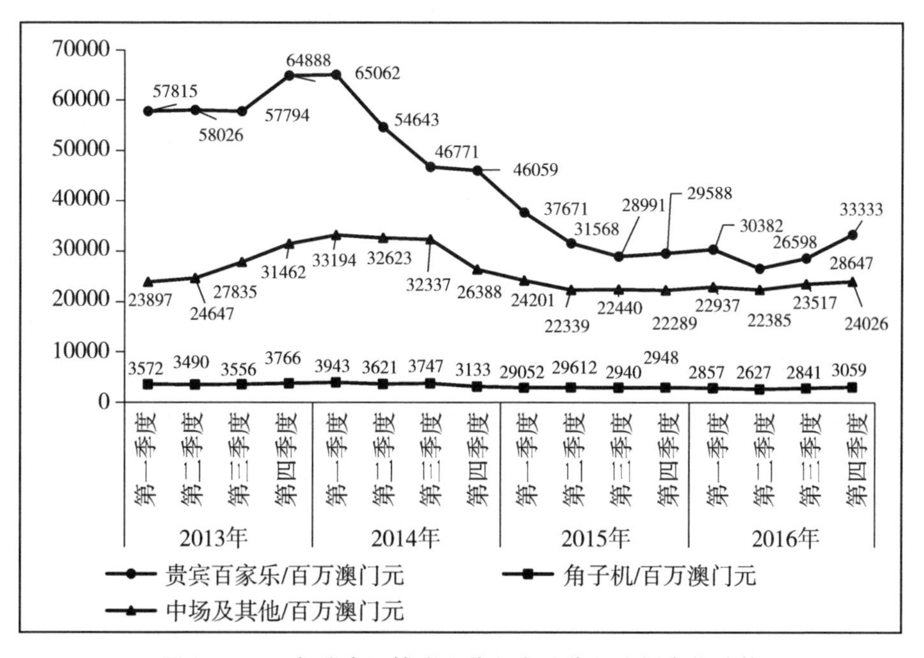

图 3－5 三部分幸运博彩业收入占总收入比例变化趋势

数据来源：澳门特别行政区统计暨普查局。

贵宾厅收入占比下降，中场和角子机收入占比上升的这一博彩业收入结构变化的特征。

第二节　澳门博彩业收入下降的原因分析

澳门博彩业不是自主性产业，而是一个对外依存度高达95%的外向型产业。也正因为这种外向性和非自主性的产业特征，外部经济形势的大变动会造成其产业利润增长和发展的巨大挑战。澳门博彩业收入的高增长主要来自内地游客，内地游客是澳门主要的赌客来源。（曾忠禄，2008）因此，整体而言，在内地经济下行压力加大、内地政府的反腐力度加强以及“自由行”政策的适应性调整的综合作用下，内地游客的需求低迷是导致澳门博彩业收入下降的最主要原因。

为了说明内地游客博彩消费对博彩业毛收入的潜在影响，根据澳门博彩监察协调局提供的博彩消费数以及澳门特别行政区政府统计暨普查局提供的内地赴澳门旅游人数估算出的内地游客博彩消费的金额。如图3－6所示，澳门博彩业毛收入与内地访澳门旅客的人均消费变动呈现出高度的关联性。自由行政策实施以来，来自中国内地的游客一路攀升，并持续占据澳门总体游客数量的近七成。一旦来自内地的游客数量和消费减少，必然会对澳门博彩业产生重大的负面影响。因此，近期澳门博彩业收入下降的最主要原因是内地旅客消费的大幅度下跌。而造成内地旅客消费下跌的因素是多重的，如下文所列出的中国经济放缓、内地政府加强管制、贵宾厅制度弊端以及周边竞争加剧等。

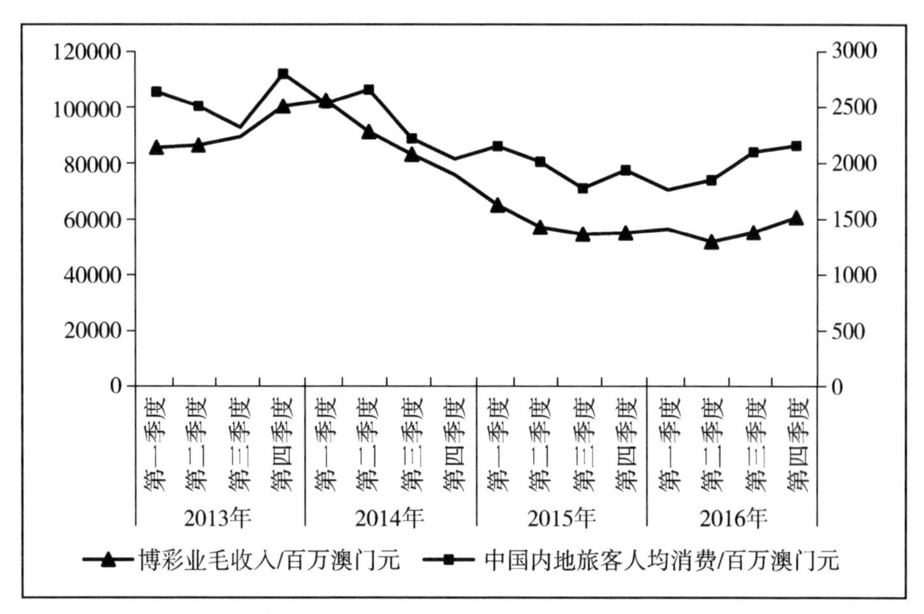

图3-6 内地访澳门旅客人均消费与澳门博彩业毛收入的变化趋势

数据来源：澳门特别行政区统计暨普查局。

一、中国经济增速放缓，对旅客消费形成潜在冲击

从中长期角度和全球视角来看，我国经济运行实际上处于下行周期。(刘元春，2013)“十三五”时期，随着我国经济进入新常态，经济增长速度将继续下降，回落到6%～6.5%的水平。(王小广，2015)图3-7显示的是2002—2016年中国内地和澳门GDP增速实际情况，2015年我国内地GDP增速为6.9%，中国经济实现高速增长以来增速首次破7，如图3-7所示。

经济下行趋势下，央行货币政策促进了股市的繁荣，但是企业融资十分困难。市场流动性仍然泛滥于资本市场，资金难以流向真正需要用于扩大经营的实业中去。而在股市由繁荣转入持续下跌后，很大

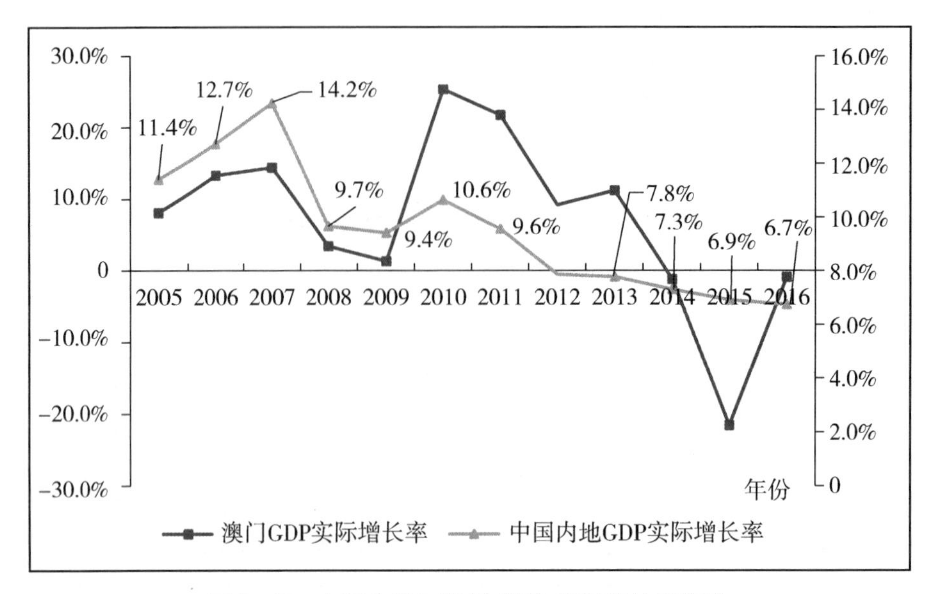

图 3－7　中国内地和澳门 GDP 实际增长率变动

数据来源：澳门特别行政区统计暨普查局和国家统计局。

一部分资金又陷于股市，更加剧了企业融资和经营的困境。企业发展遇到困难，特别是经常来澳门参加博彩业活动的企业高层管理者来的次数慢慢减少了。

二、内地政府加强管制力度，贵宾厅业务急剧收缩

内地赴澳门的大赌客主要是来自内地临近澳门或经济比较发达地区的男性，他们大多数是政府干部、国企高管和民营企业老板，是澳门博彩业收入的最重要来源。（曾忠禄，2008）中国政府加强管制力度，使得许多干部以及和这些干部有瓜葛的商人不敢再到澳门大肆挥金，直接导致了澳门博彩业收入的大幅下降。（界面新闻，2014 年 12 月 28 日）日经中文网指出，除了外部经济减速之外，受中央领导层推

进的反对腐败运动的影响，高额下注的顾客大幅减少也产生了很大影响。（日经中文网，2016 年 1 月 5 日）

亚洲责任博彩联盟主席苏国京表示，前几年贵宾厅收入占澳门博彩业收益的七成到八成，现在中场和贵宾厅收入几乎是五五持平。2015 年数据显示，贵宾厅贡献了澳门博彩业毛收入的 55%，2013 年更是高达 66%。从数据上，这正是澳门幸运博彩业从 2014 年下半年起连续下滑的原因：贵宾厅业务急剧收缩。（《成都商报》，2016 年 3 月 21 日）从图 3－8 可以看到，在中国政府重点打击公费出游、遏制内地贪官和不法富豪通过中介进行洗黑钱活动管制的高压态势下，贵宾厅业务收入自 2014 年第一季度以来，呈现出急剧下降的趋势。

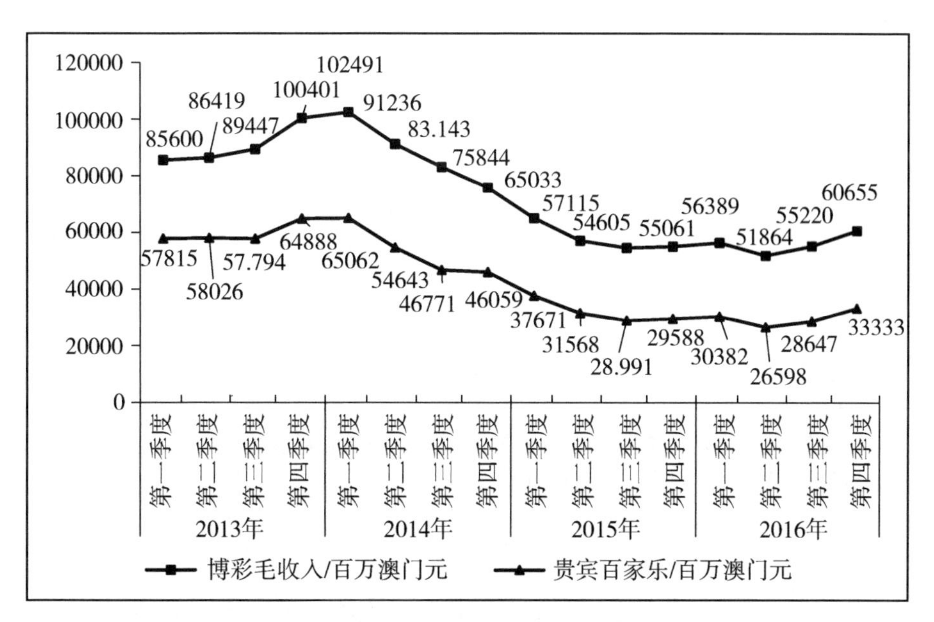

图 3－8　澳门贵宾百家乐收入和澳门博彩业毛收入变化趋势

数据来源：澳门特别行政区统计暨普查局。

由图 3－9 可知，内地访澳门旅客中公营或私人机构的领导及管理者的占比，从 2013 年第四季度开始总体上呈下降趋势。内地富有的私营企业主和公费旅游游客的减少，对澳门赌场 VIP 业务造成不利影响。此外，中央政府加大管制力度也使得澳门赌场中介将目光转向了海外。例如，澳门十大赌场中介之一的大卫集团，在金沙赌场和永利赌场均设有贵宾厅。该集团曾于 2015 年 1 月 17 日发表声明称，该公司旗下的 7 个澳门赌场贵宾厅中有 3 个将被关闭，而此举是赌业下滑导致的业务重组的一部分。

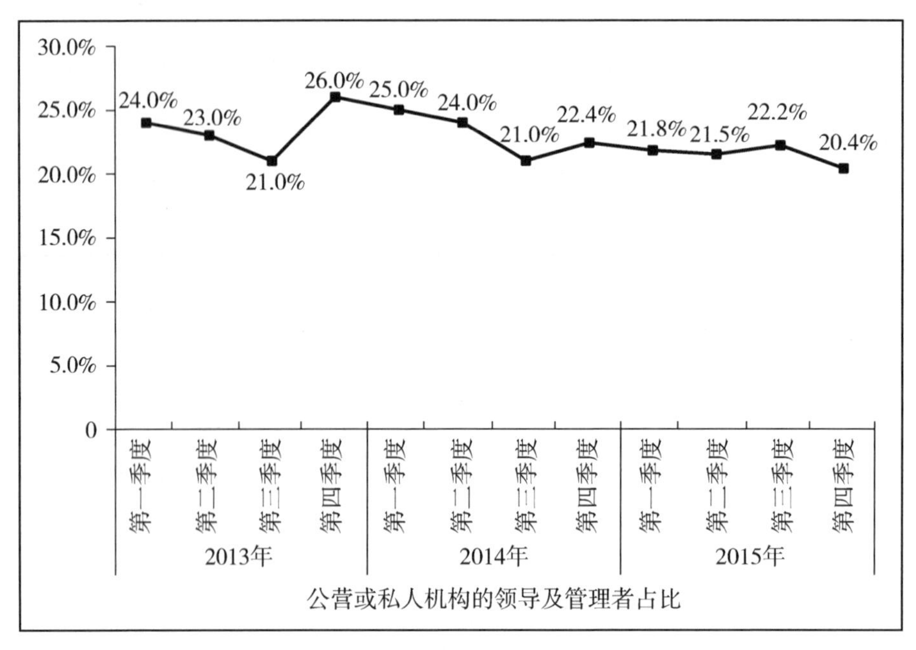

图 3－9　内地访澳门旅客中公营或私人机构的领导及管理者占比变动

数据来源：澳门特别行政区统计暨普查局。

三、贵宾厅承包制下的过度借贷造成博彩业虚假繁荣

澳门的资格审查制度尚处于初级发展阶段，与美国相关制度相比，存在较多的漏洞，需要采取措施进一步加强。首先，澳门博彩业资格

审查制度涵盖面过窄，需要接受资格审查的人员只涵盖公司顶层的极少数人员或职位，即持有一定股份的股东、董事和担任要职的主要雇员。而博彩公司中众多的管理职位、与钱有密切关系的关键岗位、博彩中介人公司的众多管理职位、借贷人、合作人，均无须进行资格审查。换言之，政府对于什么样的人在这些职位上工作，基本上缺乏掌握，造成了监管的极大漏洞。

同时，第三方贵宾厅监管漏洞的存在也是造成过度借贷、澳门博彩业虚假繁荣的重要因素之一。众所周知，贵宾客在澳门博彩通常向贵宾厅借贷之后才上赌桌。如果赢钱，贵宾厅需要即刻将其所赢的钱存到其账户上；如果输钱，则一般是推后一段时间到赌客的原住地结账。但是，赌客赌输之后，贵宾厅先要自己拿出钱来将赌客输的钱交到赌场，赌场把其中接近40%作为博彩特别税缴给政府。所以，贵宾厅交给赌场的以及贷给赌客的，都是真金白银，而赢的钱至少在一段时间内只是一个数字，因为债务收回需要时间。如果债务不能按期收回，则变成坏账呆账。这种运作模式，吹起了澳门博彩业收入的泡沫，当资金链断裂时，造成博彩业收入锐减，给博彩业市场造成了不稳定，同时也给澳门特别行政区政府决策带来更多的误差。

四、周边地区博彩业竞争加剧，赌客外流

自1983年以来，澳门博彩税税率逐渐提高，由1983年的25%上升至2015年的35%，与其他国家和地区相比，澳门博彩企业目前承担的税费属于中等偏上水平。而与拉斯维加斯、大西洋城等赌城相比，澳门博彩税率明显偏高。例如，2009年，拉斯维加斯博彩企业的“实效税率”为6.8%，大西洋城博彩企业的实效税率为8.8%；周边地区

如从韩国到马来西亚的亚洲大赌场，都在费尽心思地拉拢澳门这座全球最大的赌城流失的中国内地赌客客源，为赌客提供便捷的地下服务。数以百万计的内地中产阶级，拿着可以自由支配的收入，在博彩方面拥有大量选择，既可以去韩国，也可以去东南亚一些国家。客源的流失，在一定程度上造成澳门博彩业收入的下降。

五、银联卡因素、“黄山事件”等事件性因素引致波动

自2003年开放内地游客港澳“自由行”以来，非法套现的问题开始出现，犯罪手法不断进化，从最初的大额信用卡假消费到地下钱庄，再演变成现在的银联终端套现，目的都是为了逃避内地的外汇管制。因为以内地获得的银联终端在澳门刷卡，可绕开银联基于外汇管制的跨境支付限额，从表面上来看，只是一笔数额较大的国内消费。对内地游客银联卡套现行为的打击，以及对叠码仔和消费套现行为的双重打压，使贵宾赌厅的赌客减少。

澳门出现“黄山事件”，欠下13亿美元的澳门中介人黄山失踪。尽管过去澳门中介人行业时常发生携巨款失踪事件，但市场并未受到影响。然而，这次事件可能有所不同，因为涉及的资金数额巨大。黄山失踪，把整个博彩业的信誉链打断了，过去是愿赌服输，现在是欠了钱一拍屁股走人。这对业界来说是最严重的一次冲击，澳门的博彩体系可能会受到长远影响。

第三节　澳门博彩业收入下降风险、隐患及对策分析——基于计量经济学方法

计量经济学以一定的经济理论和统计资料为基础，运用数学、统计学方法与电脑技术，以建立经济计量模型为主要手段，定量分析研究具有随机性特性的经济变量关系。变量之间的关系表现为线性或者可以化为线性，属于因果分析模型。本节采用计量经济学中的回归分析方法进行定量预测，从而研究博彩业收入变化造成的风险隐患，并提出相关政策建议。

一、博彩业收入下降的风险隐患

（一）博彩业收入持续下降，危及澳门整体经济

宏观经济状况一般通过就业水平、通胀水平、经济增长以及国际收支平衡这4个指标来体现，经济增长的衡量一般是考虑GDP、消费、投资、进出口情况。在分析澳门博彩业收入对整体经济的影响上，根据数据的可得性及研究的需要性，摘取了2012—2016年的澳门主要宏观数据进行比较研究。

通过表3-3可看出，博彩业毛收入在2014年第一季度达到最高，高达102491百万澳门元，以此为分界点一直处于下降阶段，直到2015年第四季度收入才缓慢增长。GDP在2013年第四季度高达118399百万澳门元，随后，同样转入持续下跌的态势。就业率变动幅度很小，澳门就业率比较稳定；居民消费则呈现不断增加的趋势，固定资产总额在这一时期整体上

呈先增加后减少的态势，2014 年第四季度最高达 29372 百万澳门元。从图 3－10 中可以观察到，博彩业毛收入和 GDP 之间的变动关系存在一定的同步相关性。固定资产总额和居民消费两个宏观指标的变动趋势较为一致，并且呈小幅度上涨趋势，受博彩业毛收入下降的影响不明显。所以，下文将用计量模型初步说明博彩业毛收入对 GDP 的影响程度。

表 3－3　2012—2016 年澳门主要宏观经济指标

单位：百万澳门元

年/季度	博彩业毛收入	本地生产总值	私人消费	资本形成总额
2012/1	74596	79219	6130	12134
2012/2	74670	82728	7400	15039
2012/3	74854	85297	7647	15750
2012/4	81115	96574	11026	20579
2013/1	85600	94508	6493	13400
2013/2	86419	97063	7823	15263
2013/3	89447	101895	8080	16344
2013/4	100401	118399	11594	22789
2014/1	102491	115196	7274	17588
2014/2	91236	112519	8211	22826
2014/3	83143	106976	8832	22632
2014/4	75844	107379	11841	29372
2015/1	65033	94215	7581	24302
2015/2	57115	88973	8773	24382
2015/3	54602	86994	9291	22307
2015/4	55061	92032	12025	24430
2016/1	56389	85515	7644	15598
2016/2	51864	84180	9529	19403
2016/3	55220	91455	9358	22878
2016/4	60655	101205	12851	24211

数据来源：澳门特别行政区统计暨普查局。

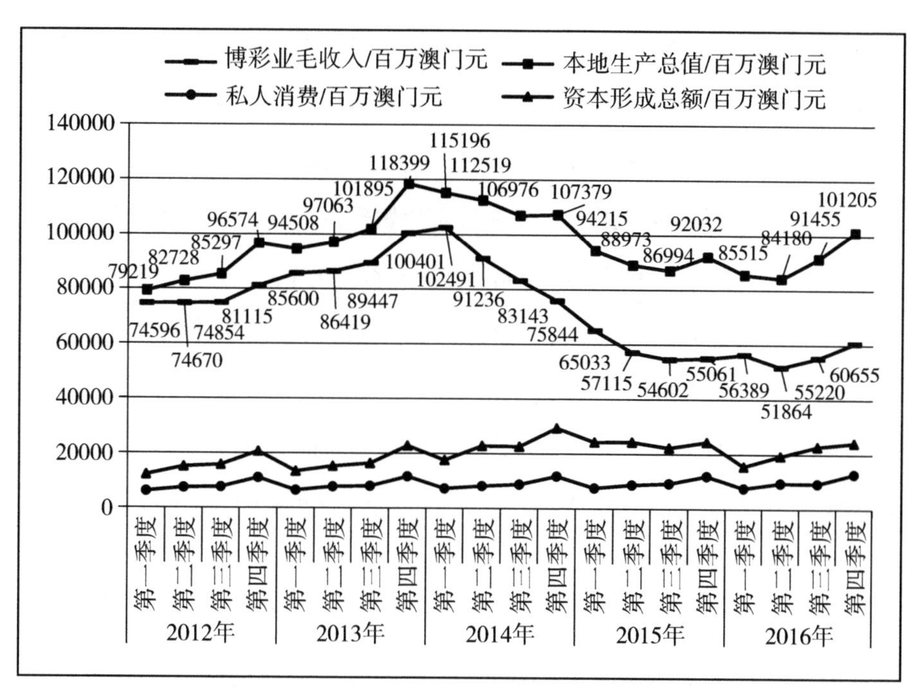

图3-10 2012—2016年澳门宏观经济指标季度变化趋势

数据来源：澳门特别行政区统计暨普查局。

研究要素投入和经济增长关系时，最常用的是Cobb-Dogulas生产函数。当一个新的要素被引进时，通过数据的检验估计模型，分析新要素与经济增长的关系，这种方式分析因素对经济增长作用时存在两种问题，首先可能存在反向因果关系，即GDP增长本身可能会影响要素的投入情况。如果存在从经济增长到投入要素的因果关系时，使用传统的计量方法将会产生有偏的估计。为了避免上述情况的出现，我们首先对数据进行平稳性检验，然后在其框架下研究要素的贡献，这样就可以避免反向因果关系的存在影响估计结果。

通过将传统Cobb-Dogulas生产函数进行拓展，引入G_t，Re_t和S_t，分别代表澳门博彩业毛收入、财政收入和财政支出，则模型可设定为$Y_t = A_0 K_t^{\alpha} L_t^{\beta} G_t^{\gamma} Re_t^{\zeta} S_t^{\lambda} e^{\varepsilon_t}$。其中，$Y_t$，$A_t$，$K_t$，$L_t$分别代表$t$时期本地生产

总值、技术进步、资本存量，$A_t = A_0 e^{\varepsilon_t}$，$\varepsilon_t$ 表示随机扰动项，将生产函数改写成适合计量估计的方程，两边取对数得到：

$$\ln Y_t = \ln A_0 + \alpha \ln K_t + \beta \ln L_t + \gamma G_t + \zeta Re_t + \lambda S_t + \varepsilon_t$$

将上述模型变化为人均形式，并假定原始模型满足规模报酬不变，则：

$$\ln y_t = \ln A_0 + \alpha \ln k_t + \gamma g_t + \zeta re_t + \lambda s_t + \varepsilon_t$$

其中，y_t 代表澳门人均本地生产总值，k_t 表示澳门人均资本存量，g_t 表示澳门人均博彩业毛收入，re_t 表示澳门人均财政收入，s_t 则表示澳门人均财政支出。如上所述，为了避免反向因果，实际实证分析采用的计量估计模型为 VAR 向量自回归模型（vector autoregressive model）。这种模型采用多方程联立的形式，它以经济理论为基础，在模型的每一个方程中，内生变量对模型的全部内生变量的滞后值进行回归，从而估计全部内生变量的动态关系。VAR 模型是自回归模型的联立形式，所以称向量自回归模型。在已有的研究中，利用年度数据建立博彩业收益增长率、国内生产总值增长率、劳动就业率、固定资产投资增长率之间的向量自回归模型（VAR）得出的结论仍然是博彩业显然对全澳 GDP 有较大的带动能力。（郭小东、刘长生，2009）

因 VAR 模型中解释变量均采取其滞后项，当期的变量无法影响过去的变量，显然在不考虑遗漏变量的情形下，它们与当期 ε_t 是不相关的，所以可以用 OLS 法依次估计每一个方程，得到的参数估计量都具有一致性。

综上所述，最终所采用计量估计模型为：

$$\ln y_t = \delta + \sum_{m=1}^{p} \alpha_m \ln y_{t-m} + \sum_{m=1}^{p} \beta_m x_{t-m} + \varepsilon_t$$

其中，y_t，y_{t-m}，x_{t-m} 均为向量，ε_t 为残差向量。

1. 回归阶数选择

这是 VAR 自量自回归分析的第一步，选定滞后阶数进行回归分析。这一步至关重要，决定了模型结果的准确性。根据 AIC，HQIC 及 SBIC 三大判定准则的结果，滞后 4 阶的效果是最佳的。

2. 回归结果

表 3－4　向量自回归结果

Sample：	2004q1 －2018q4			观测值：	60	
Log likelihood =	375. 2234			AIC =	－9. 007448	
FPE =	9. 84e－11			HQIC =	－7. 573824	
Det（Sigma_ml）=	2. 55e－12			SBIC =	－5. 342345	
因变量 / 自变量	GDP					
	系数	Sta. Err.	*z*	*P* 值	95% 置信区间	
GDP						
L1.	0. 318	0. 271	1. 170	0. 241	－0. 213	0. 849
L2.	0. 057	0. 333	0. 170	0. 864	－0. 595	0. 710
L3.	－0. 054	0. 340	－0. 160	0. 875	－0. 720	0. 613
L4.	0. 378	0. 248	1. 520	0. 128	－0. 109	0. 864
资本存量						
L1.	－0. 017	0. 058	－0. 290	0. 774	－0. 131	0. 097
L2.	－0. 013	0. 071	－0. 190	0. 852	－0. 152	0. 126
因变量 / 自变量	GDP					
	系数	Sta. Err.	*z*	*P* 值	95% 置信区间	
L3.	－0. 077	0. 066	－1. 170	0. 243	－0. 207	0. 052
L4.	0. 041	0. 055	0. 750	0. 451	－0. 066	0. 149
博彩业毛收入						
L1.	0. 559	0. 189	2. 960	0. 003	0. 189	0. 930
L2.	－0. 438	0. 249	－1. 760	0. 078	－0. 926	0. 050
L3.	0. 099	0. 249	0. 400	0. 691	－0. 389	0. 587
L4.	－0. 262	0. 162	－1. 620	0. 106	－0. 580	0. 055

续上表

Sample:	2004q1 -2018q4			观测值:	60
财政收入					
L1.	0.013	0.056	0.240	0.811	-0.096	0.123
L2.	0.083	0.055	1.500	0.134	-0.026	0.192
L3.	0.062	0.059	1.060	0.291	-0.053	0.177
L4.	0.057	0.059	0.970	0.330	-0.058	0.173
L1.	0.026	0.022	1.160	0.248	-0.018	0.070
L2.	-0.010	0.025	-0.390	0.696	-0.058	0.039
L3.	0.034	0.023	1.440	0.151	-0.012	0.080
L4.	0.049	0.022	2.200	0.028	0.005	0.093
常数项	0.843	0.218	3.860	0.000	0.415	1.271

从回归结果（表3-4）来看，澳门博彩业毛收入的一阶滞后项对澳门GDP存在显著影响，显著性水平分别为1%和10%。这其实也说明了博彩业对澳门整体经济的影响是十分及时的，并不存在较大的滞后性。实际上，VAR模型的分析，从系数上是无法准确得出变量之间的影响关系的，最准确的是要脉冲响应图的分析，因此，具体的结论要根据响应函数的分析才可获得。VAR模型单个参数估计值的经济解释是很困难的，要想对一个VAR模型做出分析，通常是观察系统的脉冲响应函数。脉冲响应函数描述一个内生变量对误差冲击的反应。具体地说，它描述的是在随机误差项上施加一个标准差大小的冲击后对内生变量的当期值和未来值所带来的影响。

如图3-11所示，对澳门人均本地生产总值而言，博彩业毛收入对澳门的GDP的影响几乎是瞬时的，滞后一期对GDP有显著的正的影响。这意味着，澳门GDP与澳门博彩业毛收入之间存在着“祸福相关”的紧密联系。换句话说，一旦澳门博彩业出现下行趋势，是可以立刻传导到澳门整体的经济当中的。

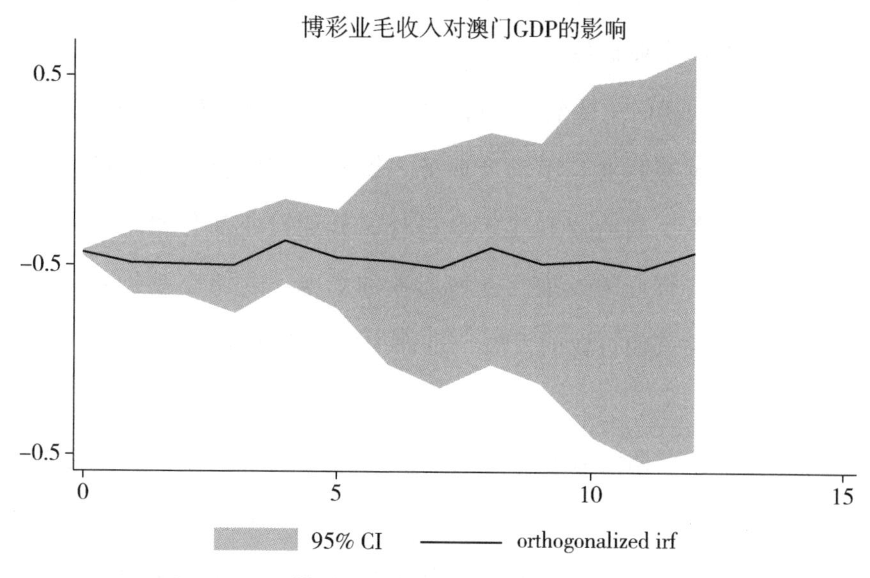

图3-11　博彩业毛收入对澳门GDP的脉冲响应

此外，澳门博彩业的变动不仅对澳门整体经济会有较大的影响，而且这种影响会传导到其他相关产业当中，进而对澳门的整体经济造成极大的损伤。从产业关联度角度采用灰色关联度法来测度产业对GDP的贡献度以及产业关联度，分析对澳门GDP增长贡献度较高的产业以及同澳门博彩业关联度较高的产业。根据灰色关联度测算结果，各个产业与GDP关联度由高到低为：博彩业 > 建筑业 > 酒店业 > 批发及零售业 > 租赁及向企业提供的服务 > 不动产业务 > 其他团体、社会及个人服务及雇用佣人的家庭 > 饮食业 > 医疗卫生及社会福利 > 银行 > 公共行政 > 教育 > 保险及退休基金 > 运输、仓储及通信业 > 电力、气体及水的生产及分配 > 制造业。

博彩对其他产业的带动能力由大到小为：酒店业 > 批发及零售业 >

医疗卫生及社会福利 > 公共行政 > 电力、气体及水的生产及分配 > 运输、仓储及通信业 > 饮食业 > 银行 > 教育 > 建筑业 > 保险及退休基金 > 其他团体、社会及个人服务及雇用佣人的家庭 > 制造业产值 > 不动产业务 > 租赁及向企业提供的服务。

由此可知，澳门主要行业中，对澳门 GDP 影响较大的是建筑业、酒店业、批发及零售业、不动产业务、饮食业和银行业。而这些行业除了不动产业务、制造业和建筑业以外，其他行业都与博彩业关联程度较大，即这些行业的发展会受博彩业的影响。若博彩业收入一直下降，显然会影响其他行业的发展，进而引致澳门 GDP 总量下降，引发一系列风险。

综上可知，短期内博彩业收入的变动，对地区整体经济的影响比较大，直接表现为 GDP 的同步同向变动。因此，若博彩业收入下降的趋势一直持续，那么，澳门整体经济的增速将会放慢，对澳门整体经济长期发展不利。

3. 平稳性检验

VAR 模型稳定的充分与必要条件是特征方程所有特征值都要在单位圆以内（在以横轴为实数轴，纵轴为虚数轴的坐标体系中，以原点为圆心半径为 1 的圆称为单位圆），或特征值的模都要小于 1。如图 3－12 所示，所有特征值都是位于圆内，由此可以判断模型的估计结果是平稳的。

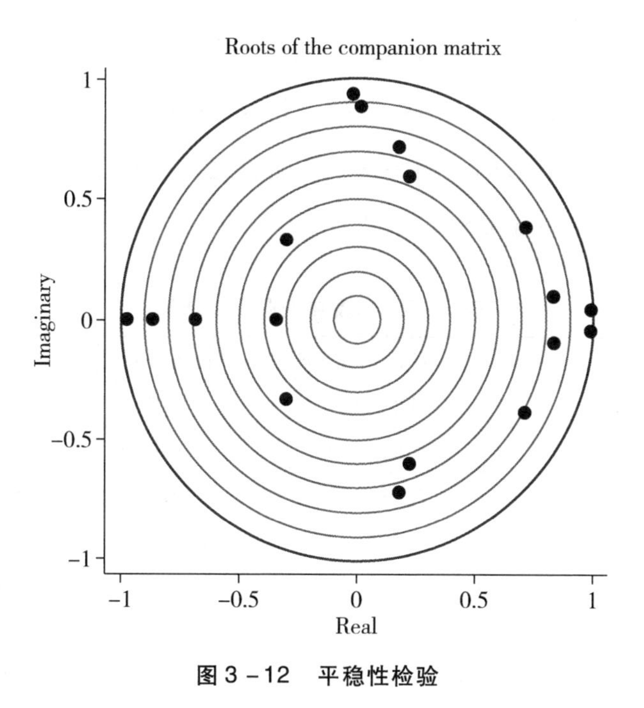

图 3－12　平稳性检验

（二）博彩业收入持续下降，影响政府的有效运作

财政开支是衡量一国或地区政府财力的重要指标，政府在社会经济活动中提供公共物品和服务的范围和数量，在很大程度上取决于财政收入的充裕状况。财政支出是财政分配活动的重要环节，财政支出的规模和结构可以反映政府职能的范围大小。博彩业收入的持续下降，势必会影响澳门特别行政区政府的执政水平与工作效率，而博彩业税收是澳门财政收入的主要来源，对澳门特别行政区政府的运作具有举足轻重的作用，使其能够有充足的财力投入到基础设施建设、科教文卫、社会福利等方面，以促进澳门社会平稳、有序地运行，从而实现社会公正、公平。

（1）博彩业收入与政府的财政开支的相关性分析。通过前文向量自回归的回归结果，由表 3－5 可知，财政收入与博彩业毛收入在 1%

的显著水平存在显著的正相关性。也就是说，博彩业毛收入的增加，会提高财政收入；反之，则降低财政收入。而财政支出与博彩业毛收入之间并不具有显著的正相关性。换而言之，博彩业毛收入的变动不会对财政支出造成太大影响。

表3-5　向量自回归回归结果

Sample：	2004q1 -2018q4			观测值：	60	
Log likelihood =	375.2234			AIC =	-9.007448	
FPE =	9.84e-11			HQIC =	-7.573824	
Det（Sigma_ml） =	2.55e-12			SBIC =	-5.342345	
因变量 / 自变量	财政收入					
	系数	Sta. Err.	z	P值	95%置信区间	
GDP						
L1.	0.525	0.638	0.820	0.411	-0.726	1.776
L2.	-1.470	0.785	-1.870	0.061	-3.008	0.068
L3.	1.051	0.801	1.310	0.190	-0.520	2.622
L4.	-0.136	0.585	-0.230	0.816	-1.283	1.011
资本存量	0.525	0.638	0.820	0.411	-0.726	1.776
L1.	-0.100	0.137	-0.730	0.465	-0.370	0.169
L2.	0.238	0.167	1.420	0.155	-0.090	0.566
L3.	-0.228	0.156	-1.460	0.144	-0.533	0.078
L4.	0.052	0.129	0.400	0.688	-0.201	0.305
博彩业毛收入						
L1.	1.058	0.446	2.370	0.018	0.184	1.932
L2.	0.105	0.586	0.180	0.858	-1.044	1.255
L3.	-0.459	0.587	-0.780	0.434	-1.609	0.691
L4.	-0.048	0.382	-0.130	0.900	-0.796	0.700
财政收入						
L1.	-0.014	0.132	-0.110	0.914	-0.273	0.244
L2.	-0.044	0.131	-0.330	0.738	-0.300	0.213
L3.	-0.239	0.138	-1.730	0.084	-0.509	0.032
L4.	0.488	0.139	3.510	0.000	0.216	0.760

续上表

Sample:	2004q1 - 2018q4		观测值:	60	
财政支出						
L1.	-0.036	0.053	-0.690	0.490	-0.140	0.067
L2.	-0.014	0.058	-0.250	0.805	-0.128	0.099
L3.	0.057	0.055	1.030	0.303	-0.051	0.165
L4.	0.040	0.053	0.760	0.445	-0.063	0.144
常数项	0.300	0.515	0.580	0.560	-0.709	1.309

图3-13、图3-14比较直观地反映了澳门财政收支与博彩业毛收入之间的相关性情况。不难看出，财政收入与澳门博彩业收入之间有很强的正相关，财政支出与澳门博彩业毛收入之间的相关性不显著。

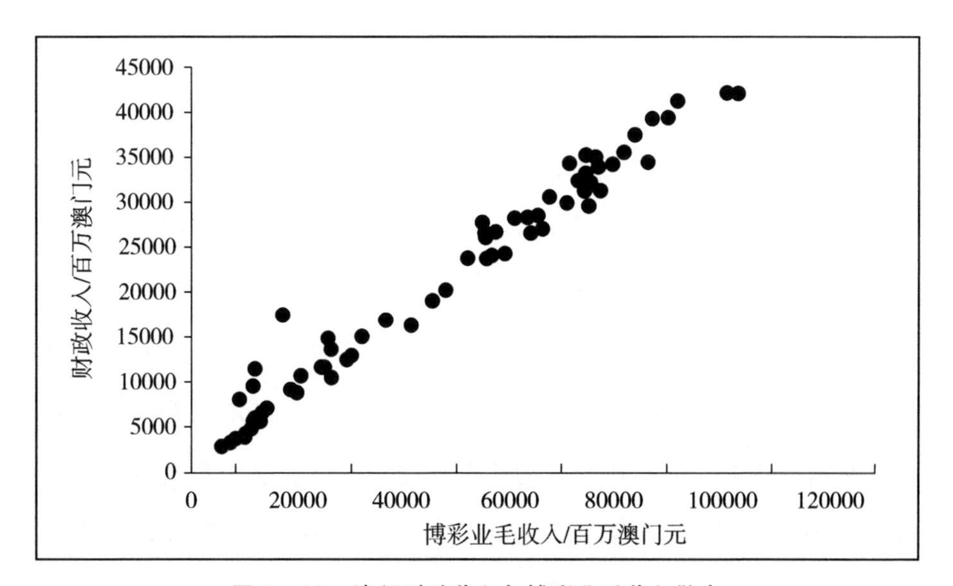

图3-13　澳门财政收入与博彩业毛收入散点

数据来源：澳门特别行政区统计暨普查局。

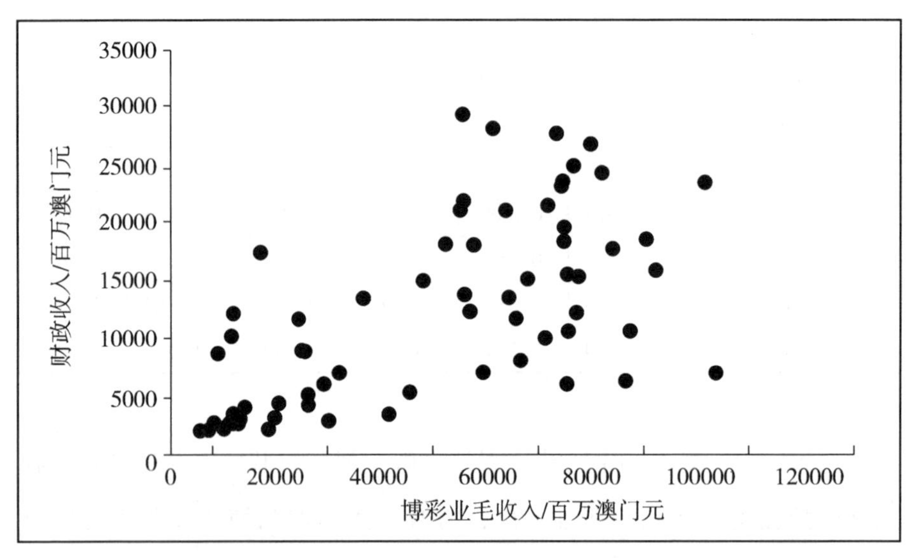

图 3－14　澳门财政支出与博彩业毛收入散点

数据来源：澳门特别行政区统计暨普查局。

（2）博彩业收入下降，影响政府运作情况。首先，博彩业收入下降，影响政府运作效率。由图 3－15 可以看到，2014 年第二季度以来，在博彩业税收的拉低下，澳门的财政收入大幅下跌。时任澳门特别行政区长官崔世安在2016 年度施政报告中表示，在博彩业收入已经持续下跌的情况下，政府维持去年的现金分享计划不变，向每个永久性居民每人发放 9000 澳门元，非永久性居民每人 5400 澳门元。其他民生福利也并未因博彩业收入的下跌而受到影响，多个种类的津贴金额都比前一年有所提高，预计澳门特别行政区政府要为此支出约 117.07 亿元（新浪财经，2015 年 11 月 18 日）。而通过前面的分析可知，财政支出与博彩业收入不存在显著的正相关性，即财政支出不会因为博彩业收入的下降而减少。因此，在这种情况下，澳门特别行政区政府就无法充分发挥其提供公共物品和服务供给的职能，从而降低政府的治理效率。

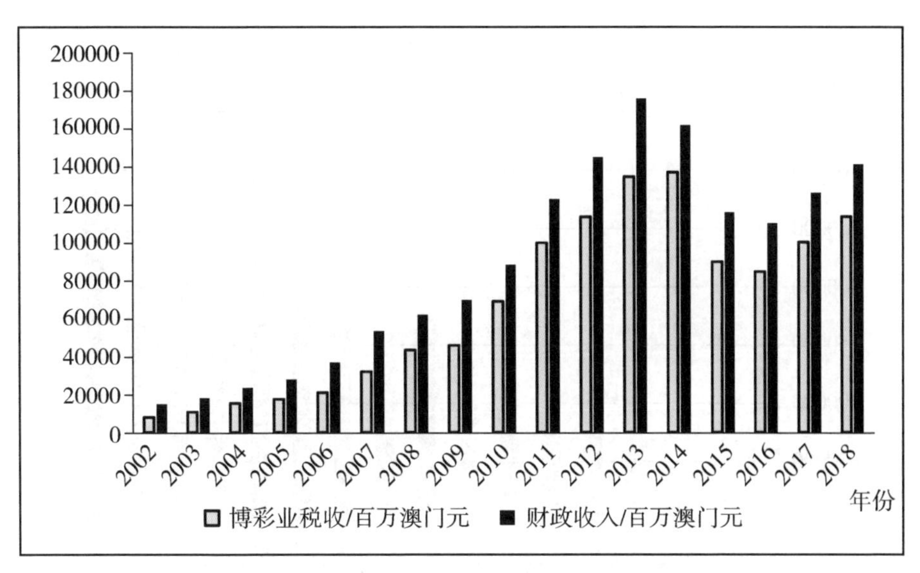

图3－15 2002—2018年澳门财政收入及博彩税收

数据来源：澳门特别行政区统计暨普查局。

其次，博彩业收入下降，可能引发政府财政赤字。澳门回归祖国后，财政盈余由2000年的3.14亿澳门元逐年上升，尤其是2007年后，增长速度更是大幅加快。2013年，财政盈余达到1245.6亿澳门元，是2000年的397倍，是澳门所有经济指标中增长幅度最大、增长速度最快的指标。但是，由图3－16可以看出，澳门的财政盈余从2014年开始大幅下跌，到了2016年财政收支基本上持平（2016年数据为经核准后的预算）。澳门特别行政区政府财政局数据显示，2014年1—3月公共财政收入近283亿元澳门元，同比下跌32.9%，但公共财政开支为117.8亿澳门元，同比增加67%。期内公共财政盈余165亿澳门元，跌幅超过一半，但已完成年度财政盈余预算近三成二。而公共财政收入之所以下跌，是由于博彩业税收大幅下挫的带动。（凤凰财经，2014年4月16日）

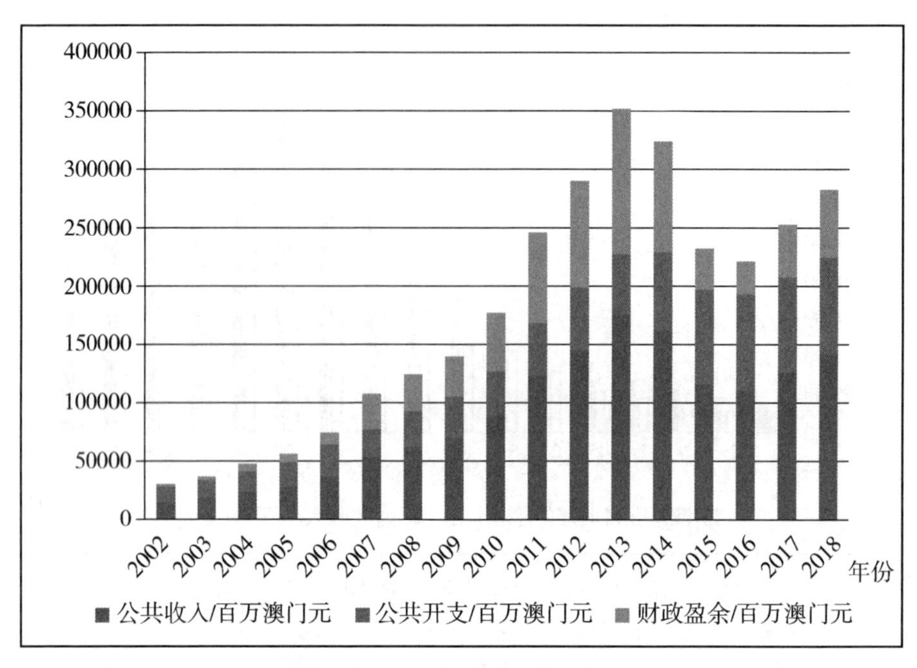

图 3－16　澳门公共财政情况

数据来源：澳门特别行政区政府统计暨普查局。

（三）博彩业收入持续下降，影响澳门社会福利水平

澳门博彩业收入连续 22 个月的下降，不仅会危及澳门的总体经济，而且会对以博彩业税收为主的澳门财政收入造成重大冲击。众所周知，财政收入与居民福利有着密切的联系，财政收入的下降可能会带来政府公共支出的相应变化，从而对政府财政盈余和居民福利水平造成一定影响。

（1）澳门博彩业收入与社会福利水平的相关性分析。赌权开放以来，在澳门博彩业收入有了明显上升的同时，澳门特别行政区政府各项福利支出大体上也随之增加，如图 3－17 所示，说明博彩业的发展能在一定程度上促进社会福利水平的提高，这一点通过澳门特别行政区政府一直以来的“派糖”政策也可看出。

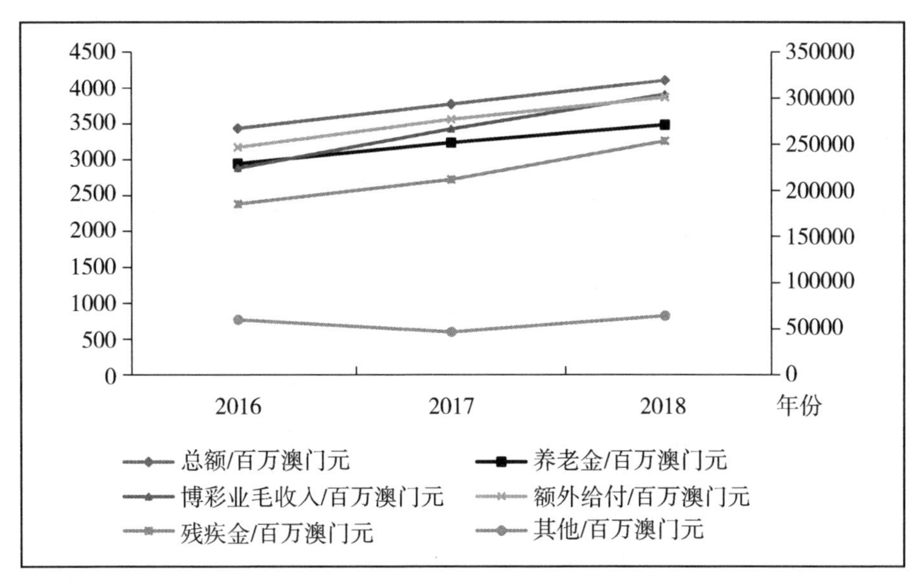

图 3－17　2016—2018 年澳门博彩业毛收入与社会保障金支出

数据来源：澳门特别行政区政府统计暨普查局。

为了进一步分析博彩业收入与福利支出的关系，再次根据前文向量自回归的回归分析，结果如表 3－6 所示。

表 3－6　向量自回归结果

Sample：	2004q1 －2018q4			观测值：	60	
Log likelihood =	375. 2234			AIC =	－9. 007448	
FPE =	9. 84e －11			HQIC =	－7. 573824	
Det（Sigma_ml） =	2. 55e －12			SBIC =	－5. 342345	
因变量 / 自变量	财政支出					
	系数	Sta. Err.	*z*	*P* 值	95% 置信区间	
GDP						
L1.	－1. 762	1. 290	－1. 370	0. 172	－4. 291	0. 767
L2.	1. 748	1. 586	1. 100	0. 270	－1. 361	4. 857
L3.	－0. 049	1. 620	－0. 030	0. 976	－3. 224	3. 126
L4.	1. 453	1. 183	1. 230	0. 219	－0. 865	3. 771

续上表

自变量 \ 因变量	GDP					
	系数	Sta. Err.	z	P 值	95% 置信区间	
资本存量						
L1.	0. 469	0. 278	1. 690	0. 091	-0. 075	1. 013
L2.	-0. 214	0. 338	-0. 630	0. 528	-0. 876	0. 449
L3.	-0. 585	0. 315	-1. 860	0. 063	-1. 203	0. 032
L4.	0. 157	0. 261	0. 600	0. 547	-0. 354	0. 668
博彩业毛收入						
L1.	1. 727	0. 901	1. 920	0. 055	-0. 039	3. 493
L2.	-1. 375	1. 185	-1. 160	0. 246	-3. 698	0. 949
L3.	1. 127	1. 186	0. 950	0. 342	-1. 198	3. 451
L4.	0. 614	0. 772	0. 800	0. 426	-0. 899	2. 126
财政收入						
L1.	-0. 501	0. 266	-1. 880	0. 060	-1. 023	0. 022
L2.	-0. 769	0. 264	-2. 910	0. 004	-1. 287	-0. 251
L3.	-1. 234	0. 279	-4. 430	0. 000	-1. 781	-0. 688
L4.	-0. 595	0. 281	-2. 120	0. 034	-1. 146	-0. 045
财政支出						
L1.	-0. 262	0. 107	-2. 460	0. 014	-0. 471	-0. 053
L2.	-0. 113	0. 117	-0. 960	0. 336	-0. 343	0. 117
L3.	0. 200	0. 112	1. 790	0. 073	-0. 019	0. 420
L4.	0. 563	0. 107	5. 290	0. 000	0. 355	0. 772
常数项	-1. 869	1. 041	-1. 800	0. 073	-3. 909	0. 171

从回归结果可以看出，博彩业收入对福利支出存在显著的正向影响。因此，未来一段时间内，若博彩业收入继续下降，澳门整体福利肯定会受到冲击，具体影响如何，可以从以下角度具体分析。

根据政府财政预算公式如式（3 -1）所示：

$$BS = t * Y + T - G - Tr \tag{3-1}$$

其中，BS 表示预算盈余，t 表示税率（比例税形式），T 表示税收（定

量税形式)，Y 表示国民总收入，G 表示政府购买支出，r 表示政府转移支付支出。

可知：

当博彩业收入下降时，Y 也会随之减少（上一节已证明），此时：①若保持 BS 不变，即不改变政府预算盈余时，则 Y 的减小必须以适当增加 t，T 或者适当减少 G，Tr 为弥补，而无论 t，T 或 G，Tr，都与社会福利直接相关，增加 t，T 或减少 G，Tr，会导致澳门社会福利水平的下降。②若保持 t，T，G，Tr 不变，即不改变社会福利水平时，则 Y 的减小会导致 BS 也随之减小，即政府财政预算盈余减少（$BS<0$ 时，财政出现赤字)。

综上，短期内，一个经济体的社会福利水平与其财政预算盈余之间存在此消彼长的关系。

（2）现有福利水平下，博彩业收入应达到的理想水平。澳门社会保障基金根据基础假设（如表 3－7 所示）预测，未来 50 年内澳门人口增长率约为每年的 12%。按此推算，澳门人口有迅速老化的趋势。如表 3－8 所示，65 岁及以上人口的比例将由 2015 年的 8% 显著上升至 2062 年的 30%。与此同时，15～64 岁以劳动人口为主的人口比例将由 2015 年的 80% 明显下降至 2062 年的 60%。

表 3－7　预测人口增长时所依赖的主要经济假设

经 济 假 设	主研究报告的基础假设	第二补充研究报告的基础假设
基金资产投资回报	3.5%	3.5%
通货膨胀	2.5%	2.5%
居民入息中位数增长	5.0%	5.0%
政府拨款增长	4.0%	2.5%
行政费用增长	6.0%	6.0%
外地雇员聘用费增长	2.5%	2.5%

数据来源：澳门社保基金。

表3－8　未来50年内澳门人口总数及结构预测

人　数		2012	2022	2032	2042	2052	2062
总人口		567218	711224	833002	928739	997763	1041847
按性别	男	272603	342796	400701	444158	476147	499198
	女	294615	368428	432301	484571	521616	542649
按年龄	0～14岁	68213	92785	92911	91144	97969	100304
	15～64岁	451671	520700	567804	613870	625940	633010
	65岁或以上	47334	97739	172287	223715	273854	308533

数据来源：澳门社保基金。

现时澳门每月社保基金收入主要来自政府拨款，每月成员供款45澳门元根本不足以支付社保的福利金。因此，若想维持澳门社保基金的持续运行，则对澳门特别行政区政府的财政拨款有以下要求，如表3－9所示。

表 3－9　对澳门特别行政区政府财政拨款要求

报告参照	状况	福利金水平	政府拨款	成员供款	2062 年预计基金资产值	基金资产为负数的年份
		澳门元/月	澳门元	澳门元/月	百万澳门元	
第二补充报告（新增状况）	3	2012 年上半年为 2000 澳门元，2012 年下半年为 2500 澳门元，并往后每年增加 5%	2012 年为 40.21 亿澳门元，并往后每年增加 2.5%，2013 年与 2014 年分别额外拨款 50 亿澳门元	2012 年上半年为 45 澳门元，2012 年下半年为 47.25 澳门元，并往后每年增加 5%	1257255	2038
	4	2012 年上半年为 2000 澳门元，2012 年下半年为 2300 澳门元，2013 年为 2600 澳门元，2014 年为 2900 澳门元，2015 年为 3200 澳门元，并往后每年增加 2.5%	2012 年为 40.21 亿澳门元，并往后每年增加 2.5%，2013 年与 2014 年分别额外拨款 50 亿澳门元	2012 年上半年为 45 澳门元，2012 年下半年为 100 澳门元，2013 年为 145 澳门元，2014 年为 190 澳门元，2015 年为 250 澳门元，并往后每年增加 2.5%	70903	2058

数据来源：澳门社保基金。

因此，若想维持状况 4 中的福利水平，未来澳门特别行政区政府在社保方面的拨款需要持续增加。在此基础上，未来几十年，对澳门财政收入具有重大贡献的博彩业收入需要大幅度增加。

二、博彩业收入下降的对策

如图 3－18 所示，截至 2018 年年底，内地开放“自由行”的城市有 49 个。其中，广东省所占比例最大，共 10516328 人次，约占内地总游客的 34%。上海、福建、湖南、湖北等省市次之，这几个省市的游客潜力相对较大，因此，开放“自由行”时应该着重对这些地区做进一步开放。

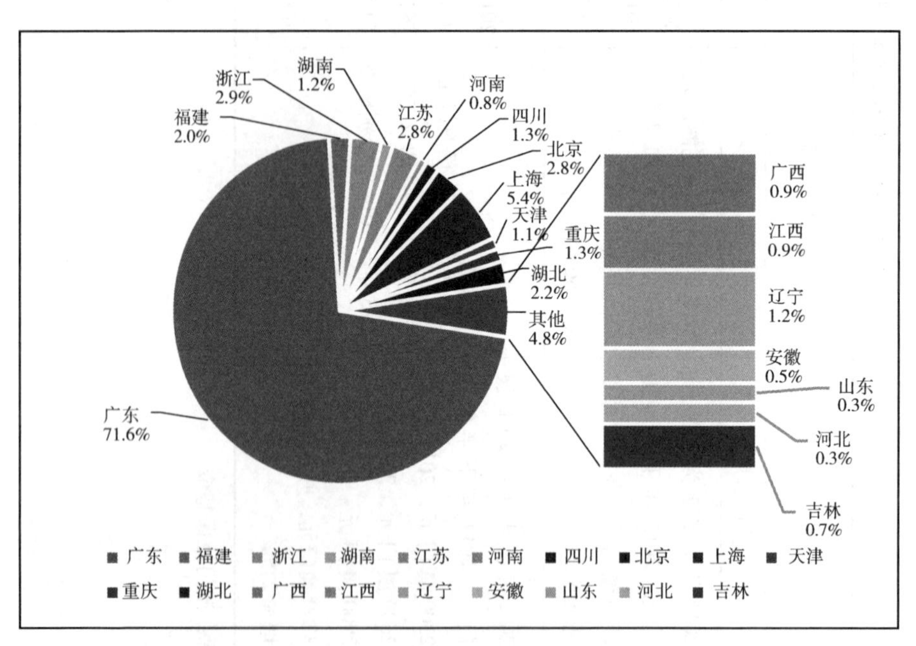

图 3－18　2018 年中国内地省市访澳门旅客比例

数据来源：澳门特别行政区政府统计暨普查局。

根据表3－10中的数据，若将这些地区按赴澳门游客个人游比例分为几个梯队，则广东、上海、北京、天津、重庆为第一梯队，这些地区“自由行”开放程度较高，个人游出行的比例较大；浙江、江苏、湖北、辽宁为第二梯队，这些地区“自由行”开放程度次之，个人游出行的比例一般；福建、江西、河南、广西、湖南等为第三梯队，这些地区“自由行”开放程度较低，能选择个人游出行的人数有限。

表3－10　赴澳门省市的游客人次及个人游比重

省市	2016年		2017年		2018年	
	总人次	个人游比重	总人次	个人游比重	总人次	个人游比重
广东	9021402	77%	9232591	81%	10516328	82%
福建	774013	24%	836762	26%	924812	26%
浙江	560006	42%	645082	42%	787803	45%
湖南	870680	11%	1005526	12%	1192747	12%
江苏	467359	40%	586370	46%	704008	47%
河南	425357	17%	474705	17%	558461	17%
四川	362015	26%	418660	29%	503587	31%
北京	325238	81%	353894	85%	382387	87%
上海	514960	92%	610204	93%	687316	94%
天津	113285	90%	139278	92%	135569	94%
重庆	220322	48%	256447	52%	290678	52%
湖北	620564	30%	737190	32%	869324	30%
广西	569050	16%	634668	16%	828549	14%
江西	431266	18%	512661	17%	538586	19%
辽宁	298674	43%	334439	44%	345971	41%
安徽	240118	18%	264571	21%	308515	21%
山东	239287	10%	302151	12%	333013	11%
河北	239635	16%	319006	16%	274771	14%
吉林	211925	33%	217987	33%	252994	33%

数据来源：澳门特别行政区政府统计暨普查局。

鉴于东部沿海与中西部地区经济发展水平的差异、前期“自由行”政策开放程度的差异，在调整“自由行”政策时要分阶段、分地区开放“自由行”，进一步缩小沿海与内地省份和城市在“自由行”政策上的差异。具体措施如下。

（一）已经完全开放“自由行”的地区，要以增加每年赴澳门签注的次数为调整“自由行”政策的新方向

对于目前已完全开放“自由行”的第一梯队省市，如广东、上海、北京等，这些地区“自由行”开放程度较高，个人游出行的比例较大，并且作为经济较发达的地区，人居收入水平走在全国前列，其居民消费方式多样化，消费水平和消费频率普遍高于中西部其他地区，因此，可以适当增加每年赴澳门的签注次数。但是，在具体操作上，广东省需要分区考虑，由于广东南北、珠三角和其他地区经济发展水平存在一定差距，因此，对以广州为中心的珠三角九市增加赴澳门的签注次数，而其他地区暂时保持现状。

（二）个人“自由行”潜力较大地区需要进一步增加开放“自由行”的城市数量

浙江、江苏、湖北、辽宁赴澳门旅客人数比例不高，并且“自由行”比例均处于中等水平的第二梯队省份，其游客潜力还有待开发。这 4 个省份的经济发展水平紧随第一梯队，尤其是浙江和江苏经济已走在全国前列，居民消费水平的空间很大，而其对澳门开放“自由行”的城市却有限。因此，可以适当增加“自由行”城市并逐步达到现在广东、北京、上海的水平，在这个基础上，进一步完善航空、高铁等交通服务，提高居民赴澳门的便利性。

（三）对中西部经济水平发展相对较慢的省份，可以选择发展较好的城市作为开放“自由行”的先行地

对于湖南、福建、广西等中西部经济发展较慢的城市，一方面，这些地区“自由行”开放程度较低，开放的城市大多仅限于省会；另一方面，受经济发展状况和人均收入水平的影响，能选择个人游出行的人数有限，“自由行”比例很低。但是，从中长期来看，这些省份经济发展潜力很大，居民消费能力具有很大的提升空间。随着经济发展，居民旅游需求必将大幅提高。现阶段在中西部省份中地区经济发展大多呈现不平衡的特征，所以，应选择经济水平发展较好、人均收入水平较高的部分城市，来推行开放“自由行”的政策。

（四）增加赴澳门签注次数，至少应达到与赴香港签注次数相同水平

中央政府应该适当调整签注政策，实行赴澳门团队旅游签和个人旅游签的“三月两签”和“一年两签”政策，达到与内地居民赴香港签注次数相同的水平，增加内地居民访澳门的频率，提供赴澳门旅游的便利，以此增加博彩业收入。

（五）推行珠澳“一周一行”政策，逐步实现珠海、深圳、香港、澳门同签政策

在横琴与澳门合作已经先行、珠海与澳门经济互动的情况下，实行珠海到澳门的“一周一行”政策是合理的。这能为珠海与澳门开展多元化合作提供便利，符合澳门多元化发展的要求。

从长远来看，可以实行珠海、深圳、香港、澳门同签政策。随着

港珠澳大桥的通车，珠海、香港、澳门将进一步加强区域合作，同时，澳门不仅增加了与香港的联系，也进一步提升了与珠海的连接，从孤立岛走向岛陆一体化，强化与珠海和西岸地区的融合和协调发展。同时，深圳可以通过香港使用港珠澳大桥来连接澳门和珠江西岸。所以，在这种趋势下，珠海、深圳、香港、澳门同签的实施，将会吸引深圳居民以及香港游客同时赴澳门旅游，对澳门来说是增加旅游收入的机遇。同时，同签也可以推动澳门工作，使珠海居住成为现实，缓解澳门自身承载力问题，促进澳门产业多元化发展。

第四节　澳门博彩业收入下降风险、隐患及对策分析——基于系统动力学模型

本节通过对澳门博彩业进行系统结构分析，构建澳门博彩业收入状况的系统动力学模型，通过对模型构建因果关系、建立方程、进行模型检验以及模拟仿真运行结果，更加直观且客观地帮助澳门特别行政区政府及相关决策者深入了解澳门博彩业收入下降的态势，并对澳门博彩业日后发展状况进行分析预测。

一、系统动力学概况

系统动力学（system dynamics，SD）1956 年由美国麻省理工学院福瑞斯特（J. W. Forrester）教授提出，是研究社会经济系统定性与定量相结合的方法，是一门综合运用信息论、系统论和控制论等学科知识，根据系统运行规律描述现实状况并预测未来趋势、研究信息反馈系统、认识和解决系统问题的交叉性学科。

系统动力学模型是一种动态仿真系统，是由各种时间滞后性差分方程构成的模型，是模拟现实和未来状况的建模方法，具备处理非线性、多反馈、多变量、时间滞延、动态复杂问题的能力，通过建立系统中各要素之间的结构因果关系，具有较强的客观性、科学性，能够清晰地反映系统各要素之间的关系，对研究对象的历史数据要求较低，具有动态特性，适用于博彩业收入下降的动态模拟研究。

系统动力学把系统的行为模式看成由系统内部的信息反馈机制决定，通过建立系统动力学模型，利用 Vensim 仿真软件在计算机上实现对真实系统的仿真，研究系统的结构、功能和行为之间的动态关系，以便寻求较优的系统结构和功能。具体建模过程为：①明确问题，确定系统的边界；②提出系统内部动态变化假设，可使用的工具包括子系统边界图、因果回路图和存量流量图；③定方程，明确参数、行为关系和初始条件；④测试，即考查模型是否与过去的行为模式吻合；⑤通过设计政策进行模拟与评估（如图 3 – 19 所示）

系统动力学创立之后，研究领域逐渐扩大，理论体系和方法工具逐步完善。20 世纪 90 年代之后，系统动力学在我国经济管理、军事管理、科研管理、城市建设、项目管理、物流与供应链领域、社会公共管理、生态环境和资源保护、产业发展、组织规划与设计和旅游研究等方面发挥着重要的作用。

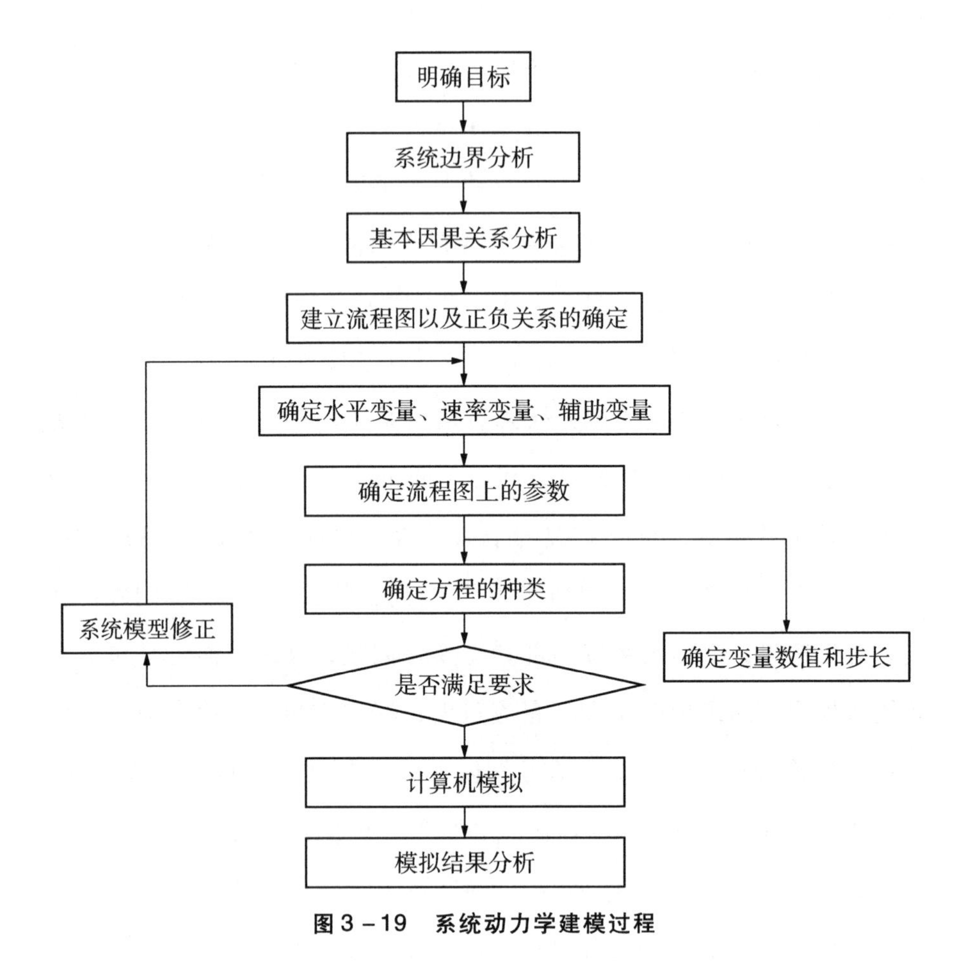

图3-19 系统动力学建模过程

二、澳门博彩业收入 SD 模型构建

本部分要研究的是澳门博彩业收入下降问题，我们选取影响博彩业收入的主要因素作为系统边界，根据博彩业收入系统要素、系统边界以及各系统之间的反馈关系，确定反馈回路，绘制澳门博彩业收入系统流程图。之后，根据博彩业发展现实状况为模型建立方程，构建动态仿真模型进行实证研究。

（一）澳门博彩业收入系统结构分析

澳门博彩业收入系统是多种要素相互作用而形成的复杂系统，同时，这些要素也是影响博彩业收入的关键要素。澳门博彩业具备外向性和非自主性的产业特征，外部形势的大变动会给其产业利润增长和发展带来巨大的挑战，根据第一节的相关分析，整体而言，在内地经济下行压力加大、内地政府的反腐力度加强以及“自由行”政策的适应性调整的综合作用下，内地游客的需求低迷是导致澳门博彩业收入下降的最主要原因。（如表3－11和图3－20所示）而造成内地游客消费下跌的因素是多重的，如近几年中国经济增速放缓、内地政府加强管制、贵宾厅制度弊端以及周边地区博彩业竞争加剧等。

因此，在分析澳门博彩业收入下降的影响因素以及隐患时，本节立足于经济环境及外部社会环境，为进行澳门地区博彩业收入分析提供依据。

表3－11　博彩业毛收入与内地游客消费状况

年/季度	博彩业收入/百万澳门元	内地赴澳门游客人数/人	内地游客非博彩消费/百万澳门元	内地游客博彩消费/百万澳门元	内地旅客总消费/百万澳门元
2013/1	85600	4414194	11653.7	52891.5	64545.2
2013/2	86419	4492158	11279.8	54443.4	65723.2
2013/3	89447	5044407	11708.1	57573.2	69281.3
2013/4	100401	4681448	13112.7	62920.5	76033.2
2014/1	102491	5173461	13109.6	68449.7	81559.3
2014/2	91236	5040843	13403.6	60113.0	73516.6
2014/3	83143	5598582	12428.9	55990.2	68419.1
2014/4	75844	5439524	11085.7	51053.1	62138.8
2015/1	65033	5025943	10815.8	43594.6	54410.4

续上表

年/季度	博彩业收入/百万澳门元	内地赴澳门游客人数/人	内地游客非博彩消费/百万澳门元	内地游客博彩消费/百万澳门元	内地旅客总消费/百万澳门元
2015/2	57115	4758849	9574. 8	36541. 7	46116. 5
2015/3	54602	5425048	9634. 9	36051. 4	45686. 3
2015/4	55061	5200775	10079. 1	7105. 8	17184. 9

数据来源：澳门特别行政区政府统计暨普查局、澳门特别行政区政府博彩监察协调局。

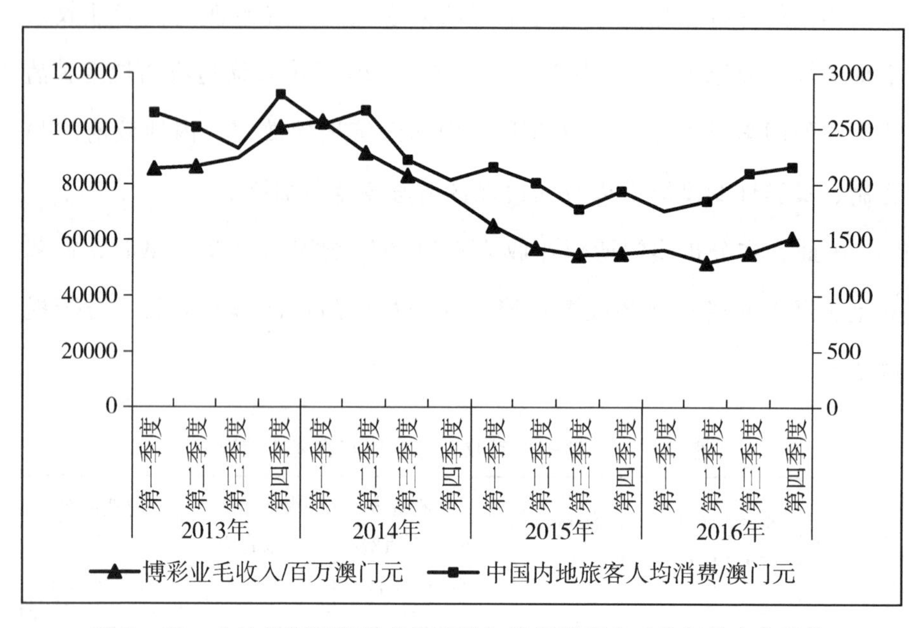

图 3-20 内地访澳门旅客人均消费与澳门博彩业毛收入的变化趋势

（二）绘制系统流程图

本部分从博彩业收入经济环境子系统及博彩业收入外部环境子系统两方面出发，分别分析各子系统的因果关系，进而构建博彩业收入复合系统的系统流程图。

具体用于仿真分析的系统流程如图 3 - 21 所示：

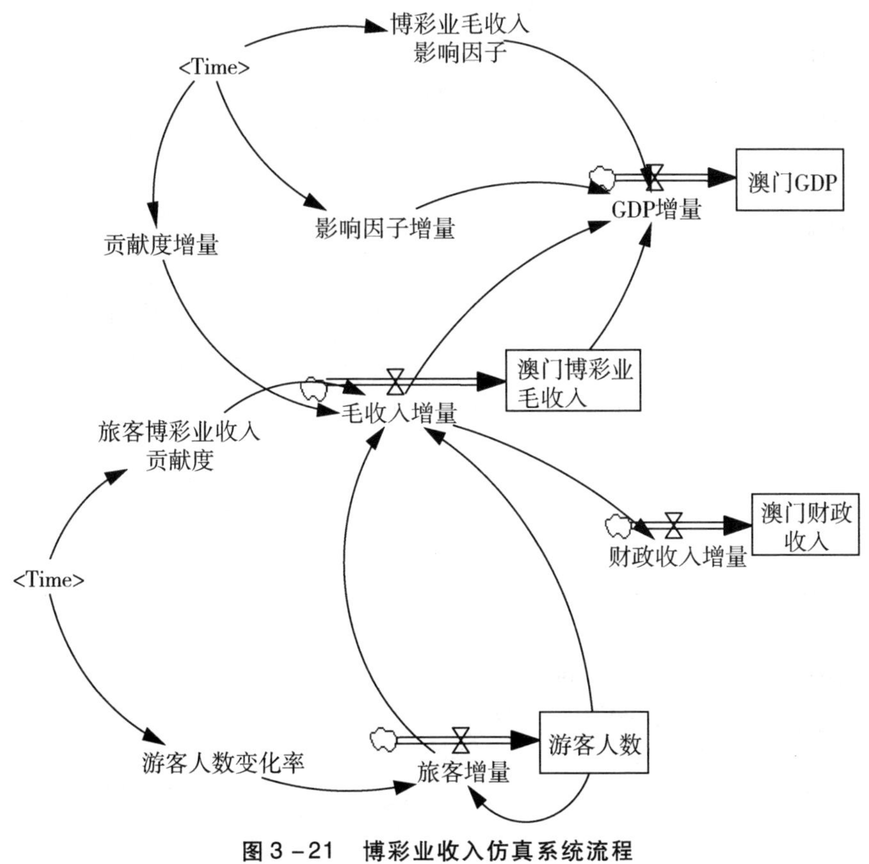

图 3 - 21　博彩业收入仿真系统流程

(1) 博彩业毛收入仿真分析。此处选取 2012 年到 2016 年的数据，对博彩业毛收入在持续下降的情况和受政策调节的情况下分别进行仿真预测。图 3 - 22 和图 3 - 23 分别反映出澳门博彩业毛收入按现状持续下降的趋势和根据“自由行”控制调整之后的发展趋势。如图 3 - 23 所示，博彩业毛收入自 2016 年第二季度降至谷底后开始持续缓慢上升。通过模拟仿真可以看出，按照澳门目前这个发展态势，博彩业收入将会进一步上升，而这种上升趋势在短期内将保持温和稳定。

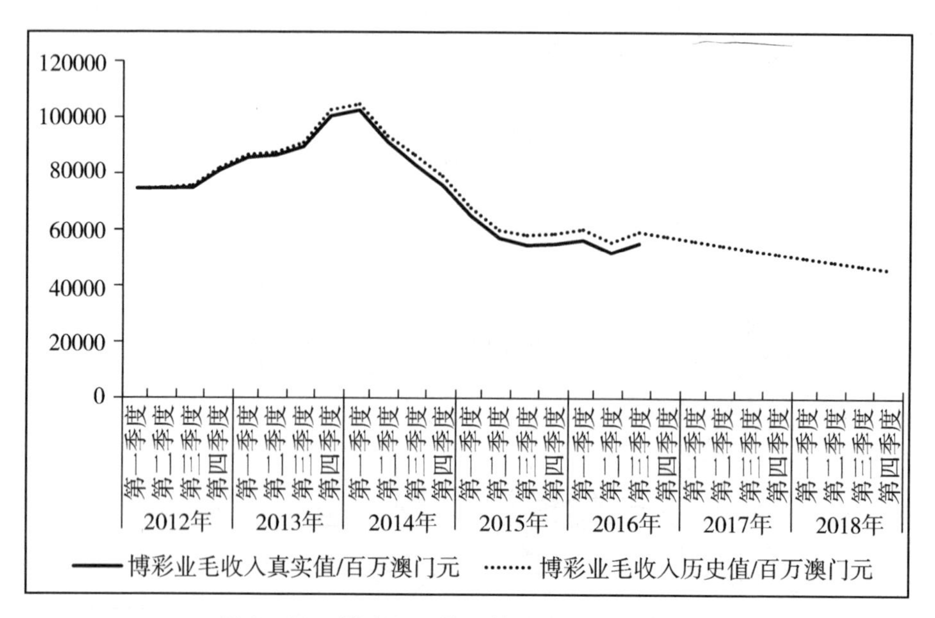

图3－22 博彩业毛收入持续下降的模拟仿真

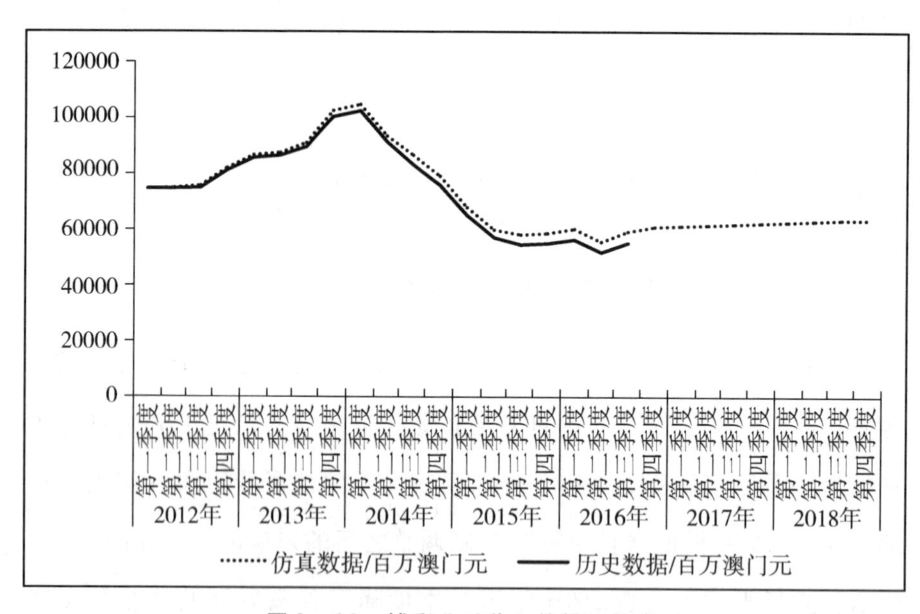

图3－23 博彩业毛收入的模拟仿真

（2）旅客人数仿真分析。此处选取2012年到2016年的数据，对澳门游客人数进行仿真预测，模拟仿真图如图3－24所示。从图中可

以看到，游客人数整体呈现波动上升趋势，2012 年到 2016 年第四季度之前呈现波动状态，波动程度不大，预测自 2016 年第四季度之后，澳门游客人数将呈现稳定上升趋势。

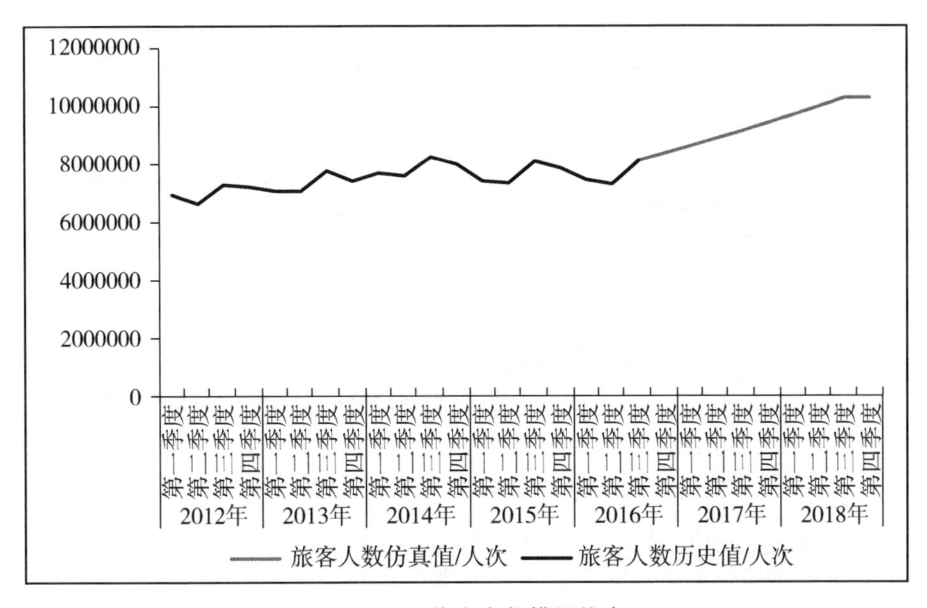

图 3－24　旅客人数模拟仿真

（3）GDP 和财政收入仿真分析。众所周知，澳门博彩业收入占了澳门 GDP 的绝大部分，可以说，澳门 GDP 很大程度上依赖于澳门博彩业收入。通过比较 2012 年到 2016 年博彩业毛收入变化趋势和澳门 GDP 变化趋势可以看出，澳门 GDP 的变化趋势同博彩业收入的变化趋势几近相同，博彩业收入持续下降，无疑会导致澳门国内生产总值的不断下降。若这种颓势不加以改善，则很有可能会危及澳门整体经济。若根据前文分析调整“自由行”政策，澳门 GDP 将会呈现持续上升趋势，如图 3－25 所示，澳门生产总值自 2016 年第二季度后缓慢上升。

澳门特别行政区政府一直以来很重视澳门居民的福利水平，但是，澳门特别行政区政府的福利支出直接取决于澳门 GDP 状况。若博彩业收入继续下降，则 GDP 随之不断下降，会直接损害澳门居民的福利水平。结合图 3－25 分析，GDP 的变化趋势同财政收入的变化趋势相似，GDP 高的年份财政收入也高，如自 2016 年第二季度之后，随着澳门 GDP 的不断增长，澳门财政收入也呈现上升趋势。

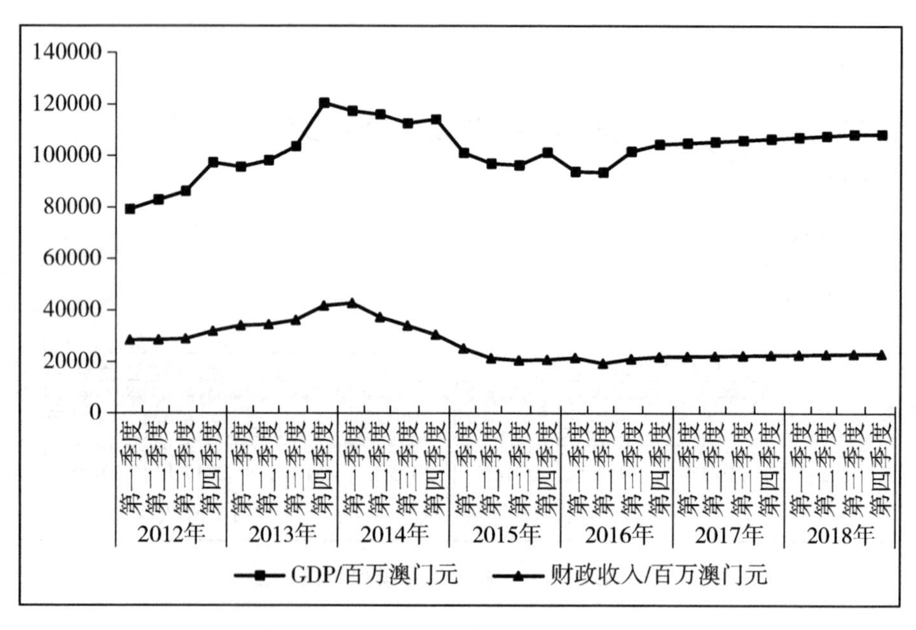

图 3－25　GDP 和财政收入模拟仿真

（三）结论

经过构建的关于澳门博彩业毛收入的系统动力学模型测算及仿真，如果澳门从 2016 年第四季度开始在未来两年内增加约 200 万人，平均每个季度增加约 25 万人，2017 年即可使得博彩业毛收入达到平均每月约 200 亿澳门元的水平，2018 年第一季度达到约 210 亿澳门元的水平，并且如果人数增加 200 万人以后，游客人数达到稳定，即可保证博彩业毛收入平均每月都能维持在 210 亿澳门元左右。这就能够保证政府可满足财政预算支出并具有足够充足的资源以应对经济风险，博彩企业具盈利空间，居民也能保持当前的福利水平。

因此，为保证澳门博彩业毛收入平均每月能达到210亿澳门元，建议加大开放“自由行”人数，开放人数约为200万。考虑到澳门社会的承载力问题，分两年开放，平均每年增加100万人，平均每个季度增加25万人，这样不仅能保证政府的收支、博彩企业的盈利和居民的福利水平，而且还充分考虑了澳门的社会承载力，故这个博彩业毛收入水平可以使得澳门整个经济社会持续良性发展。

对于增加人数的方案，本章拟根据前文内容分区域进行如下调整。

首先，对于目前已完全开放“自由行”的第一梯队省市，如广东、上海等，2015年个人游出行占比分别为74.9%和91.5%，要以增加每年赴澳门签注的次数为调整“自由行”政策的新方向，根据全国每年增加100万人估计，广东和上海每年应分别增加70万人左右和90万人左右。

其次，第二梯队省份，如浙江、江苏、湖北赴澳门旅客人数比例不高，并且“自由行”比例均处于中等水平。2015年，三省份占比分别是40.8%、39.1%和31.3%，其游客潜力还有待开发，平均每省每年应增加赴澳门游客35万人左右。

最后，对于湖南、福建、广西等中西部经济发展较慢的城市，“自由行”开放程度较低，约占游客总人数的20%以下，所以，要保证平均每年增加赴澳门游客20万人左右，由此来推行开放“自由行”政策。

值得一提的是，本小节的内容为作者于2016年所撰写，虽然模型仿真的结果在目前看来意义不大，因为目前澳门博彩业已经回暖，但是，本小节分析的思路及提出的对策分析是具有长远意义的，未来如果澳门再次出现相似的问题，则本小节的结论可以得到相应的应用。

第五节　澳门博彩业收入下降风险、隐患及对策分析——基于产业多元化角度[①]

近年，有关澳门产业多元化问题的研究备受重视，研究成果也不少。早在1991年，杨允中在《澳门产业结构特点分析》一文就提出“适度”的发展概念，认为应该推行适度的工业多元化和产品高档化政策。后来，澳门工业没有适度发展起来，逐渐走向衰落，“适度”发展概念也再未被提起。直至澳门特别行政区政府成立，时任行政长官何厚铧提出“固本培元、稳健发展”的施政方针，有学者提出一业为主、多种产业并存的发展策略，开始了澳门产业结构多元化研究。2002年，时任行政长官何厚铧提出“以博彩业为龙头、以服务业为主体、其他行业协调发展”的定位，确立了澳门产业适度多元发展的目标。

关于澳门产业结构优化问题，大多数研究都围绕两大主线：一是垂直适度多元发展，二是横向适度多元发展。

强调垂直适度多元发展的学者以比较优势为理论依据，认为在既有优势的基础上进行发展。澳门经济学会课题组在研究报告中指出，澳门产业多元化应该是优势产业链的延伸，应注重发展综合性旅游业、会议展览业、航空运输业、离岸服务业等，同时主张通过行政改革、制定产业政策、土地规划、加强中小企业支援、改革教育制度、合作等公共政策推动垂直多元发展目标。陈守信认为，澳门多元化不应着眼于将资源分散至大量的行业，而应侧重少数可确定的朝阳行业，以

① 杨继超：《以产业多元化为途径拓宽澳门收入来源》，载《中山大学研究生学刊（社会科学版）》2016年第4期，第108－121页。

促进资源特别是人力资源的有效应用。澳门发展策略研究中心在研究报告中认为，为降低经济系统的潜在风险，澳门的产业规划应以综合旅游业为主导，以博彩业为核心进行扩充，并提出发展酒店、饮食、零售业、会议展览业、物流业和金融业的优化思路。

以横向适度多元发展的理论依据为后发优势，即通过政府政策发展不具备自身优势的产业。曾忠禄指出，澳门具有低税率、区位优势，同时，澳门特别行政区政府财政持续盈余，有能力为创新产业提供支援，如果澳门能选准有潜力的产业，通过有效的产业政策加以扶持，完全有可能在某些产业获得相对竞争优势。李红认为，澳门可考虑利用中国与东盟区域经济一体化合作机遇和广东对东盟地区紧密的经贸网络、澳门初具形态的“三大服务平台”等优势，再结合多个补充协议，通过珠澳合作发展科技型制造业和服务业。陈文鸿、钟民杰通过摩纳哥、爱尔兰、芬兰的横向发展比较，得出大力投资教育及研发活动是微小型经济体进行产业升级转型的重要条件。因此，澳门特别行政区政府需要具备前瞻性和胆量，通过政策倾斜吸引生产所需的要素，为发展高附加值的专门服务业创造条件。

此外，还有不少研究认为可以通过发挥制度优势、人才开发培训、加强区域合作、支援中小企业发展等方面来优化澳门产业结构。

通过以上综述可知，目前学者对如何实现澳门产业多元化提供了两种思路：其一，通过增加博彩及相关产业内部的非博彩因素，达到垂直多元化；其二，通过政府适度引导，加强与内地合作，利用澳门自身优势实现水平的多元化。尽管这些文章在产业优化的定性研究上已取得突破性发展，但对澳门的潜力产业缺乏科学全面的挖掘和验证，因此，本节将利用相关数据，通过定量分析寻找澳门最可能、最适宜发展的产业，从而巩固已有的定性研究成果。

一、澳门经济增长各产业的贡献度测量

（一）模型设定

1. 符号含义

为了探究澳门经济适度多元化对可持续发展的影响，先推导一个公式来测度博彩行业和非博彩行业对经济的影响。

首先定义一系列符号：

GDP：澳门按支出法计算的本地生产总值；

ΔGDP：澳门按支出法计算的本地生产总值的增加值；

GAME：澳门博彩及博彩中介业的生产总值；

ΔGAME：澳门博彩及博彩中介业的生产总值的增加值；

OTHER：澳门非博彩行业的生产总值；

ΔOTHER：澳门非博彩行业的生产总值的增加值。

公式推导

那么有：

$$\Delta GDP = \Delta GAME + \Delta OTHER$$

两边同除 GDP：

$$\frac{\Delta GDP}{GDP} = \frac{\Delta GAME}{GDP} + \frac{\Delta OTHER}{GDP}$$

$$= \frac{\Delta GAME}{GAME} \cdot \frac{GAME}{GDP} + \frac{\Delta OTHER}{OTHER} \cdot \frac{OTHER}{GDP}$$

令 $\alpha = \frac{\Delta GAME}{GAME}$，表示博彩行业的增长率，$\beta = \frac{\Delta OTHER}{OTHER}$，表示非博彩行业的增长率，令 $\omega = \frac{GAME}{GDP}$，表示博彩行业的生产总值占本地生产总值

的比重，即博彩行业对经济发展的贡献率，（$1-\omega$）表示其他行业的生产总值占本地生产总值的比重，即其他行业对经济发展的贡献率，那么有：

$$\text{原式}=\alpha\cdot\omega+\beta\cdot(1-\omega)$$

2. 计算结果与结论

接下来，我们选取2008—2017年的数据进行计算，得到表3－12：

表3－12　2008—2017年模型原始数据

年　份	GDP/百万澳门元	GAME/百万澳门元	ΔGDP/GDP	α	β	ω	$1-\omega$	$\alpha\cdot\omega+\beta\cdot(1-\omega)$
2008	251527	108413	/	/	/	/	/	/
2009	254850	115582	0.01	0.06	－0.03	0.45	0.55	0.01
2010	319235	178202	0.20	0.35	0.01	0.56	0.44	0.20
2011	388421	237611	0.18	0.25	0.06	0.61	0.39	0.18
2012	424301	259218	0.08	0.08	0.09	0.61	0.39	0.08
2013	471823	294418	0.10	0.12	0.07	0.62	0.38	0.10
2014	466156	272463	－0.01	－0.08	0.08	0.58	0.42	－0.01
2015	365492	175470	－0.28	－0.55	－0.02	0.48	0.52	－0.28
2016	362356	166158	－0.01	－0.06	0.03	0.46	0.54	－0.01
2017	397519	192995	0.09	0.14	0.04	0.49	0.51	0.09

（1）博彩行业产值占比下降，多元化效果彰显。

博彩行业在经济中的占比在2013年达到顶峰，即63.1%，并开始出现下降趋势，如图3－26、图3－27和表3－13所示。在第二章中我们曾提及，国家“十一五”规划提出要促进澳门经济适度多元化，也就是从2008年开始，国家正式把澳门经济适度多元化列入国家发展计划。澳门从此开始加强与内地经济合作，协助业界进入内地发展，引导和吸引内地企业，特别是中小企业来澳门发展，利用澳门平台“走出去、请进来”，这极大程度地促进了澳门非博彩行业的发展，体现了中央和澳门特别行政区政府践行适度多元化原则的坚定决心，澳门的产业结构正在变得丰富多彩，避免了博彩业“一业独大”造成经济的高风险。

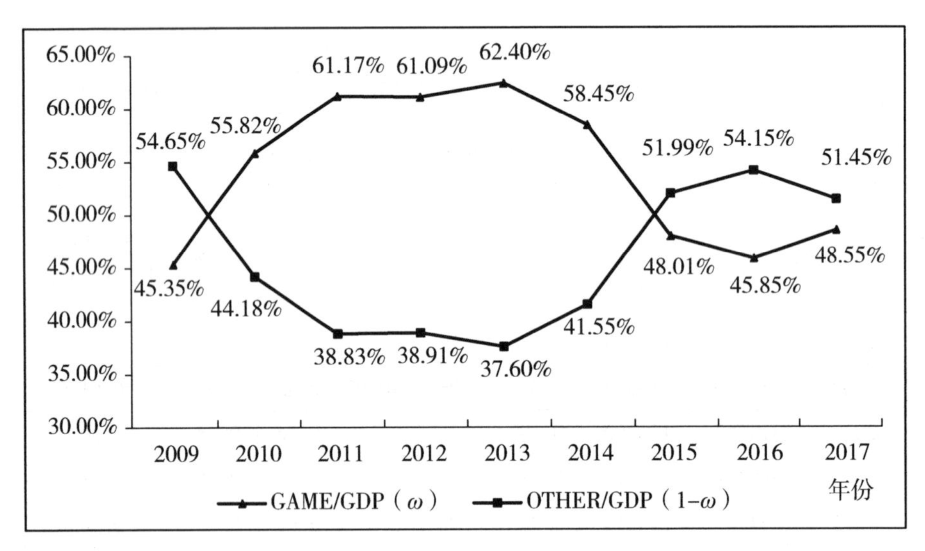

图 3-26　2009—2017 年博彩行业和非博彩行业占经济比重

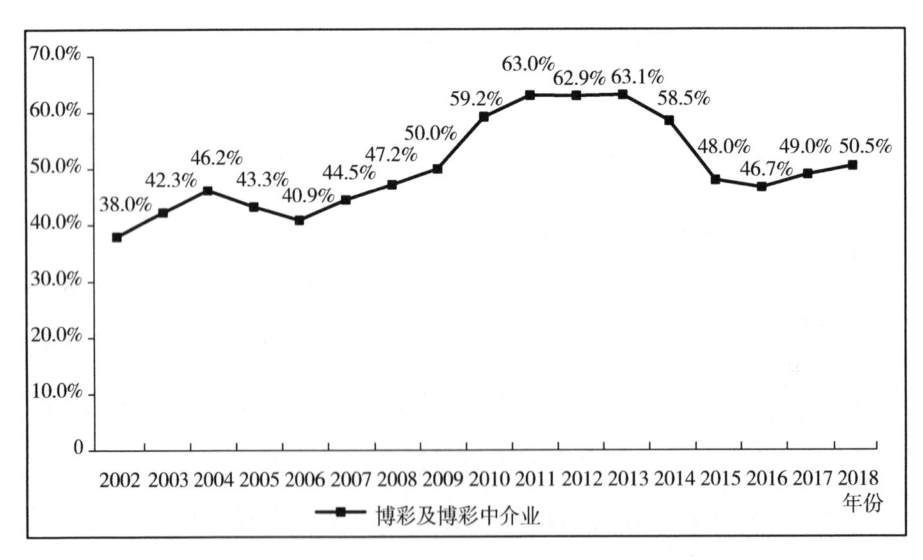

图 3-27　2002—2018 年澳门博彩业占整体经济的比例

表3-13　2017—2018以当年生产者价格按生产法计算的澳门各行业增加值及产业结构

行　业	2017年		2018年	
	增加值/百万澳门元	比重	增加值/百万澳门元	比重
采矿业	0	0	0	0
制造业	2259	0.57%	2394	0.55%
水电及气体生产供应业	2990	0.75%	2697	0.62%
建筑业	14889	3.74%	13182	3.02%
批发及零售业	22743	5.72%	25480	5.83%
酒店业	17055	4.29%	20325	4.65%
饮食业	6887	1.73%	7128	1.63%
运输、仓储及通信业	10526	2.65%	11333	2.59%
银行业	21553	5.42%	23253	5.32%
保险及退休基金	4213	1.06%	5644	1.29%
不动产业务	41578	10.46%	41941	9.59%
租赁及向企业提供的服务	18504	4.65%	20718	4.74%
公共行政	17064	4.29%	17957	4.11%
教育	7484	1.88%	8019	1.83%
医疗卫生及社会福利	5760	1.45%	6258	1.43%
博彩及博彩中介业	194943	49.03%	220841	50.52%
其他团体、社会及个人服务及雇用佣人的家庭	9184	2.31%	9986	2.28%
增加值总额	397633	100.00%	437155	100.00%

数据来源：澳门特别行政区统计暨普查局。

（2）适度多元化助力澳门经济走出衰退。

表3－14和图3－28显示了澳门经济自2008年以来的发展历程。2009年经济增长率仅有1.30%，博彩行业的增长率贡献为2.81%，非博彩行业的增长率贡献为－1.51%。在经济适度多元化的初级阶段，非博彩行业还不够成熟，发展过程中需要政府的扶持和帮助，因此对经济增长率的贡献为负，实现经济多元化的过程是要付出一定代价的。

表3－14　2009—2017年博彩行业及非博彩行业经济贡献

年　份	ΔGDP/GDP	$\alpha \cdot \omega$	$\beta \cdot (1-\omega)$
2009	1.30%	2.81%	－1.51%
2010	20.17%	19.62%	0.55%
2011	17.81%	15.30%	2.52%
2012	8.46%	5.09%	3.36%
2013	10.07%	7.46%	2.61%
2014	－1.22%	－4.71%	3.49%
2015	－27.54%	－26.54%	－1.00%
2016	－0.87%	－2.57%	1.70%
2017	8.85%	6.75%	2.09%

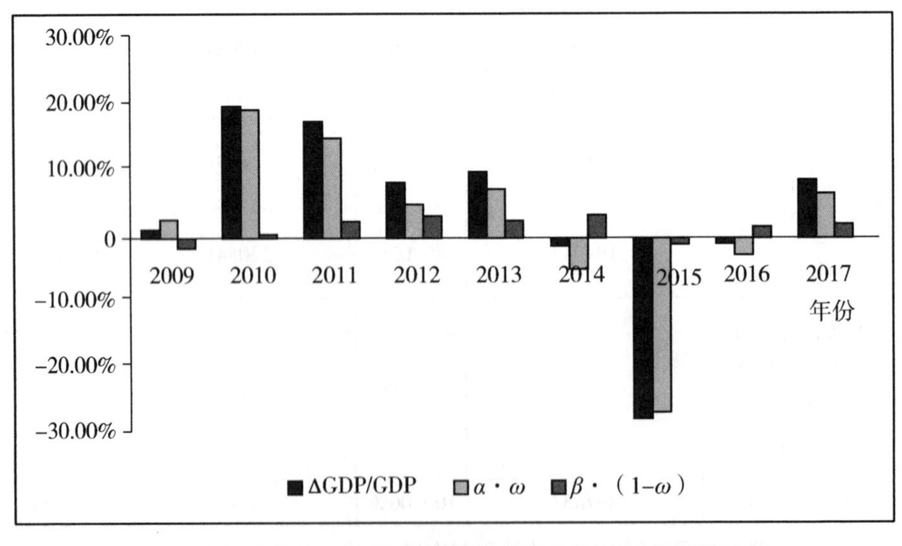

图3－28　2009—2017年博彩行业及非博彩行业经济贡献

但从2010年开始，非博彩行业对经济增长率的贡献由负转正，该年经济增长率为25.3%，博彩行业的经济增长率贡献为19.62%，非博彩行业为0.55%，增长率出现了大幅上涨，原因是博彩行业整体发展较好，带动经济形势转晴。

如表3－15和图3－30所示，从2010年到2015年，澳门经济出现了明显的下滑，从顶峰时期的25.3%到低谷的－21.6%，透过数据我们不难发现背后的原因是博彩行业的发展面临巨大的挫折。由于中央政府下重拳反腐，赴澳门豪赌一掷千金已成为过去时，这使得为澳门赌场带来最多收入的VIP贵宾厅业务量缩水过半。同时，随着中国内地经济发展放缓，需求不振，赴澳门博彩及观光的散客人数和人均消费量也出现下降，令当地经济状况雪上加霜。

表3－15　2002—2018年澳门经济总量与人均本地生产总值

年　份	澳门本地生产总值/百万澳门元	人均本地生产总值/澳门元	实际增长率
2002	58826	134181	8.9%
2003	65734	148182	11.7%
2004	84920	186776	26.8%
2005	96872	204607	8.1%
2006	118338	238057	13.3%
2007	147382	282962	14.4%
2008	167760	312149	3.4%
2009	171467	318611	1.3%
2010	225051	419153	25.3%
2011	294347	536178	21.7%
2012	343818	603525	9.2%
2013	411865	692501	11.2%
2014	442070	710895	－1.2%
2015	362213	564635	－21.6%

续上表

年　　份	澳门本地生产总值/百万澳门元	人均本地生产总值/澳门元	实际增长率
2016	362356	561053	-0.9%
2017	405790	625254	9.7%
2018	440316	666893	4.7%

结合图3-29、图3-30和图3-31可知，一旦博彩行业的增长率放缓，整体增长率就会跟着放缓，这很好地印证了博彩业在澳门经济中所扮演的“顶梁柱”角色，对博彩业的冲击让澳门的经济形势变得岌岌可危。因此，政府采取措施改变经济发展的单一性是有必要的。

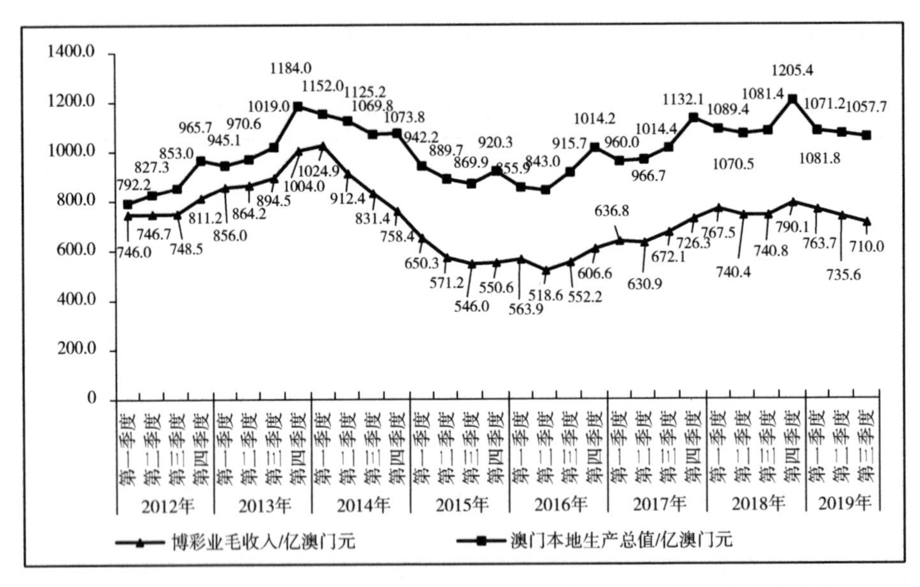

图3-29　2012—2019年澳门博彩业毛收入与本地生产总值变动趋势

数据来源：澳门特别行政区政府统计暨普查局。

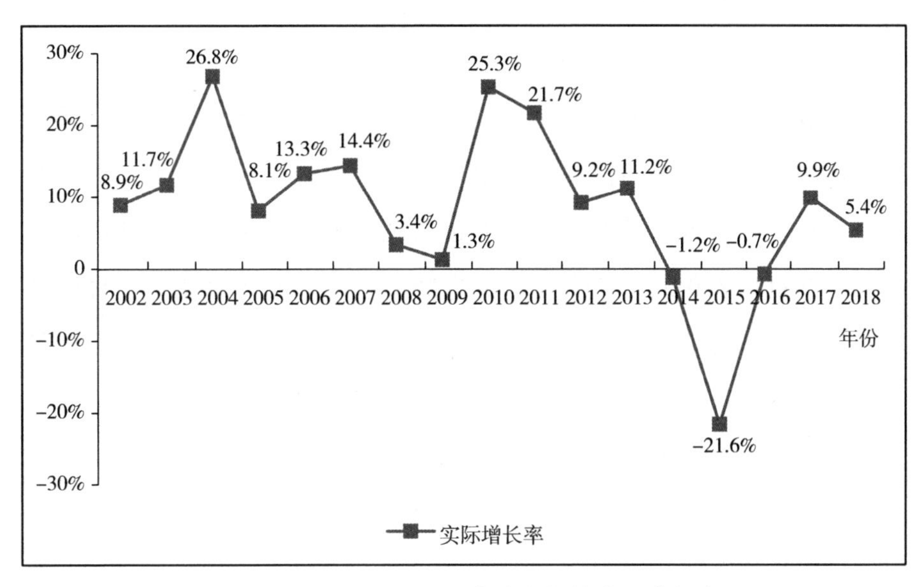

图3-30　2002—2018年澳门经济实际增长率

数据来源：澳门特别行政区政府统计暨普查局。

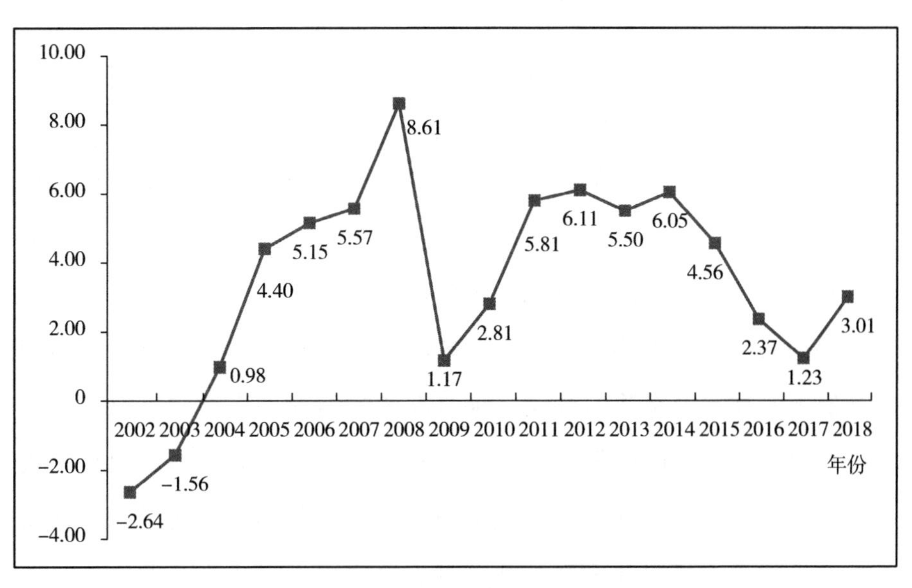

图3-31　2002—2018年澳门综合消费物价指数

数据来源：澳门特别行政区政府统计暨普查局。

而在澳门经济急速下滑的这几年，澳门非博彩业对经济增长率的贡献却稳定在0.5%～3.5%之间。非博彩业诸如旅游业、会展业、中医药行业等为经济增长注入了一剂强心剂，尽管与博彩业的下降数字相比甚微，不能改变经济整体下滑的趋势，但换个角度思考，如果没有其他行业的发展，或者其他行业也出现衰退的情况，那么澳门经济的形势会更加恶化。由此可见，促进经济适度多元化发展是一种明智的选择。换个角度来说，促进经济适度多元化类似于金融市场去杠杆的过程，尽管丧失了一部分博彩行业发展好的时候的收益，却也降低了在博彩行业发展不好的时候对经济造成的冲击。

可持续发展就是“既满足当代人的需求，又不损害后代人满足自身需求能力的发展”。它的一条重要原则就是持续性原则，而且要实现经济的健康发展。这对澳门经济提出的要求就是经济的集中度不能过高，一旦产业结构单一，经济发展不平衡，那么潜在的非系统性风险就可能对局部经济产生极大冲击，要降低非系统性风险，经济的适度多元化就是澳门的必然选择。

由前文的分析我们发现，当前澳门经济发展的重心应是促进适度多元化发展，现有的产业结构还不够多元化，如表3－16所示。博彩业仍然占据大头，当经济危机浮现的时候，产业结构的多样化弱化外部冲击的效果还不够明显。因此，政府需要在确保经济保持一定增速的情况下，推行一系列的政策来促进非博彩行业的发展，可以给予重点行业研发补贴、财政拨款等政策红利，在经济效率高的部门加大投入和支持力度，但改变不是一蹴而就的，而应是渐进、科学的，博彩行业的发展也需要引起重视，其自身也要实现多元化来分散博彩行业的不同类型冲击。

表3－16　2002—2018年澳门产业结构[①]变动

年　份	第一产业	第二产业	第三产业
2002	0	9.80%	90.20%
2003	0	10.09%	89.91%
2004	0	9.25%	90.75%
2005	0	11.74%	88.26%
2006	0	15.29%	84.71%
2007	0	14.27%	85.73%
2008	0	12.19%	87.81%
2009	0	7.58%	92.42%
2010	0	4.87%	95.13%
2011	0	4.15%	95.85%
2012	0	4.05%	95.95%
2013	0	3.73%	96.27%
2014	0	5.09%	94.91%
2015	0	7.80%	92.20%
2016	0	6.70%	93.30%
2017	0	5.06%	94.94%
2018	0	4.18%	95.82%

数据来源：澳门特别行政区政府统计暨普查局。

从2002年正式提出并不断强调经济适度多元化发展以来，澳门经济的可持续发展指数一路升高，从另一个角度印证了我们的结论。来澳门赌博的人中有很大一部分是内地游客，而内地是明令禁赌的，这让澳门有了大量的客源。但内地赌客赴澳赌博可能受政策、经济形势的影响，从而危及赌博业的收入来源。总而言之，适度多元化是澳门经济发展的必然路径。

① 以澳门当年生产者价格按生产法计算的主要行业增加值总额计算而得。

（1）模型预测。

由我们前面的模型可知，经济增长率 $g = \alpha \cdot \omega + \beta \cdot (1 - \omega)$，这个公式意味着我们可以在条件已知的情况下预测经济增长率。由表3－17我们可以发现，2015—2017年澳门博彩业生产总值占国内生产总值的比例大致为50%。其他行业生产总值占国内生产总值的比例也大致为50%。由于产业结构适度多元化的过程是渐进的，因此这两个比例在短时间内可能不会发生大的变化，这为我们预测经济增长率提供了条件。只要我们知道澳门博彩业和其他行业当年的增长率情况，就可以依据当前的产业结构情况以及子行业增长率情况预测经济整体发展水平。

表3－17　澳门2002—2018年博彩业与非博彩业增加值

单位：百万澳门元

年　份	澳门本地生产总值	博彩业增加值	非博彩业增加值
2002	55776	21188	34588
2003	62578	26458	36120
2004	77724	35931	41793
2005	90992	39355	51637
2006	109739	44899	64840
2007	143120	63695	79425
2008	163242	77127	86115
2009	166456	83226	83230
2010	223256	132090	91166
2011	296236	186661	109575
2012	343729	216329	127400
2013	410409	258966	151443
2014	434516	254051	180465
2015	356378	171107	185271
2016	356115	166158	189957

续上表

年　　份	澳门本地生产总值	博彩业增加值	非博彩业增加值
2017	397633	194943	202690
2018	437155	220841	216314

数据来源：澳门特别行政区政府统计暨普查局。

我们举个数学例子，近几年的博彩及非博彩产值占比大致稳定，在50%左右，我们的前提是这两个比例不变，如果说下一年的博彩行业仍受到外部冲击，增长率仅为 -20%，而非博彩行业稳定发展，增长率为3%，那么，我们预测下一年的经济增长率 $g = -20\% \times 50\% + 3\% \times 50\% = -8.5\%$。

这个公式同样便于我们探寻适度多元化从何种程度上有利于我们的经济增长，因为若我们提高非博彩行业增长率1个百分点，那么能为经济创造 $1\% \times 50\% = 0.5\%$ 的增幅；若我们降低了博彩业产值占比，例如非博彩行业产值占比上升至60%，那么能带来 $3\% \times 10\% = 0.3\%$ 的经济增长。

（2）模型拓展。

首先定义一系列符号：

GDP：澳门按支出法计算的本地生产总值；

ΔGDP：澳门按支出法计算的本地生产总值的增加值；

GDP_1：第一个子行业按支出法计算的本地的生产总值；

ΔGDP_1：第一个子行业按支出法计算的本地生产总值的增加值；

GDP_2：第二个子行业按支出法计算的本地的生产总值；

ΔGDP_2：第二个子行业按支出法计算的本地生产总值的增加值；

GDP_n：第 n 个子行业按支出法计算的本地的生产总值；

ΔGDP_n：第 n 个子行业按支出法计算的本地生产总值的增加值。

$$\frac{\Delta GDP}{GDP}=\frac{\Delta GDP_1}{GDP}+\frac{\Delta GDP_2}{GDP}+\cdots+\frac{\Delta GDP_n}{GDP}$$

$$=\frac{\Delta GDP_1}{GDP_1}\times\frac{GDP_1}{GDP}+\frac{\Delta GDP_2}{GDP_2}\times\frac{GDP_2}{GDP}+\cdots+\frac{\Delta GDP_n}{GDP_n}\times\frac{GDP_n}{GDP}$$

令$a_1=\frac{\Delta GDP_1}{GDP_1}$，$a_2=\frac{\Delta GDP_2}{GDP_2}$，…，$a_n=\frac{\Delta GDP_n}{GDP_n}$

$b_1=\frac{GDP_1}{GDP}$，$b_2=\frac{GDP_2}{GDP}$，…，$b_n=\frac{GDP_n}{GDP}$

根据数据，测算出不同行业不同年份的贡献率。

其中，我们重点关注2014—2016年的数据，分析这3年澳门经济下滑的原因。

根据表3-18和表3-19，我们不难发现，2014年和2015年第二产业对经济增长的支撑作用最强，但是到了2016年，第二产业对经济增长率的贡献由正转负，背后的原因是建筑业产值下滑，建筑业在2014年和2015年处于顶峰时期，2016年基本完成建设，产值下降。银行业对经济增长的贡献率一直比较稳定，这说明发展金融业对澳门经济稳定发展具有重要意义。此外，运输、仓储及通信业在这3年对经济增长的贡献率一直为正，这说明运输、仓储及通信业在澳门具备一定发展潜力，是适度多元化的良好对象。酒店业对经济增长的贡献率与博彩业对经济增长的贡献率保持了一致的趋势，是与博彩业产业关联度较高的产业。

表3-18　2009—2017年不同行业不同年份经济增长的贡献率

产　业	2009年	2010年	2011年	2012年	2013年	2014年	2015年	2016年	2017年
第二产业总数	-4.3%	-1.2%	0.1%	0.4%	0.1%	1.4%	0.8%	-1.5%	-1.2%
批发及零售业	0.3%	0.9%	0.6%	0.6%	1.1%	0.1%	-0.2%	-0.1%	1.0%
酒店业	0.5%	0.4%	-0.2%	0.3%	0.1%	0.2%	-0.2%	1.0%	0.3%

续上表

产　业	2009 年	2010 年	2011 年	2012 年	2013 年	2014 年	2015 年	2016 年	2017 年
饮食业	-0.3%	0.2%	0.2%	0.1%	0.2%	0	-0.4%	0	0
运输、仓储及通信业	-0.2%	0.4%	0.3%	0.1%	0.1%	0.3%	0.1%	0.2%	0.1%
银行业	0.1%	-0.3%	0.4%	0.4%	0.5%	0.3%	0.5%	0.8%	0.5%
保险及退休基金	0.1%	0	0	0.1%	0.1%	-0.1%	0.2%	0.3%	-0.1%
不动产业务	0.5%	-0.7%	0.6%	0.8%	0.3%	-0.2%	-0.4%	0.1%	0.5%
租赁及工商服务业	-0.1%	0.5%	0	-0.1%	0.4%	0.3%	-0.8%	0.6%	0.2%
公共行政	0.3%	0.2%	0.1%	0.1%	0.1%	0.1%	0.1%	0.1%	0.1%
教育	0.2%	0.1%	0.1%	0.1%	0.2%	0.2%	0.1%	0.1%	0
医疗卫生及社会福利	0	0	0.1%	0.1%	0.2%	0	0.1%	0.1%	0
博彩及博彩中介业	2.8%	19.6%	15.3%	5.1%	7.5%	-4.7%	-26.5%	-2.6%	6.8%
其他团体、社会及个人服务及雇用佣人的家庭	-0.1%	-0.2%	0.4%	0	0	-0.1%	-0.2%	-0.2%	0
其他	1.4%	0.2%	-0.1%	0.2%	-0.6%	1.0%	-0.6%	0.2%	0.7%
经济增长率	1.3%	20.2%	17.8%	8.5%	10.1%	-1.2%	-27.5%	-0.9%	8.8%

表 3-19　2014—2016 年经济增长率贡献排名

行　业	2014 年	行　业	2015 年	行　业	2016 年
第二产业总数	1.38%	第二产业总数	0.82%	酒店业	1.01%
其他	1.02%	银行业	0.49%	银行业	0.76%
银行业	0.32%	保险及退休基金	0.16%	租赁及工商服务业	0.60%
运输、仓储及通信业	0.32%	公共行政	0.12%	保险及退休基金	0.26%
租赁及工商服务业	0.30%	运输、仓储及通信业	0.12%	其他	0.24%

续上表

行　业	2014 年	行　业	2015 年	行　业	2016 年
教育	0.18%	教育	0.11%	运输、仓储及通信业	0.18%
酒店业	0.16%	医疗卫生及社会福利	0.09%	公共行政	0.14%
批发及零售业	0.10%	其他团体、社会及个人服务及雇用佣人的家庭	-0.17%	不动产业务	0.12%
公共行政	0.08%	批发及零售业	-0.18%	教育	0.10%
医疗卫生及社会福利	0.05%	酒店业	-0.23%	医疗卫生及社会福利	0.10%
饮食业	-0.05%	不动产业务	-0.43%	饮食业	-0.04%
其他团体、社会及个人服务及雇用佣人的家庭	-0.05%	饮食业	-0.43%	批发及零售业	-0.09%
保险及退休基金	-0.06%	其他	-0.63%	其他团体、社会及个人服务及雇用佣人的家庭	-0.20%
不动产业务	-0.25%	租赁及工商服务业	-0.83%	第二产业总数	-1.47%
博彩及博彩中介业	-4.71%	博彩及博彩中介业	-26.54%	博彩及博彩中介业	-2.57%

通过以上分析可知，在澳门的各产业中，酒店业、批发及零售业对澳门的 GDP 贡献明显，而这些均属于博彩相关行业。这说明在博彩业快速发展的带动下，酒店业与批发及零售业形成一定的产业基础和产业优势，因此，当博彩业自身收入有所下跌时，如何减少酒店业与批发及零售业可能受到的波动，让其成为澳门经济的稳定剂，是当前亟须解决的问题，也是澳门产业多元化的重点。同时，租赁与企业服务业对澳门经济有很大的带动作用，而其受博彩业的影响又较小，因

此，把握好这一产业的发展对澳门总体经济和产业结构优化都有很大的意义。最后，金融业虽对澳门 GDP 有一定的推动作用，但贡献不是很大，这可能由于澳门土地、资金资源不足，并且面对香港的强大金融竞争优势，因而澳门的金融业不能得到很好的发展，这点或许可以通过粤澳、珠澳合作来改善。

二、博彩多元化发展政策建议

（1）根据前文的分析，酒店业、批发及零售业、租赁及工商服务业对澳门 GDP 的拉动作用明显，金融业也可能通过与内地合作对澳门经济起到很大带动作用，而这些产业大多属于与博彩业相关性比较大的产业。因此，在制定澳门产业优化策略时，应该从以下思路出发。

第一，利用博彩业的资金流发展以银行业为主的金融产业。博彩活动涉及大量的资金往来，可以为银行带来更多的资金来源、信贷需求、汇兑需求和中间业务需求，从而为银行业的创新发展提供众多机会。银行业可以在传统“存、贷、汇、兑”四大业务的基础上，针对博彩业的特点，优化自身运作流程，提高金融服务功能，将市场中的需求真正转化为产品，并进一步转化为银行业绩。

第二，通过人流发展酒店餐饮等行业。澳门是一座以博彩业吸引旅游者的城市，通过加强博彩业和与其他旅游资源的联系和整合，不断推出更多新颖的、迎合市场需要的旅游产品，将有助于带动酒店、餐饮、交通运输等行业的发展。2014 年下半年开始，澳门博彩内部结构呈现出贵宾厅和中场此消彼长的情况，预测未来，中场业务占比很可能超越贵宾厅业务。随着贵宾厅向中场转移，中等收入客户作为中场业务的主要客户，也将成为拉动经济发展的主力。若能顺应变化，借鉴和发挥美资博彩企业在休闲度假、旅游消费等方面的经验优势，引导新落成的大型设施向符合中等收入客户消费需求的观光、消费元素倾斜，促使博彩企业主动吸纳旅游休闲等大众市场，推动批发零售业升级转型，成功实现传统博彩产业链的拓展，并以此形成一定的产业集群效应，澳门经济的持续增长能力必将大大提升。

第三，发展博彩相关行业的基础在于博彩业的持续健康发展，当博彩业收入持续下降时，若仅仅发展博彩相关行业，会进一步加大经济的波动。因此，应转变思路，多元发展的方向不一定局限于围绕博彩业相关多元发展，也可以考虑非相关多元发展，即利用财政优势、低税率以及“一国两制”的制度优势，发展高科技产业或高端制造业，如中药业、高等教育、环保、海洋科技、信息产业等，此类产业占地少、用工少，博彩业对其挤占效应低，而且产值高、效果明显。如果这些产业已经具备一定的发展基础，则通过良好的机制设计即可较容易地启动快速发展路径。

（2）同为世界著名赌城，澳门和拉斯维加斯有很多相似之处：两地人口规模相近，市内赌场均高度密集，对博彩业的依赖程度也非常高。尽管如此，二者之间仍存在一些差距，包括产业多元化程度以及非博彩娱乐的发展等。因此，可以通过比较两者的异同，并借鉴拉斯维加斯的经验，逐步改变博彩业“一业独大”的局面，进而实现从以赌博为主向以休闲度假和商务旅游为主的演变，为保持澳门的长期繁荣与稳定奠定坚实的基础。

1. 促进产业结构多元化，提高产业多元化程度

拉斯维加斯已经从单纯的赌城演化为集博彩、娱乐、商业展览和交易于一体的休闲和商务旅游城市，对于年收入超过 100 万美元的大赌场，2005 年博彩业收入占总收入的 40.9%，2015 年下滑至 34.9%。

如表 3 - 20 所示。

表 3 - 20　拉斯维加斯游客消费结构对比（人均消费数据）

项　　目	2009 年		2015 年	
	消费金额/美元	占总消费	消费金额/美元	占总消费
博彩[a]	243.10	25.13%	232.30	20.30%
餐饮	250.30	25.88%	292.00	25.50%
住宿[b]	272.80	28.21%	349.00	30.40%
交通	53.30	5.51%	73.50	6.40%
购物	102.00	10.55%	122.70	10.70%
看表演	39.90	4.13%	62.00	5.40%
观光	5.80	0.60%	14.90	1.30%
合　　计	967.10	100.00%	1146.40	100.00%

注：a 表示该资料根据克拉克县博彩业总收入除以游客总数计算。

b 表示该资料根据酒店客房平均价格乘以游客平均停留的晚数计算。

数据来源：LVCVA. Las Vegas Visitor Profile Study，2009；LVCVA. Las Vegas Visitor Profile Study，2015.

在博彩游戏吸引力下降的同时，拉斯维加斯的夜总会正快速发展。在经济衰退最严重的时候，其博彩业收入下跌了 16%，夜总会却获得了比以往更多的利润。2011 年，拉斯维加斯夜总会饮料部门的收入就超过 10 亿美元。夜总会主要针对更年轻、消费能力强的年轻旅客，由于夜总会对赌场酒店的收入日益重要，拉斯维加斯的赌场经营者都加大投入，使拉斯维加斯成为世界夜总会之都。

2. 建设大型综合度假村，满足游客多元化需求

拉斯维加斯在 20 世纪 70 年代末，便开启了大型综合度假村的投资模式，以提供更多样化的选择、更高质量的服务来吸引旅客。从图 3 - 32 至图 3 - 34 可以看出，游客人数增加幅度较大的年份大多都是有一些重要发展项目建成，如 1990 年的 Rio 和 Exaclibur，1993 年的

MGM、Luxor 和 Treasure Island，1999 年的 Mandalay Bay、Venetian 和 Paris，2010 年的 Cosmopolitan 以及 2014 年的 SLS Las Vegas 和 The Cromwell Las Vegas 项目等。这些大型综合度假村不仅设有博彩、购物及会展设施，还提供表演、休闲、度假、养疗等广义上的服务，使游客能享受到更全面、更优质的服务，从而满足游客的多元化需求。

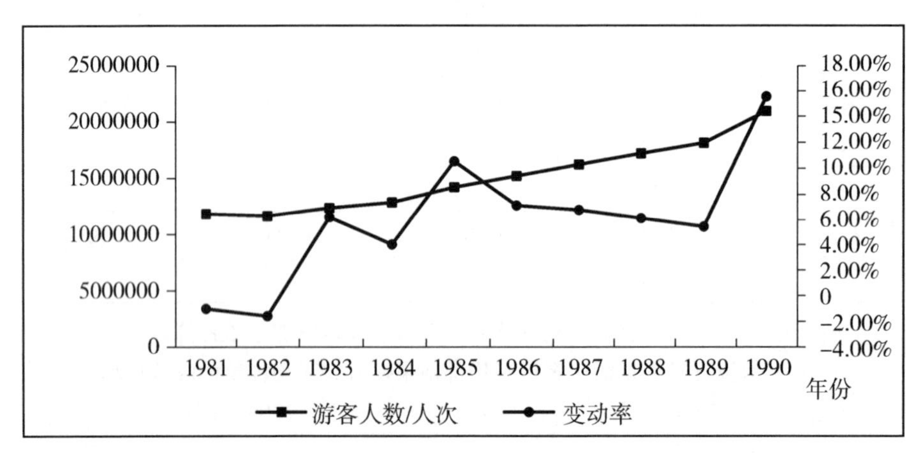

图 3-32 1981—1990 年拉斯维加斯的游客人数及变动率

数据来源：拉斯维加斯会议和旅游局。

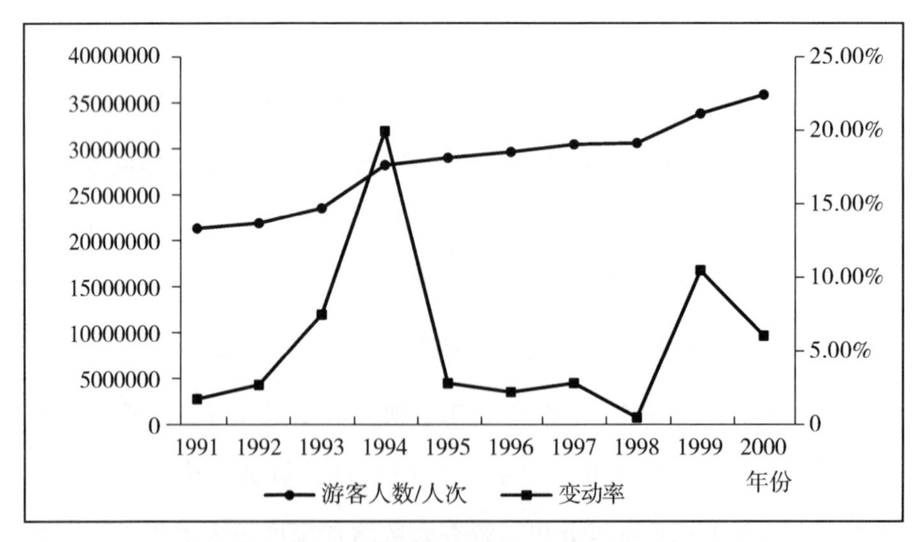

图 3-33 1991—2000 年拉斯维加斯的游客人数及变动率

数据来源：拉斯维加斯会议和旅游局。

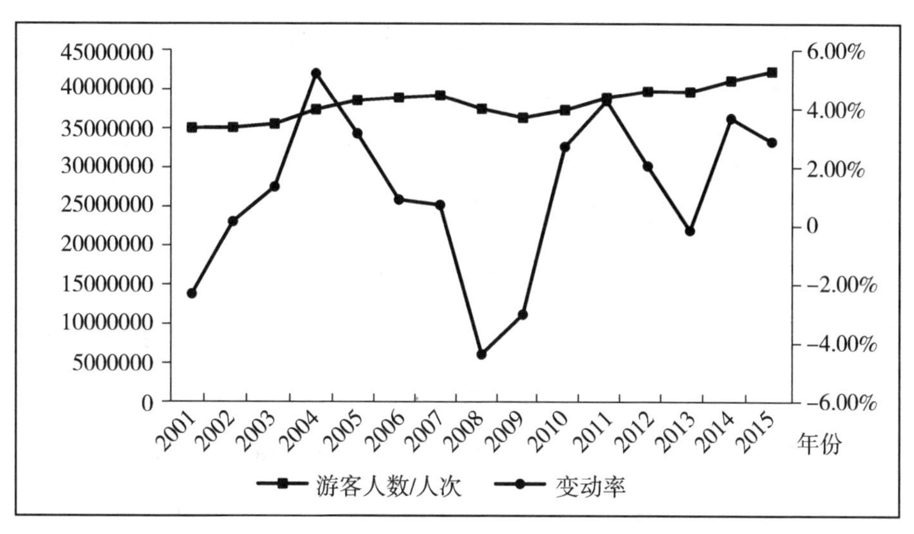

图3-34　2001—2015年拉斯维加斯的游客人数及变动率

数据来源：拉斯维加斯会议和旅游局。

我们将1970—2015年分为1970—1989年、1990—2009年及2010—2015年3个阶段，分别表示拉斯维加斯多元化发展的前期、中期和后期。图3-35显示的是这3个时期拉斯维加斯的平均游客人数

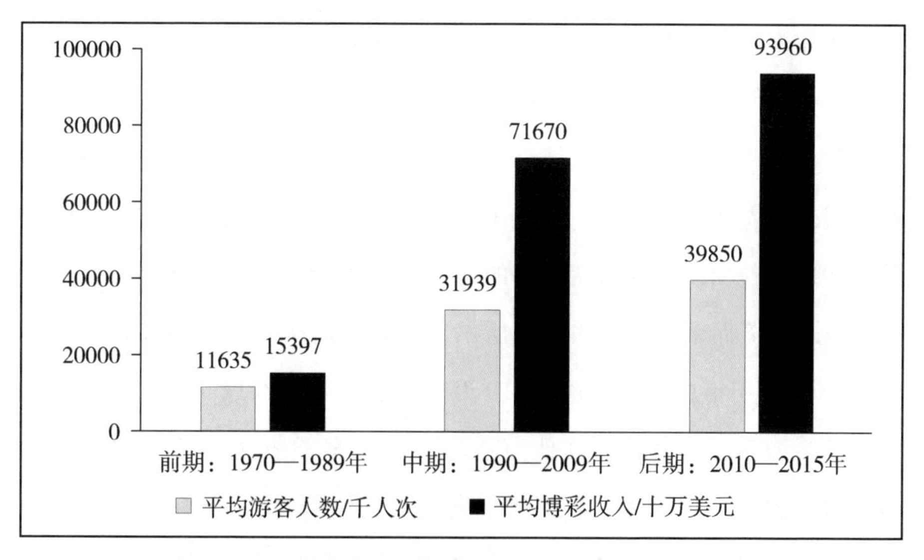

图3-35　拉斯维加斯的平均游客人数及平均博彩收入

数据来源：拉斯维加斯会议和旅游局。

和平均博彩收入情况。可以看出，随着多元化进程的深入推进，平均游客人数和平均博彩收入分别从前期的1200万人和15亿美元增加到后期的4000万人和94亿美元，两者均出现了较大幅度的增长。游客数量的增长有效地带动了拉斯维加斯博彩业收入的增加。

3．推进会展业发展，巩固国际会展中心地位

会展业是现代服务业的重要内容，拉斯维加斯高效便捷的交通、在国际上的高知名度、良好的基础设施、富有活力的经济、丰富的土地资源以及一批国际化的会展业人才和各种语言翻译人士，为发展会展业创造了良好的人文条件。在开放式管理、人性化管理、注重服务效率和细节的理念下，拉斯维加斯的会展越办越多、越办越红火，会展业已成为拉斯维加斯重要的产业。

近年来，拉斯维加斯的博彩产业也带动了会展业的发展，使其成为世界著名的国际会展中心。在拉斯维加斯，由赌场带来的娱乐活动使会展参加者能够将商业活动与享乐结合起来。会展业带来的游客提高了酒店的入住率。由于会展举行的时间常常避开周末和节假日，因此，在一定程度上降低了拉斯维加斯单纯的、休闲游客不可避免的季节性需求波动以及周末和非周末的需求波动。再者，由于会展游客到拉斯维加斯的活动属于商业活动，因此，他们的消费能力也比非会展游客高。（曾忠禄，2010）拉斯维加斯每年接待的约4000万旅客中，超过500万人次是为会议或展览而来。如表3－21所示，拉斯维加斯的会展参观者人数不断增加，2014年总人数已超过510万，占游客总数的12.6%。

而参加会议、会展和其他商业活动的访客一般又会带来其他非参会游客。根据一项对来访拉斯维加斯人员的调查，2015年，有35%的参会访客带来了其他非参会访客。成功的会展业无疑增加了拉斯维加斯的游客量。

表 3－21　2011—2014 年拉斯维加斯的会展参加者

月　　份	2011 年/人次	2012 年/人次	2013 年/人次	2014 年/人次
1	615854	538552	571964	631520
2	458623	575717	551866	490754
3	533579	513010	518278	624772
4	435934	414510	477275	395462
5	352303	367899	398173	454163
6	367712	375920	377700	429298
7	263441	255961	292024	333253
8	412902	478522	443561	422679
9	434373	364648	382995	379700
10	457686	477248	521400	473695
11	375500	438330	426762	400205
12	157365	143697	145418	133533
合　　计	4865272	4944014	5107416	5169034

数据来源：LVCVA，Las Vegas Convention and Visitors Authority.

4. 引入各式表演，构造高度发展的“秀”

拉斯维加斯会展及观光局国际品牌战略副总裁 John Bischoff 曾表示：“拉斯维加斯的目标不仅是休闲和商务游的目的地，更要成为世界娱乐之都。现在我们已经向这个目标前进了一大步。除了博彩业，拉斯维加斯还拥有各种丰富多彩的娱乐项目，我们将把这一切推荐给全世界的游客。”

丰富多彩的表演和娱乐活动，是拉斯维加斯每年能吸引近 4000 万游客的一个重要因素。拉斯维加斯的表演被称为“秀”，可分为 3 类：大型舞台表演、酒吧表演和视觉艺术。这 3 种艺术都发展到了登峰造极的地步，是拉斯维加斯吸引世界不同地方游客的一个重要原因。（曾忠禄，2010）大型酒店均有夜总会、晚餐秀等表演，有些赌场也兼营表演秀，或以知名艺人为号召，杂以小牌艺人的表演，或为法国丽都秀等欧式讽刺剧，或为百老汇的音乐剧及喜剧。这座城市汇集了世界最顶尖的歌星与表演团队，他们的精彩演出经常座无虚席。从国际知名的太阳马戏团到百老汇盛演不衰的《歌剧魅影》和备受欢迎的 Jubilee 歌舞秀等，这座城市汇集了世界最顶尖的歌星与表演团队。由表3－22可以看出，度假村的建筑、表演和娱乐是游客选择到拉斯维加斯的主要考虑因素。根据2015年的调查，到拉斯维加斯观光的游客中，61%在逗留期间看过秀，其中，观看酒吧表演和大型表演的比例分别为72%和26%。多样化发展的拉斯维加斯通过各方面吸引着世界各地的游客，而城市工作者的服务也相当到位，受到访拉斯维加斯旅客的肯定。根据一项对赴拉斯维加斯旅游游客满意度的调查，2015年访拉斯维加斯的游客中，89%的人表示对旅程非常满意，11%的人表示对旅程满意。

表3－22　度假与娱乐游客选择到拉斯维加斯的考虑因素

考虑因素	分数（满分为5分）
看度假村的建筑	3.4
看表演和娱乐	3.3
赌博	3.2
餐饮	3.1
购物	2.9
俱乐部夜总会	2.2

数据来源：LVCVA. Las Vegas Visitor Profile Study，2009；澳门《旅客消费调查》，2009年。

第六节　澳门博彩业收入下降风险、隐患及对策分析——基于投资角度分析

2002年以来，“赌权开放”加上内地“自由行”政策实施，以博彩业为主导的澳门经济取得了前所未有的发展。然而，近两年来受多种不利因素影响，澳门博彩业收入持续下降。本章首先运用计量经济学方法分析投资增加对提高澳门博彩业的积极作用，然后通过建立系统动力学模型探讨保持澳门博彩业健康可持续发展的投资策略。

一、系统动力学建模步骤

（一）明确问题，确定系统的边界

确定系统目标及边界，首先要对所需研究的系统做深入、广泛的调查研究，明确系统问题，收集定性、定量两方面的有关资料和数据。系统边界的确定，应当面向研究目的、面向问题和面向研究对象，尽量缩小系统边界，突出主要变量。在进行系统分析时，可以借助框图。框图在系统分析与系统结构分析的初步阶段很有用。初步目标明确后，下一步就是要定义所要解决的问题，初步确定所研究系统的界限。

本部分研究的是博彩企业投资对整个澳门经济的影响，这里主要选取了博彩企业投资、旅客总消费澳门GDP、总就业人口三大因素。因此，系统边界是博彩企业投资、旅客总消费、澳门GDP、澳门总就业人口。

（二）绘制因果关系反馈图

反馈回路是系统的基本结构单元，一个反馈回路是简单的模型，一个复杂的模型是许多反馈回路的集合。反馈回路把决策、控制、水平变量状态变量以及有关水平变量的信息联系起来，最后又返回决策，从而组成一个因果关系的反馈回路。绘制因果关系反馈图是开展系统动力学仿真的关键环节。根据博彩企业投资评价系统要素、系统边界以及各要素之间的反馈关系，确定反馈回路，绘制博彩企业投资评价系统的 SD 因果关系图。

（三）编写变量方程

确定模型中的要素后，需要通过方程来建立各要素之间的关系，包括状态变量方程、速率方程、辅助变量方程、常数方程和表函数方程等。在 SD 模型中的部分要素是简单的线性关系，也存在着部分要素之间是非线性关系。在处理非线性关系时，可通过 SD 模型仿真软件的表函数功能进行确定。博彩企业投资评价 SD 模型是相对封闭的系统，明确建模目的和系统边界、确定系统要素后，可根据现实状况和数理关系来编写方程，这是做实证研究的关键。

（四）模型检验

建立的模型需要在模型边界、结构和数学方程各个方面通过模型检验，即输出的数据与实际数据在允许误差范围之内。若模型未通过检验，可对模型不断地进行修正调整，使其通过检验，成为有效的系统动力学模型。

（五）政策建议及分析

经过检验的SD模型才可以成为政策实验室，应用于现实问题，为决策者投资方案的制订提供科学依据。本节中建立的SD模型可用于博彩企业投资对区域经济和就业的影响，并可以通过仿真调整投资额，预测不同投资额影响下的区域经济和就业人口，寻求最优的政策方案。

二、澳门博彩企业投资评价仿真分析

利用上一章通过检验的系统动力学模型，对澳门博彩企业投资对澳门总体GDP、旅客总消费、总就业人口进行仿真分析。通过模型运算，可输出2008—2025年的预测值。在本节建立的模型中，六大博彩企业投资水平影响各行业的设施水平，进而影响分行业产值，最终作用于GDP、旅客总消费、总就业人口。

本节在两个投资水平上运行模型，一是自然发展模式，即不改变投资水平，在当前博彩企业投资水平下进行仿真；二是为了分析不同的投资额对整体经济的影响，通过调整总投资额，在其他量不变的情况下，输出2008—2025年的相关数据并进行对比分析。

（一）澳门GDP仿真分析

1. 不追加投资情况

如图3－36所示，澳门的GDP在保持现有投资水平不追加投资量的情况下，自2014年达到峰值后一直处于下降趋势。

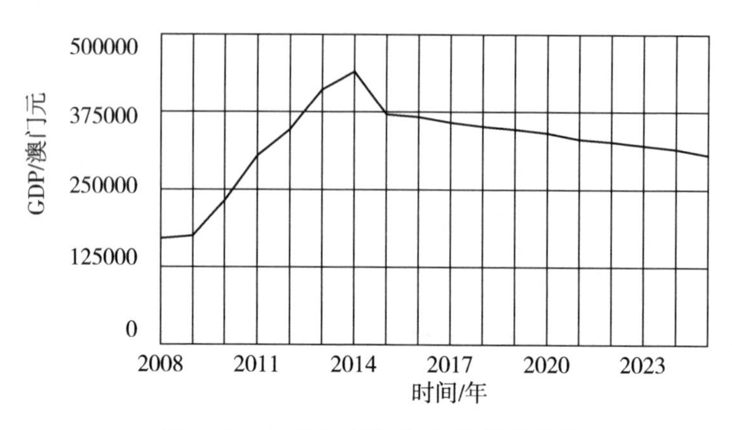

图 3－36　不追加投资的 GDP 发展趋势

2. 追加投资情况

如图 3－37 所示，以 2015 年为基期，保持原有的投资水平增长率后，澳门的 GDP 在 2015—2016 年经过短暂回落后保持上升的态势，在 2025 年增长至 5000 亿澳门元左右。

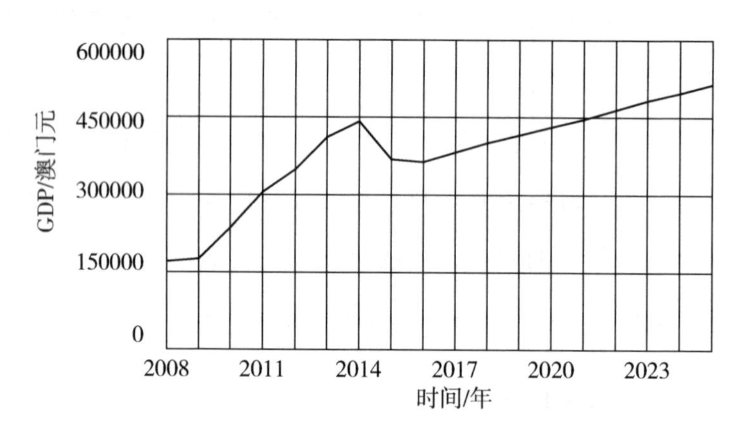

图 3－37　追加投资情况下 GDP 发展趋势

（二）澳门旅客总消费仿真分析

1. 不追加投资情况

如图 3－38 所示，澳门的旅客总消费在保持现有投资量的情况下，自 2014 年达到最高值后，一直呈现下降趋势，到 2025 年预计下降到

4.5 万人左右。

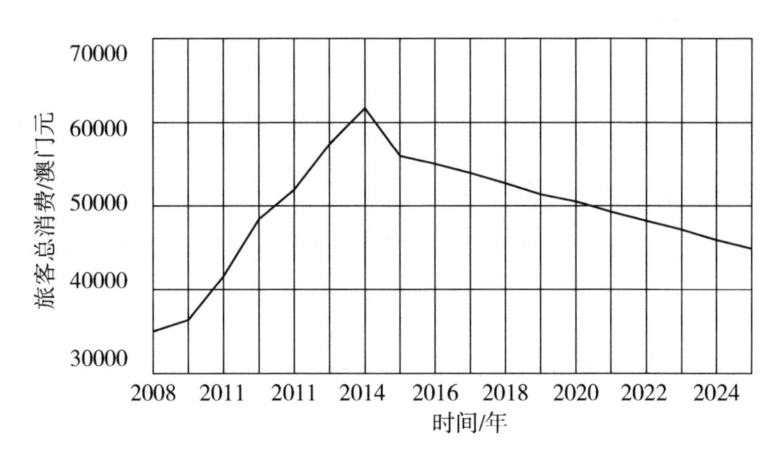

图 3-38　现有投资下旅客总消费变动趋势

2. 追加投资情况

如图 3-39 所示，以 2015 年为基期，在保持 5% 的投资增长率后，澳门的旅客总消费经过回落后稳健上升，与 GDP 相比，受投资增长的影响较大。

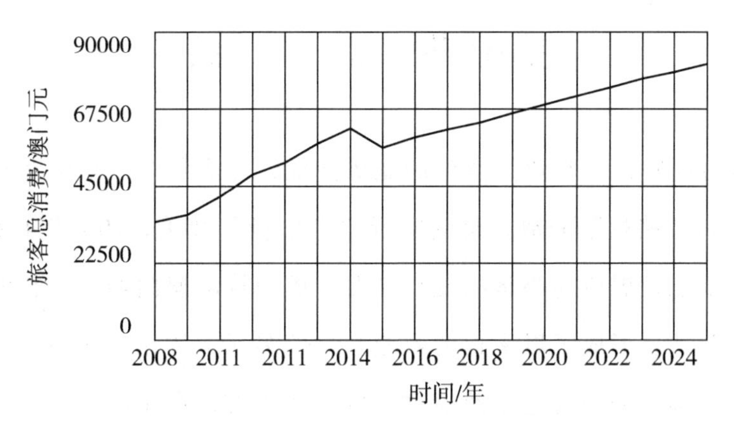

图 3-39　追加投资下旅客总消费变动趋势

三、小结

本节主要分析了博彩企业投资对区域GDP与旅客总消费的影响，利用模型输出了2008—2025年澳门的GDP、旅客总消费、分行业产值，并利用模型进行政策实验，将投资增长率保持在5%的水平输出GDP与旅客总消费，通过观察输出值得出以下结论。

（1）在不改变投资额的情况下，GDP与旅客总消费在2014年达到峰值后逐年下降。

（2）在不改变投资额的情况下，博彩业产值从2015年开始下降，批发及零售业产值和酒店业产值从2015年开始保持平稳，说明澳门博彩业产值下降是GDP下降的主要影响因素。

（3）在保持5%投资增长率水平下，GDP与旅客总消费在2016年后稳健上升。

第七节　总　　结

众所周知，博彩业是澳门的龙头产业，历史悠久，从禁赌到专利经营，到“赌权”开放，再到实行“自由行”政策，100多年来，澳门博彩业已发展成为当地的支柱产业，成为拉动澳门经济增长的主要动力，目前已形成了以幸运博彩业为主的多元化体系。澳门博彩业重要的经济地位表现在它是政府财政的主要来源，在旅游业中占主导地位，可以带动相关产业发展，能够促进基础设施建设和经济发展，以博彩业为主导的澳门经济取得了前所未有的发展。澳门博彩业不是自主性产业，而是一个对外依存度高达95%的外向型产业，也正因为这

种外向型和非自主性的产业特征，外部经济形势的大变动会带来产业利润的增长和发展的巨大挑战。

自2014年6月以来，受多种不利因素的影响，澳门博彩业收入连续下跌。2015年博彩业毛收入与2014年相比则下降超过34.2%，下降的趋势从2014年6月一直持续到2016年7月，已经连续26个月同比收入下跌。其中，博彩业毛收入在2016年第二季度下降到最低的518.64亿澳门元。同时，澳门生产总值也下降到最低的838.04亿澳门元。这种持续性下降引起了各方的普遍关注。

本章立足于多个角度，重在分析澳门博彩业收入下降的风险、隐患及对策研究。

通过建立系统动力学模型、绘制系统流图、编写相关方程式，进行博彩业收入模型检验与分析，对模型进行模拟仿真分析，我们得出为保证政府可满足财政预算支出并具有足够大的资源实施扩张的财政政策以应对经济风险，博彩企业具盈利空间，居民也能保持当前的福利水平，博彩业毛收入平均每月应该维持在210亿澳门元左右。为保证澳门博彩业毛收入平均每月能达到210亿澳门元，建议加大开放“自由行”人数，开放人数约为200万人，考虑到澳门社会的承载力问题，分两年开放，平均每年增加100万人，平均每个季度增加25万人。这样不仅能保证政府收支、博彩企业的盈利和居民福利水平，而且还能充分考虑澳门的社会承载力，故该博彩业毛收入水平可以使得澳门整个经济社会持续良性发展。

通过计量经济学分析方法，我们得到博彩业毛收入和GDP之间的变动关系存在一定的同步相关性。博彩业收入持续下降，会危及澳门整体经济，也会影响澳门特别行政区政府的执政水平与财政问题，而财政收入与居民福利有着密切的联系，故而博彩业收入持续下降也会影响澳门社会福利水平。另外，在澳门的各产业中，酒店业、批发及零售业对澳门的 GDP 贡献明显，租赁与工商服务业对澳门经济有很大的带动作用，金融业也可能通过与内地合作对澳门经济起到很大的带动作用。

故而，本章在解决澳门收入下降问题时，从进一步调整“自由行”政策与发展博彩业多元化两个角度分析。首先，鉴于东部沿海与中西部地区经济发展水平存在差异，前期“自由行”政策开放程度有差异，在调整“自由行”政策时，要分阶段、分地区开放“自由行”，进一步缩小沿海与内地省份和城市在“自由行”政策上的差异；其次，鉴于澳门博彩业多元化发展方向，要利用博彩业的资金流发展以银行业为主的金融产业，通过人流发展酒店餐饮等行业，应转变思路，多元发展的方向不一定局限于围绕博彩业相关多元发展，也可以考虑非相关多元发展，发展高科技产业或高端制造业，借鉴拉斯维加斯的经验，促进产业结构多元化，提高产业多元化程度，满足游客多元化需求。

第四章　澳门博彩业内部问题分析

第一节　贵宾厅体系问题

作为中国唯一赌博合法化的城市，澳门有着全中国最庞大的博彩业。澳门特别行政区政府博彩监察协调局的数据显示，到 2013 年年底，澳门博彩业年收入已经是美国拉斯维加斯的 7 倍。但是，2014 年 6 月，澳门博彩业收入自回归 15 年来首次出现同比负增长，最开始是一位数的跌幅，然后是百分之十几、百分之二十几、百分之三十几，越跌越猛。[①] 回想回归之初，2002 年赌牌开标，2003 年开放港澳“自由行”，2004 年第一间美式赌场开张……产业高速发展，先超美国拉斯维加斯，再超整个内华达州，赌税连年增长，财政巨额盈余，政府连年“派糖”，房价不断攀升，一片繁荣景象。如今形势一逆转，官、商、学、民各界皆为之震动和忧虑。要探寻此次赌业大滑坡的原因，首先需要指出一个重要的事实：澳门的赌业体系是二元的，“一场两制”，中场与贵宾厅。中场，就是典型的、标准的博彩业经营体制。世界上的赌场除了澳门，都只有中场生意。澳门中场赌业的下滑源于近

---

① 参见王五一《一场两制：历史视野下的澳门贵宾赌业》，载《澳门理工学报（人文社会科学版）》2016 年第 4 期，第 34 页。

几年港澳旅游业的下滑事态，而贵宾厅生意的衰落才是这次大滑坡的关键。

第三方贵宾厅，在澳门被称为“私人贵宾厅”，是与公司贵宾厅相对应的概念。公司贵宾厅是指博彩公司自己拥有并营运的专为贵宾客提供的博彩场所，而第三方贵宾厅是博彩公司将本属于自己的贵宾厅外包给第三方投资人承包营运。通常，赌厅承包人并不承包赌厅的全部经营，而只是承担赌厅中的市场营销部分，赌厅中的赌台与赌博仍然由博彩公司主持。其运行机制是，博彩公司与第三方投资人签订合约，要求赌厅承包人在一定期间内（如一个月）完成一定数量的泥码转码额，转码额越大，意味着赌客的投注额越大。完成的转码额超过合约规定的数额，赌厅承包人按合同规定的数额得到佣金；完不成定额者，则会被视为违约而丧失承包权①。这种赌厅的承包模式被称为“佣金厅”或“洗码厅”。近年来，除了传统的“佣金厅”外，澳门的第三方贵宾厅还发展出所谓“成数厅”，即博彩公司与赌厅承包人按比例分享利润及承担风险。

第三方贵宾厅为澳门博彩业的收入立下汗马功劳。从2002年到2014年上半年，第三方贵宾厅为澳门博彩业带来了60%～70%的收入，有的年份甚至超过70%。只是在2014年下半年之后，伴随着澳门博彩业收入总体上大幅度下降，第三方贵宾厅博彩业收入的比例才下降到60%以下②。历年统计数据显示，贵宾厅贡献了澳门博彩业毛收入的65%。2014年后3个季度，贵宾厅的收入分别同比下跌了6%、19%、29%。贵宾厅博彩业收入的巨大变动，是澳门博彩业收入滑坡

① 参见王五一《赌权开放的制度反思》，澳门理工学院出版社2005年版，第41页。

② 澳门特别行政区政府博彩监察协调局网站：http：//www. dicj. gov. mo/web/cn/information/index. html。

中不可忽视的重要因素。本节主要通过分析贵宾厅体系的演变特点，找出其衰落的制度原因以理解澳门博彩业的问题和现状。

一、贵宾厅体系的形成[①]

贵宾厅体系从生成，到发育，到壮大，到衰老，经历了一个由简单到复杂的历史演化过程。贵宾厅体系最终成型于20世纪80年代中期，对贵宾厅体系在澳门的产生，应当有一个历史唯物主义的认识：它是在当时澳门博彩业、澳门经济乃至整个澳门社会的各项客观条件的共同作用下必然产生的。只有这样认识问题，才能进一步地理解30年来贵宾厅体系自身以及由其所带动的整个澳门博彩业之发展壮大的历史必然性。产生贵宾厅体系主要有3个必要的客观条件。

首先是经济条件。贵宾厅体系产生于“赌王”时代。在独家专营制度下，全澳一家，别无分店，一家政府监管一家企业，这家企业自然便成为澳门博彩业的“二掌柜”[②]。政府把许多监管职能顺手下放，“二掌柜”有内在动力利用自身的权利和权力来最大化收益。在“二掌柜”因此而拥有的诸多自主权中，包括体制创新权。所以，才有了招人进赌场叠码，把赌厅承包出去经营，经营“押金—放贷”，确定码佣率等行为。贵宾厅体系的产生，与这种二级监管的灵活体制有着很大的关系。

“二掌柜”发明了贵宾厅体系，并有效地、健康地管理着这个体系。一牌独大，贵宾厅体系中的竞争结构是单相的，一大群中介人

① 参见王五一《一场两制：历史视野下的澳门贵宾赌业》，载《澳门理工学报（人文社会科学版）》2016年第4期，第37－38页。

② 参见王五一《博彩经济学》，人民出版社2011年版，第188－200页。

（叠码仔和厅主）在独家牌主面前进行竞争，如此形成的码佣的牌主一口价，为整个贵宾赌业提供了一个关键性的“锚变量”，从而为其他变量的灵活性和透明性创造了条件。另外，百厅归一牌，所有的厅主都向同一家牌主包厅，都是何家管的厅，厅与厅相互之间的信息很容易交流，一个赌客在一家厅借了钱输光后再跑到另一家厅借，像这种由于重复借贷而形成的经营风险比较容易避免。这就在很大程度上保证了贵宾厅体系的良性健康运作。

其次是地理条件。20 世纪 80 年代的澳门是一个封闭且偏僻的小地方。它不是交通要道，自然也就无法像高速公路四通八达的拉斯维加斯那样做过路客的生意；它也非旅游胜地，也就无法像加拿大的尼加拉瀑布的赌场那样做游客的生意。要在这样的地理条件下把赌业做上规模，让它担负起养活澳门的财政担子，澳门需要的是一种特殊的大赌客，他们只赌不玩因而不需要其他旅游资源，他们赌完就走因而不占用太多接待设施。如此，一个“走出去、请进来”的拉客行销机制就成为必要的了。可以想象，若是几十年来澳门博彩业按国际上的常规经营体制运作而只做中场生意，则澳门的博彩业绝无后来之局面。

最后是文化条件。贵宾厅体系是一个法外运作的体系。“法外”不是说它非法，而是说它是一个建立在人情关系基础上运作的商业体系，而不是依靠法律条文。一方面，中国赌客更爱面子，更注重赌博行为本身的保密性。在贵宾厅体制下，赌客只跟自己的叠码仔打交道，没有人知道他是谁。另一方面，中国是个人情社会，贵宾厅体系的大多数交易环节都是靠人脉关系来运作的，这也是这样的制度无法在外国扎根的重要原因。

以上 3 个条件，构成了贵宾厅体系得以产生的客观条件。在此有利的条件下，澳门贵宾厅体系在 20 世纪末快速成长，为 21 世纪初的大发展打下了基础。2002 年赌权开放，2003 年开放“自由行”，2004 年第一家外资博彩企业开张，澳门博彩业在这些因素的推动下迅速发展，赌台的数量由数以百计很快变成数以千计，博彩业收入由数以百亿澳门元计很快变成数以千亿澳门元计。博彩业整体规模的迅速增大，自然带动贵宾赌业也跟着增大；赌场大楼多了，里边的“单间”也跟着增加。随着赌厅的增加，越来越多来自不同领域的人士加入了博彩中介人这一行。在贵宾厅体系里，似乎并不存在因片面地增加单一生产要素而导致的边际效率递减现象，人是最革命最活跃的因素，内地开放“自由行”，不仅送来了顾客，也送来了叠码仔乃至厅主，如此“三头在外”，澳门的博彩企业坐地抽头，一张贵宾赌台有时一天赚的钱比一间五星级大酒店赚的还多，赚得盆满钵满。

贵宾厅体系发展的前 20 年，可以看作它的青壮年时代，不断成长壮大，发达兴盛。其兴盛源于健康，而健康则源于垄断。“垄断”在经济学教科书里本是个不健康的概念，是个贬义词，然而，在澳门博彩业特殊的历史背景和制度条件下，贵宾厅体系的健康运作却得益于这个“不健康”因素。在“二掌柜”的“垄断”下，有力的码佣定价和有效的借贷控制，保证了整个体系的健康有效运转，从而使得贵宾厅体系为整个澳门博彩业的发展做出了积极正面的贡献。

经济条件、地理条件、文化条件三者合一，养育了澳门的贵宾赌业，推动了它的迅速成长。贵宾厅体系在澳门博彩业中所扮演的角色越来越醒目，所占的比重越来越高，到赌权开放前后，已占到 70%。如果说博彩业是澳门经济之龙头，那么贵宾厅体系就是龙头的龙头。青壮年时代的贵宾赌业不但表现为在无息借贷刺激下的高速增长，而且还表现在它的“抗击打”能力上——贵宾们似乎既不怕 SARS，也不怕金融风暴；贵宾赌业与尘世上宏观经济的大风大浪似乎是绝缘的。

兴盛期的贵宾赌业，可谓有百顺而无一逆。

二、贵宾厅体系的特点

要精确地介绍澳门贵宾厅体系制度的构造是十分困难的，原因在于，这是一个不断变化着的体制，不同时点上它的技术构造是不一样的。在此，主要归纳出几个核心的制度要素。

第一，承包制。博彩公司把一个个贵宾“单间”的拉客促销业务承包了出去。承包人的主要承包义务是在一定时期内完成一定量的泥码购码额。澳门赌圈一般把赌厅承包人称为“厅主”，而把发包人即博彩公司，称为“牌主”。

第二，泥码制。澳门赌场里使用的筹码分为两大类：现金码与泥码。现金码即一般意义上的筹码，既可用来下注，也可用来兑换现金，中场与贵宾厅通用；泥码则是只可用来下注而不可兑换现金的筹码，只用于贵宾厅。泥码是贵宾厅体系中的本质性制度要素——一间赌场算不算是“一场两制”，关键是看其是否使用泥码。

第三，码佣制。赌场以略有差别的价格分别销售泥码和现金码，前者的价格略低于后者，二者之间的差额便形成码佣，由此所产生的百分比称为“码佣率”，这是贵宾厅体系中关键性的利益分配杠杆。需注意的一点是，现金码与泥码的价差，只存在于销售环节，在赌台上，两种码的价值和功能都是无差异的。

第四，拉客制。贵宾客之贵，表现在吃喝玩乐上下来去都有人招待。澳门赌圈对此类服务者冠以叠码仔的俗称，其服务的本质是促销。简单一句话，贵宾客就是被叠码仔伺候到、服务到、拉到澳门去的。20 世纪 80 年代，叠码仔拉拢的还是香港地区、东南亚的客人，但 21

世纪以来，澳门博彩业越来越依仗内地豪客。因此，也有越来越多内地人跻身叠码仔之列。他们在内地拥有更好的人脉，认识更多豪客，比起本土叠码仔更有优势。如今，大部分叠码仔都来自内地。

第五，叠码制。客人拉来后，赌场（牌主）以码佣的方式向此一促销服务支付佣金：叠码仔向赌场以泥码价购买泥码，再以1∶1的价格（现金码价）转售给其客人，以赚取两种筹码之间的价差。此一支付机制的基本原理如此，但实际上，这种“筹码倒爷”的生意远比行外人所能想象的要复杂。关键要知道的一点是，在贵宾厅的赌台上，赌客可以用两种码的任何一种下注，但当赌客赢了时，赌场则必须付之以现金码而不能付之以泥码。这一制度条件给筹码倒爷创造了很大的谋利空间，他可以站在赌客的身边，不断地以手中的泥码换取赌客在赌台上刚刚赢来的现金码，保证赌客只用泥码下注，而避免其用现金码下注而带来的“浪费”。如此，赌客输，输的是泥码；赌客赢，赢来的是现金码。随着赌客在赌台上的输赢往来，叠码仔手中赚得的码佣便越来越多。这就叫“叠码”，“叠码仔”的俗称便由此而来。据笔者计算，当码佣率为1.25%时，概率上，整个博彩业收入中的43%归了叠码仔，即如果一位贵宾赌客输了100万澳门元，其中有43万澳门元输给了他的“顾客代表”。一般情况下，叠码仔须通过厅主的中介作用完成与牌主的交易，故而澳门社会一般把赌厅承包人称为“中介人”。其实叠码仔也是一种中介人，是赌客与厅主之间的中介人，而且，在经营实践中，叠码仔与厅主的界限并不清晰，鲜见只经营赌厅而手中一个客人也没有的厅主，也鲜见只拉客叠码而与赌厅经营毫无关系的叠码仔，所以，澳门也有人把厅主和叠码仔统称为“中介人”。本书在这个统称的意义上使用“中介人”这个术语。

第六，借贷制。叠码仔服务客人，除了吃住行乐以外，最重要的服务内容是借贷服务。澳门贵宾厅体系经多年运作，已形成了类似餐馆吃饭那样先消费后埋单的经营方式。客人到澳门去不必带钱，中介人（厅主或叠码仔）先把泥码借与客人，玩完了再算账。赌客借贷，作为贵宾厅体系中的一个制度要素，看上去不是核心，赌客无论是借钱还是自掏腰包，都不会从本质上影响贵宾厅体系的技术构造，然而，从经济学意义上却可以说，借贷是贵宾厅机体上最重要的器官，澳门贵宾赌业的大命大运，生老病死，盖系于此。

以上六大制度要素，给理解澳门贵宾赌业的设计原理大致描绘了一个框架结构[①]。这种横向的框架式的系统性介绍，可能会制造出一种错觉，以为这个制度是由哪一个智慧人士在哪一个时点上一揽子设计出来，端给澳门博彩业史的。而历史事实是，诸多制度要素并不是同时发明、同时问世的。体系是由简单到复杂逐渐丰富起来的，器官是先后安装到机体上去的，以至我们今天不仅很难认定谁是该制度的发明者和设计师，也很难为贵宾厅体系找到一个确切的时间上的历史起点。为了更深一步地理解这个体制，需要把框架结构竖起来，变成一个纵向的历史线索。

在上述贵宾厅体系的6个制度要素中，“拉客制”的历史最长，资格最老，至少自从澳门有了企业化的博彩专营公司，就有专门从事拉客生意的人士了，他们的早期称呼叫“进客”。拉客业务的制度化则应当从20世纪70年代澳娱公司化黄牛党为进客仔的那项精明的交易说起。20世纪70年代初，澳门的葡京赌场开张，这在当时的港澳地区算是件大事，许多香港人争相过海享受这一现代化大赌场的辉煌，导致

---

① 参见王五一《一场两制：历史视野下的澳门贵宾赌业》，载《澳门理工学报（人文社会科学版）》2016年第4期，第36页。

当时的港澳轮渡一票难求。一些黄牛党便趁机切入，做起了炒票的生意。而港澳轮渡的老板也是何家，黄牛党炒船票，既影响了他的赌场生意，也影响了他的轮渡生意。于是，何氏把黄牛党们招来，给他们提了一个“合理化建议”：如果你们能放弃炒票生意，我可以打开我的赌场，让你们来做拉客赚回佣的生意。这无疑是一个聪明透顶的办法，既解了轮渡之烦，又促进了赌业的生意。而于黄牛党而言，拉赌客赚回佣的生意比炒船票可肥多了。于是，一拍即合①。

为解决对制度化了的拉客生意的支付机制问题，泥码随后被发明出来，发明的时间当在20世纪70年代末80年代初。泥码的发明是贵宾厅体系之制度建设中最有意义的事，它是整个体系的核心制度要素。有了泥码，便有了码佣的经济概念，也便有了叠码的经营活动。“一场”分裂为“两制”的关键要素，就是泥码的发明和使用。可以用一个相反方向的思维实验来证明泥码的关键性制度角色：假如有一天澳门特别行政区政府要用行政力量取消“一场两制”，那么，只要把泥码取缔掉，整个贵宾厅体系就坍塌了，“两制”就合二为一了。

泥码发明之初，叠码仔可能是直接与牌主做交易的，并无厅主阶级居其间。厅主是赌厅承包制的产物，此一制度可能是受20世纪80年代普遍实行的联产承包责任制的启示而发明的。刘品良说，它发明于1985年，刘氏据此而把这一年看作“叠码制度正式建立”的年头②。承包制下，由厅主去组织叠码仔，去主持贵宾厅的拉客行销业务，其效率较之牌主直营大大提高。

---

① 参见刘品良《澳门博彩业纵横》，三联书店（香港）有限公司2002年版，第407页。

② 澳门旅游娱乐有限公司自1985年起采取类似“承包责任制”的方式，变相承包分销促销，批出赌厅近40个。好景时，促销回佣每月约4亿元，亦即每年约50亿元，成了赌场的边缘利益。叠码制度正式建立。参见刘品良《澳门博彩业纵横》，三联书店（香港）有限公司2002年版，第407页。

据业内人士回忆，借贷制应当始于20世纪90年代初期。起初，它只是作为叠码仔的一项附加的服务内容从既有的服务结构中自然衍生出来的。客人来了，有钱的，把钱给我，我替你去买泥码；没带钱，没关系，我先给你垫上，先玩着再说。渐渐地，越来越多的客人知道了这种不带钱也能玩的“好事”；进而，商家（包括牌主、厅主和叠码仔）便意识到了赌博借贷中存在着巨大的商业潜能——如果在拉客程序的初始环节就向客人或潜在的客人讲明白，可以空手到澳门去套白狼，则由此所形成的拉客效率的杠杆力将是非常巨大的。澳门贵宾赌业体系中最具经济意义的制度要素——借贷制就是这样产生的。实际上，30年来澳门贵宾赌业的命运，甚至整个澳门博彩业的命运，用借贷这一个因素来解释差不多就够了。

三、贵宾体系的演化

世纪之交的澳门发生了三件大事，对澳门博彩业的发展造成了重大影响：一是1999年澳门回归，二是2001年赌权开放招标，三是2003年内地开放港澳“自由行”。第一件大事为澳门博彩业继续生存下去提供了政治保证；第二件大事为澳门博彩业得以生长壮大打下了制度基础；第三件大事为澳门博彩业得以迅速做大做强创造了肥沃的市场条件。同时，三件大事合在一起，也使得贵宾赌业生长的土壤发生了深刻的变化。

变化最明显的是经济条件。赌权开放，牌主一变六，澳门博彩业由一家企业变为一个市场，垄断变竞争，“二掌柜”变为普通一员。牌主阶级内部有了竞争，这个竞争从根本上改变了澳门博彩业的产业组织构造和市场运转原理。产生于“独牌”时代，并在那个时代有效运

转的贵宾厅体系，能否适应“多牌”时代的新土壤？

变化最深刻的应当说是文化条件。港澳“自由行”政策的实施，使得澳门博彩业的客源结构发生了根本性变化，由原来的以港客为主变成了以内地客为主。导致此一客源结构转化的动因，直观上是港澳“自由行”政策，而深入来看，应当是中国内地的有钱人多了，自由人多了，愿意并可以到澳门赌场来娱乐一番的人多了。可以想象，若是仅仅放开内地居民到澳门的签注政策，是不会为澳门的赌场送来多少客人的。还有更重要的一点，不但中国内地的经济条件改变了，而且它的文化环境也改变了。发展环境的变化在为内地打造了更多富人的同时，也在文化和品位上为澳门制造了更多潜在的赌客。澳门的贵宾厅体系就是在这样的时代背景下，通过“自由行”打开的大门而迎来自己新一群“衣食父母”的。也正是在这层意义上可以说，港客变内地客，是一个文化条件的改变，否则，香港人和内地人，同文同宗同族，谈不上是文化改变。那么，贵宾博彩业赖以生存的文化土壤既已今非昔比，这种靠人情关系做生意的模式还能做下去吗？

实际上，开放“自由行”之后的澳门，地理条件也发生了巨大的变化。澳门仍然很小，但已不偏僻，与香港共舞，它已经成了旅游热点，甚至在两岸“三通”之前，一度也可以称得上是交通要道。一年上千万的游客流量，澳门的中场赌业的市场条件大大丰富起来，博彩业还需要这个“走出去、请进来”的贵宾拉客体制吗？

贵宾厅体系的诞生条件发生了根本性的变化，这意味着，澳门贵宾赌业继续存在的可能性与必要性。其理论上的合理性与实践上的必然性，早在10年前就已经成了问题。问题是由赌权开放和港澳“自由行”引发的。因此，逻辑上就存在这样一种可能性：在政府走出赌权开放和“自由行”这两步之前，社会的智慧就可能自觉地把这两个问题提了出来。博彩企业一变六，对贵宾赌业会有什么影响？港客变内地客，对贵宾赌业会有什么影响？如果问题一开始就作为赌权开放和“自由行”这两大决策的可行性分析的要素提了出来，那么这两个问题的答案至少是理论上的答案，可能在10年前就有了。关于澳门贵宾博彩业之命运的根本性态度，可能在10年前就确定了。当然，历史不能做这种假定，当初我们没有走理论前瞻这一步，也就只能留待历史实践给出结论了。

2009年，6家博彩公司联合成立了澳门博彩商会，由何鸿燊先生任会长。这本是件好事，但它实际上标志着澳门贵宾博彩业由盛转衰。商会成立的唯一目的，是解决赌权开放给贵宾赌业带来的第一个麻烦——码佣竞争。独家垄断为多家竞争所代替，市场的竞争结构由单相变双相，牌主们为争夺大赌客而争夺中介人，谁家给的码佣高，中介人就把客人往谁家送。贵宾厅体系中最重要的经济变量——码佣的定价机制发生了根本性变化。牌主阶级由码佣率的定价者变成了受价者。“锚变量”锚不住了。

码佣率的狂涨为中介人撑出了很大的一块利益空间，为他们进一步把生意做大创造了广阔天地。在一口价时代形成的0.7%的码佣率变成了1.25%以后（实际上这个限度如今也已突破），贵宾厅体系内部的分配结构由原来的中介人拿两成半，政府拿小四成，博彩公司拿三成半，变成了如今的“4，4，2”，即中介人拿大四成，政府拿小四成，博彩公司拿小两成。[①] 巨大的利益刺激使得中介人的队伍进一步膨胀，贵宾厅的生意越做越大。

当牌主阶级为了争夺中介人而展开码佣竞争从而推动码佣上涨时，

---

① 参见王五一《博彩经济学》，人民出版社2011年版，第118－129页。

中介人阶级内部展开了另一场竞争——借贷竞争。那一边，哪家牌主给的码佣高，中介人就把客人往谁那儿带；这一边，哪个中介人在借贷上更大手，客人就跟着谁走。当中介人阶级从内部的竞争中受益的时候，他们也开始在自己本阶级内部的竞争中受害。中介人既是码佣竞争的受益者，也是借贷竞争的受害者。码佣和借贷都绷紧了，贵宾博彩业内部各方面的利益关系都绷紧了，牌主和中介人的生意都不好做了。危机开始酝酿，澳门贵宾博彩业本质上已经走上了下坡路。

走下坡路比走上坡路要快得多，贵宾厅生意做得更火了，以“贵宾百家乐”[①] 为火车头的整个澳门博彩业呈现了所谓“井喷式增长”，超金光大道、超拉城、超内华达，辉煌的统计数字背后是巨大的财政实惠，财政实惠背后是殷实的市民生活，殷实的市民生活背后是普遍的乐观情绪。

潜在的危机并没有引起多少人的危机意识。越来越割喉的码佣率也并未见割了谁的喉，控制码佣上涨的努力，无论是博彩商会还是澳门特别行政区政府都使不上多大劲，最后也就只好撒手随它去了。大家似乎终于明白了一个道理，码佣问题并不会构成贵宾博彩业的致命伤，因为，毕竟在中场与贵宾厅两个产业门类之间，存在一个等边际均衡的约束机制，毕竟博彩公司拥有在两个门类之间调整资源配置的权力和能力，如果码佣真的涨到了博彩公司的贵宾厅业务无利可图甚至赔钱的地步，赌台由贵宾厅向中场的边际转移就会发生，直到达致等边际均衡。在这层意义上，博彩业的市场机制有着与其他产业的市场机制同样的“维稳”能力。

---

① 在澳门博彩业的统计指标体系中，反映贵宾博彩业之博彩业毛收入概念的指标称为“贵宾百家乐”，这是因为，在澳门贵宾博彩业体系中，几乎只有一种游戏——百家乐。也许，将来贵宾厅里有了其他游戏，澳门特别行政区政府将不得不修改此一统计指标的名称。

真正致命的是赌客借贷。中介人日益体会到，现在的客人越来越油滑，脸皮越来越厚，赖账的越来越多，死账坏账率越来越高，资金周转越来越艰难。

香港市场养了澳门博彩业一百多年，这个历史事实意味着香港的客源潜力，多年来已经被澳门挖掘得差不多了。赌权开放，澳门这边的“产能”猛然膨胀，香港的客源供应立成瓶颈。所幸，恰好中央政府开放了港澳“自由行”，送来了及时雨，帮着疏解了客源瓶颈。如此一来，澳门博彩业的客源市场便由以港客为主变为以内地客为主，并且演化是双重的，伴随客源的变化，贵宾博彩业中介人的队伍也在发生着类似的“以内地客代香港客”的变化。看上去，这些变化只是量变而非质变，只是个数量上此消彼长的纯经济现象，但实际上，经济现象背后隐含着的是深刻的文化性质变，它实际上是一场澳门贵宾博彩业的文化移植工程——把一个在香港客源的文化土壤里栽培发育起来的“经济植物”移植到新的文化土壤里。港客变内地客，港厅变内地厅，中介人与客人之间不认识、不信任、不在乎了，文化排异性也就发生了。原来那种建立在认识、信任、在乎的文化条件下仅靠一张嘴和一张脸就能做生意的信用氛围，已经被另一种相反的氛围所代替。新的文化基础与老的制度构造相结合，化合出了新的商业原则，越来越多的客人咂出了这一商业原则的核心味道：债，借了白借，不借白不借；还了白还，不还白不还。

于是，随着借贷生意的扩大和死坏账的累积，贵宾厅中介人生意的商业性质发生了根本性变化，由服务业变成了金融业。贵宾厅生意日益成为以讨债为主的生意，经济效益主要取决于讨债的效率，债能讨回来就赚，讨不回来就赔，生意的好坏与“基本面”上码佣率的高低以及那虚幻的“4，4，2”分配结构的关系越来越小。而赌台则日益成为仅仅是这种债务游戏的一个金融道具而已。澳门贵宾博彩业的“基本面”与“金融面”分裂了。

产业性质的概念分裂，导致了商人身份的概念分裂。一方面，在基本面意义上，中介人仍然是商人，他们仍然惦记着那点码佣，仍然是以赚取码佣的形式参与“4，4，2”分配而取利的赌商；另一方面，在金融面意义上，他们已变成了赌徒，放债就是下注，赌的是每一单生意中的每一位客人的信用条件，是客人的输赢结果以及如果输了他能不能还钱。中介人在基本面上从码佣上涨中得到的好处，越来越多地受到了金融面上死坏账的侵蚀；以赌商的身份所赚取的利益，越来越多地又通过赌徒的身份而流失掉了。从字面上看，高达43%的毛收入分配比重，其实并没有多少真的落入了中介人的腰包，其相当大一部分被那些赖账的赌客卷走了。当中介人生意在整体上进入了“金融面之所失大于基本面之所得”的经营逻辑时，这个产业门类就在走下坡路了。统计上的由盛转衰只是个时间问题。

下坡路引发了危机感，一个旨在反危机的“制度创新”被中介人发明了出来，这就是所谓的“赌台底”：傍着赌台台面上的输赢盘口，中介人与赌客之间私下另开一盘赌局。从赌客的角度看，是“一注两赌”，他每在台面上下一注，等于同时在台底下的那一局也下了一注，一般情况下，台底这一注的实际下注额按事先约定是倍加的，即行话中的“拖五”“拖十”等。

此一“制度创新”是基于这样的算计：“金融面之所失大于基本面之所得”的问题，可以从两个方面着手克服，即或者通过提高讨债效率使金融面之所失缩小，或者通过提高赌收分配中中介人份额的比重而使基本面之所得提高。前者无计可施，只能在后者想办法，这办法就是通过台底私赌而实现“4，4，2通吃”。

这个算计的逻辑错误在于，它假定后者对前者没有影响，赌台底对死坏账率没有影响。事实是，当在“会计感觉”上中介人的基本面收益因赌台底而提高的时候，金融面上的死坏账则因之有了更大幅度的提高；从增量的角度看，由赌台底带来的基本面收益的增量，远远小于因之造成的债务损失的增量。

理解以下两点，有助于深入一层理解这个得不偿失的制度创新的谬误所在。其一，在赌台底的勾当中，中介人赢是虚赢，输是实输。赢了，赢来的只是债权，只是小本上记着的“应收款”数字；输了，则要马上付钱给赌客。其二，在台面交易中，赌客借的泥码是实实在在地从中介人手里接过来的，债务关系是从真实的借贷活动中产生的。借债还钱，天经地义；欠债不还，于心不忍——人类道德天性中的这些因素在心理上是起作用的。而在赌台底下形成的中介人债权，感觉上是空对空形成的，债务人会觉得，我不还你，你也不失去什么。这个心理因素会大大增加讨债的难度。

结果，这个得不偿失的制度创新，不但没能缓解贵宾博彩业的困境，反而推着它在下坡路上滑得更快了。可以说，在导致贵宾博彩业最终崩盘的诸因素中，赌台底做出了最大的贡献。因赌台底而进一步绷紧了的债务链，又压迫着中介人进行了另一项“制度创新”——社会集资。与赌台底相比，这项制度创新已经没有什么智慧含量了。借新债还旧债，是世界上任何一种算错了大账而不觉得金融生意在自己的小账中艰难挣扎的典型手法，小到传销的老鼠会，大到华尔街的金融巨鳄，人类经济史上玩这一手的人不计其数。贵宾中介人生意本是放债的生意，当他自己的债权收不回来，生意做不下去而又不甘心就此罢手的时候，这种拆东补西的手法就登场了。

社会集资有三大弊病：其一，它推迟了贵宾厅体系发病的时间，

而加剧了它最终发病的烈度；其二，它把贵宾厅体系内的问题扩散到了全社会，使得每一个贵宾厅的关门多少都会转化成为社会性的债务事件；其三，社会集资复杂化了各个中介人的债务缠结，从而缩窄了他们生意进退的选择空间，许多人因为债务缠结想关门也关不了，甚至迫使有些人选择卷款跑路、一走了之。两年来，澳门贵宾博彩业中发生的卷款跑路一类的丑闻，与社会集资有着直接的关系。是这种糊涂账下的糊涂生意，导致了最终的破罐子破摔。试想，若是能像银行那样，项目利润率—贷款利息率—存款利息率，一环环算得清清楚楚，谁不愿意做安稳生意，老老实实地赚流水钱呢？

四、贵宾厅体系的现状和问题

在上一节中，我们分析了贵宾博彩业生存面临的严峻挑战，以及所谓的“制度创新”——赌台底和社会集资的弊端。除此以外，贵宾厅的运作亦有不少不合法律规范之处，政府对贵宾厅的监管也存在一些空白或漏洞①。

首先，第三方贵宾厅的法律基础比较薄弱。由于博彩经营权必须由澳门特别行政区政府授予，所以不允许博彩公司把部分博彩场所承包给他人经营。换言之，以承包经营为特点的第三方贵宾厅，实际上缺乏充分的法律支持。但在实践中，第三方贵宾厅“经营”博彩的特征是明显的。其一，多数贵宾厅属于“成数厅”，与博彩公司共享利润，共担风险。即使属于“佣金厅”，承包人也有经营风险，如果完不

① 参见王长斌《澳门博彩业中期检讨的几个问题》，载《港澳研究》2016 年第 1 期，第 57－58 页。

成定额，要支付违约金。而纯粹的博彩中介功能没有经营风险，如果博彩中介人不能带来客人，最多是不赚钱。其二，贵宾厅承包人有一个经营团队。贵宾厅内除了承包人外，还有承包人的合作伙伴、叠码仔（即真正为赌厅带来客人，并为客人提供交通、餐饮、娱乐服务人员）。其三，法律允许贵宾厅承包人从事博彩信贷，这让贵宾厅承包人的经营风险更加显著。澳门目前的法律从博彩中介人角度管理贵宾厅，要求贵宾厅承包人取得博彩中介人执照，而对于贵宾厅的经营资格未做特殊要求。贵宾厅承包人只要具备《澳门商法典》所称的“商业组织”特征，即可开设贵宾厅。这意味着属自然人的商业企业主、无限公司、两合公司、有限公司（包括一人有限公司）、股份有限公司都有资格开设贵宾厅。澳门对这些商业组织的资本要求都很低，自然人商业企业主、无限公司、两合公司没有注册资本要求，有限公司的最低资本仅为2.5万澳门元，股份有限公司的最低资本为100万澳门元。这些资本要求不足以使贵宾厅承担经营风险，从而不利于经济稳定及社会安定。对于贵宾厅的经营团队，澳门法律只是对贵宾厅承包人提出了资格要求。如贵宾厅承包任务的人，澳门法律称之为“博彩中介人的合作人”，还有账房、公关等辅助人员以及其他服务人[①]属自然人，则该人应当具备适当资格；如果贵宾厅承包人属公司，则持有5%及5%以上公司资本[②]的股东、公司董事及主要雇员应当具备适当资格。对于叠码仔，澳门法律只是要求贵宾厅承包人向澳门特别行政区政府递交一个与之合作的叠码仔的名单，及其无犯罪记录证明（俗称“行为纸”）。对于贵宾厅中的其他人，例如，承包人的合作伙伴、主

---

① 参见《娱乐场博彩或投注信贷法律制度》（第5/2004号法律）。

② 《订定从事娱乐场幸运博彩业中介业务的资格及规则》（第6/2002号行政法规）第8条、第9条。

管财务的经理人员等，政府则对此没有任何资格要求。

其次，第三方贵宾厅的操作存在不少不规范之处，主要表现在以下几个方面。一是贵宾厅存在普遍的吸收存款现象。贵宾客到澳门参与博彩活动，通常不带大量现金，而是向贵宾厅借贷，因此，贵宾厅营运需要大量的、充足的资金。有些贵宾厅自有资金不足，于是向赌客、亲朋甚至公众吸收存款。贵宾厅如果像金融机构那样运作，则属于非经许可接受存款，属于刑事犯罪[①]。贵宾厅存款的性质尚有争议，而大规模地吸收存款无疑容易造成社会不稳定。2014 年和 2015 年，澳门发生了著名的“黄山事件”和“多金事件”，两者都涉及贵宾厅人员卷款潜逃的问题，引起澳门社会不小的波动。二是叠码仔非法借贷。按照澳门《娱乐场博彩或投注信贷法律制度》的规定，只有承批公司、转承批公司或其管理公司和博彩中介人有资格向顾客提供博彩信贷。但在现实生活中，博彩中介人为了规避风险，许多情况下并不直接借贷给赌客，而是首先借贷给博彩中介人的合作人（叠码仔），然后由合作人向赌客提供博彩信贷。而由合作人向赌客提供博彩信贷，并不符合法律的规定，因此也不会受到司法的保护。三是电话投注。电话投注属于澳门博彩法律规定的互动博彩之一。澳门博彩法律明确规定，赌场不得经营任何形式的互动博彩。[②] 但是，因为 2003 SARS 的暴发，游客大幅减少，澳门赌场开始接受电话投注，澳门特别行政区政府予以默许，后来电话投注延续下来，成为澳门赌场普遍存在的现象。电话投注对于有效监管博彩业造成不小的困难。四是赌底面[③]。赌

① 参见王长斌《贵宾厅存款引发的法律与监管问题》，载《澳门日报》2015 年 9 月 30 日，第 D08 版。

② 《娱乐场幸运博彩法律制度》第 2 条、第 4 条。

③ 参见鲍勃《解析叠码仔的灰色收入——叠码仔的述说（4）》，载《九鼎》2010 年第 11 期。

底面是指赌客在法律许可的地方博彩的时候，利用博彩的结果同时与场外的非法庄家对赌。例如，如果赌客与场外庄家约定“一拖三”，则意味着赌客在场内赢100万澳门元，场外庄家还要再付给赌客200万澳门元；赌客在场内输100万澳门元，还要输给场外庄家200万澳门元。因为赌底面属于非法赌博，所以很难估计其规模，但澳门业界认为赌底面在贵宾厅是普遍的事情。之所以出现赌底面现象，其中一个重要的原因是叠码仔可以通过赌底面从场外庄家处拿到更多的佣金。赌底面的直接结果是造成正规赌场的博彩业收入减少，从而拖累政府的博彩税收减少。

最后，第三方贵宾厅的存在是造成过度借贷、澳门博彩业虚假繁荣的重要因素之一。众所周知，贵宾客在澳门博彩通常向贵宾厅借贷之后才上赌桌。如果赌客赢钱，贵宾厅需要即刻将其所赢的钱存到其账户上；如果输钱，则一般是推后一段时间到赌客的原住地结账。但是，赌客赌输之后，贵宾厅要先拿出钱来将赌客输的钱交到赌场，赌场把其中接近40%作为博彩特别税缴给澳门特别行政区政府。所以，贵宾厅交给赌场的以及贷给赌客的都是真金白银，而赢的钱至少在一段时间内只是一个数字，因为收账需要时间。如果账不能按期收回，则会变成坏账呆账。这种运作模式，吹起了澳门博彩业收入的泡沫，当资金链断接的时候，造成博彩业收入锐减，给博彩业市场造成了不稳定，给澳门特别行政区政府决策带来了虚假信息。

贵宾厅体系是澳门博彩业的一项独特制度，为澳门带来了巨额的博彩业收入。但是，其造成的问题也不容忽视。怎样才能把贵宾厅的各色人等纳入政府管理的视野？怎样约束贵宾厅信贷，使其不至于过度以致产生泡沫？如何在发挥贵宾厅效能的基础上，把贵宾厅打造成一个透明度较高的、健康的经营实体？澳门以管理中介人的手段管理

贵宾厅，对于具有相当程度的经营性质的贵宾厅而言，是否足够？对于这些问题，澳门应当进行深刻的检讨，并采取有效的措施。

对第三方贵宾厅的监管，确实是比较大的难题。它们只是租借博彩场所，不必大量投入资本兴建赌场，即使因为违法而被取消经营资格，损失也不大。换言之，它们的违法成本很低。而公司贵宾厅则不然，如果违法，整个公司的经营权将受到影响，违法成本很高①。因此，如果将来不再限制博彩公司的数量，建议澳门特别行政区政府采取釜底抽薪之策，完全禁止第三方贵宾厅，只允许公司贵宾厅存在，让目前有实力的第三方贵宾厅去经营赌场。否则，如果长期放任目前贵宾厅的不规范行为，有可能对澳门博彩业造成毁灭性的打击。

第二节　澳门博彩借贷衍生问题

历经一百多年的历史发展，博彩业在澳门已经成为一种维系社会经济发展的支柱产业，其重要性不言而喻②。同时，根据《中华人民共和国澳门特别行政区基本法》（以下简称《澳门基本法》）第118条的规定，澳门特别行政区有权根据本地整体利益自行制定旅游娱乐业的政策，博彩业的合法性已得到澳门特别行政区法律的全面保障。由于澳门基本法同时也是中华人民共和国法律体系的组成部分，中国内地亦应承认并尊重博彩业在澳门的合法地位。

澳门博彩债务是博彩者在澳门参与博彩的过程中因违反筹码买卖

---

① 参见王长斌《澳门博彩业中期检讨的几个问题》，载《港澳研究》2016年第1期，第58页。

② 参见钟坚、朱敏《澳门博彩业发展的历史考察与成效分析》，载《深圳大学学报（人文社会科学版）》2005年第4期，第11页。

合同和博彩信贷合同而应承担的金钱偿还义务。对博彩债务的司法追偿是内地、澳门司法合作的重要内容。从逻辑上来说，既然中国内地承认并尊重博彩业在澳门的合法性，就应保障相关博彩债务在内地能够得到适当而有效的司法追偿，而不论债务人是内地居民还是澳门居民。然而，从目前来看，澳门博彩债务在内地的司法追偿还存在很多障碍。这些障碍如果长期得不到有效化解，必将为内地、澳门的司法协作和社会经济发展带来消极影响。本节深入分析澳门博彩债务的内涵和法律性质，并着重讨论澳门博彩债务在内地的追偿问题。

一、澳门博彩债务的内涵和性质[①]

关于澳门的博彩债务，内地与澳门学界并无权威而统一的认识。内地学者大多习惯于将其与赌债混为一谈，从而认为澳门博彩债务不具有司法追偿的可能性。即便在澳门本土，也有不少学者将博彩债务与赌债混为一谈，其不同于内地学者之处在于把赌债分为法定赌债和自然赌债，并把博彩债务归于法定赌债之中，从而认为博彩债务较之于自然赌债“具有完全的法律效力”或“可以通过司法途径予以追讨”[②]。我们应看到博彩债务与赌债之间的一些差异，以澳门的现行法律为依据界定和理解博彩债务。

---

① 参见刘晓兵《澳门博彩债务在内地的司法追偿研究》，载《首都师范大学学报（社会科学版）》2015 年第 3 期，第 56 页。

② 参见王长斌《澳门赌债在大中华地区的追偿》，载《澳门法学》2011 年第 3 期，第 23 页；杨浩然《浅论澳门赌债与自然债务的关系》，载《澳门理工学报（中文版）》2004 年第 4 期，第 8 页。

（一）澳门博彩债务产生的法律环境及其内涵

从澳门的本土现实来看，博彩业在澳门的合法存在已有一百多年的历史，因博彩而产生的债权或债务一直受到澳门法律强有力的保护。从澳门的现行法律体系来看，除合同法承认博彩债务的合法性之外，还有两部法律——《娱乐场博彩或投注信贷法律制度》（第5/2004号法律）和《娱乐场幸运博彩经营法律制度》（第16/2001号法律）对博彩债务做了专门规定。根据澳门合同法和上述两部法律，博彩合同广泛地涵盖筹码买卖合同、博彩借贷合同以及博彩投注合同。三种博彩合同对应三种法律关系，即博彩者与筹码销售者之间的买卖关系、博彩者与博彩信贷实体之间的信贷关系以及博彩者与娱乐场经营者之间的投注关系。

在上述各方合同主体中，博彩者是在澳门娱乐场参与幸运博彩活动的自然人；筹码销售者是有权向博彩者销售筹码的娱乐场经营者或从娱乐场经营者取得筹码销售代理权的博彩管理人；博彩信贷实体是依法为博彩者提供借贷资金的娱乐场经营者、博彩管理人以及博彩中介人。根据《娱乐场幸运博彩经营法律制度》的规定，娱乐场经营者是指澳门特别行政区政府特许或批准的博彩公司或其委托的博彩管理人。澳门特别行政区政府特许或批准的博彩公司包括“承批人”和“获转批给人”。承批人是从澳门特别行政区政府获得特许、具有娱乐场独立经营资质的博彩公司。获转批给人是经过澳门特别行政区政府许可、经承批人转批而获得娱乐场经营资质的博彩公司。博彩管理人是接受上述博彩公司委托，代为管理博彩事务的法人。博彩中介人是为博彩者和上述博彩公司提供缔约机会和相关便利的法人。

在上述三种博彩合同法律关系中，投注具有强烈的即时交易性：

如果博彩者投注赢了，娱乐场经营者即向其给付相应的射幸利益，即代表一定数额金钱的筹码；如果博彩者投注输了，筹码即归娱乐场经营者所有，博彩者失去该筹码所代表的一定数额的金钱。显然，投注的即时交易性决定其不可能产生博彩债务。与投注合同关系不同，筹码买卖和博彩信贷不一定采取即时交易的方式，因而二者皆可导致博彩债务问题。同时，从理论上而言，各方博彩合同主体都有可能成为博彩合同的债务人。但从现实情况来看，欠债不还往往是内地、澳门的博彩者，其中，尤以内地博彩者居多。这些博彩者在澳门欠下巨额博彩债务以后，以各种方式逃到内地，利用内地、澳门的法律差异逃避博彩债务。

因此，可以认为，澳门博彩债务就是博彩者在澳门参与博彩过程中因违反筹码买卖合同和博彩信贷合同而应承担的金钱偿还义务。

（二）澳门博彩债务产生的情景分析及其性质

筹码买卖合同以筹码为买卖标的。筹码代表一定数额的金钱，在娱乐场内可以作为一般等价物，除用于博彩投注之外，还可以用于其他消费。博彩者与筹码销售者之间的筹码买卖通常也采取即时交易的方式，买卖双方一手交钱，一手交码，故在现实中一般也不会形成债务，除非存在以下两种情况：一是筹码销售者愿意向博彩者赊销筹码。如果博彩者事后不向筹码销售者偿付筹码赊购款项，即可产生债务。二是博彩者向他人借款，并用所借款项购买筹码。如果博彩者事后不向他人偿付借款，也可产生债务。对于上述两种债务，在澳门的司法实践中一般依《澳门民法典》第五章第 1070 条之消费借款关系处理，在性质上属于合法的博彩债务。不过，根据该法典第 1073 条的规定，如若上述借款约定之利息高于法定利息之 3 倍，则按暴利处理，可予

撤销或变更。

澳门的博彩债务更多地产生于博彩信贷合同中。如果博彩者在娱乐场以现金或其他现款为限参与博彩，无论如何不会产生博彩债务问题。但是，如果博彩者向法定博彩信贷实体、其他信贷机构或自然人借贷博彩，即可产生博彩债务问题。根据澳门《娱乐场博彩或投注信贷法律制度》第3条第6款以及第5条第3款的规定，与博彩者之间的法定博彩信贷关系仅限于以下三种：一是作为法定信贷实体的某一承批人或获转批给人与博彩者之间，二是作为法定信贷实体的某一博彩管理人与博彩者之间，三是作为法定信贷实体的某一博彩中介人与博彩者之间。同时，为了确保博彩信贷业务不致泛滥、失控，澳门《娱乐场所博彩或投注信贷法律制度》第5条第1、第2款规定，上述法定信贷实体不得通过他人或其他实体从事信贷业务，旨在将信贷实体的特许资格以任何形式或任何名义移转予第三人的行为或合同，均属无效。也就是说，在这种情况下，由此产生的博彩债务不再具有法定之债的性质，其与上述信贷实体在暂停信贷资格期间或终止信贷资格之后因违法发放博彩信贷而产生的债务一样，只能成为自然之债。至于在上述法定博彩信贷实体之外由其他信贷机构（以地下钱庄居多）或自然人向博彩者提供的博彩借贷，鉴于其未获法律许可，亦只能成为自然之债。

由此可见，澳门的博彩债务是一种法定债务，其在性质上与形成于博彩过程中的自然债务具有显著的不同。从主体上来看，博彩债务只能发生在法定主体之间，即博彩者与筹码销售者之间或博彩者与法定博彩信贷实体之间。在上述法定博彩合同主体之外，发生在博彩者与娱乐场掮客（即澳门俗称的叠码仔）、娱乐场工作人员（娱乐场管理人员、娱乐场服务人员）、地下钱庄或其他自然人、法人之间的债务，即便与娱乐场幸运博彩有关，由于其没有得到法律的许可，在性质上只能属于自然债务，一旦博彩者无力偿还债务，不能通过司法途径予以追偿。从形式上来看，博彩债务需要符合一定的法定形式要件的要求。根据《娱乐场幸运博彩经营法律制度》第30条的规定，筹码买卖合同的双方应当签订码单。该码单不仅是筹码买卖双方合同成立的凭证，而且是税务部门的稽查依据。根据澳门《娱乐场所博彩或投注信贷法律制度》第8条的规定，博彩信贷的合同必须采用书面方式订立。在合同订立后，相关法定信贷实体须于15日内将合同的其中一份正本及合同的所有补充文件的副本送交博彩监察协调局备案。显然，欠缺书面形式或未能满足法定合同要求的筹码买卖合同或博彩信贷合同，其效力必将受到影响。如因合同无效或部分无效而产生债务，此类债务只能归为自然债务，不能通过司法途径予以追偿。

澳门的博彩债务在性质上也明显不同于赌债，二者的区别至少表现在以下三个方面[①]：其一，产生的法律关系不同。在澳门地区进行博彩活动的过程中，通常会产生三种法律关系，分别是博彩者与娱乐场经营者之间的投注关系、博彩者与筹码销售者之间的买卖关系和博彩者与博彩信贷实体之间的信贷关系。在本节中，笔者所阐述的博彩债务仅仅是指博彩者因违反信贷合同而产生的债务，而赌债涉及的仅仅是投注阶段所产生的关系。其二，产生的来源不同。因博彩而衍生之债务的是由于批给人、转批给人和中介人借予博彩者现金或者筹码用于博彩活动而产生的。在澳门地区的合法的赌债则是产生于批给人或转批给人和中介人与博彩者之间的投注阶段。当博彩者赢了，那么前者欠后者债务；当博彩者输了，那么后者欠前者债务。这两种情形属

① 参见卢颂馨《中国内地对于澳门地区因博彩而衍生之债务的追偿问题研究》，载《法治社会》2017年第6期，第25页。

于赌债。其三，适用的法律不同。因博彩而衍生的债务适用于澳门特别行政区政府与博彩相关法律制度，包括《娱乐场幸运博彩经营法律制度》（第16/2001号法律）和《娱乐场博彩或投注信贷法律制度》（第5/2004号法律）两部法律。我们所要讨论的澳门地区因博彩而衍生之债务到这两部法律的认可，并被认为是一种合法的娱乐行为，故由此产生的债务是法定之债。而赌债则适用源于借贷合同的法律规定，也即《澳门民法典》第1171条第1款关于赌博或打赌的规定。

从以上分析中可以看出，澳门博彩债务较之于赌债或其他形成于博彩环节的自然债务均有本质的不同。虽然本节提及的博彩债务在澳门地区是法定之债，然而，在中国内地的定性则是自然之债。自然债务是一种不完全之债务。自然债务与法定债务最大的区别在于前者指在债务人不履行债务时，不能通过司法的强制途径执行，后者则可以通过司法的强制途径执行。这就意味着，无论是澳门传统意义的“赌债”，还是博彩债务，在中国内地都是无法得到追偿的。

二、澳门博彩债务在香港、台湾和内地的司法追偿现状

（一）澳门博彩债务在香港的司法追偿现状

根据1977年颁布的《赌博条例》规定，香港地区是不允许非法赌博的。在香港地区开设赌场进行经营性赌博同样是违法的，其所产生的债务属于违法债务，法律不予支持①。而针对澳门地区因博彩而衍生

① 香港《赌博条例》第5条。

之债务问题，香港地区的法院在审理时主要遵循以下方法.

因为借贷合同是在澳门地区发生的，所以香港地区的法院需要首先确定适用于该案的适当的法律。根据香港的冲突法原则，在确定适当法律的时候，要先看合同的明文条款，看看可否找到意向表示。如果找不到，下一个步骤是考虑当事人的行为，看看可否从行为推定他们是否就适当法律采纳任何意见。如果这个调查也找不出什么，那么便到了第三个阶段，考虑什么法律与交易的关系是最密切及真实的，法院应当适用与交易关系最密切及真实的法律①。通过一步一步地选择，最终香港地区的法院应将澳门地区的法律确定为适当法律。值得注意的是，由于在对域外赌债的审理时，香港遵循的是英国普通法原则的法律传统，也即是说香港地区的法院对一个准据法适用外国法的合同根据该法确认该合同是合法有效时，香港法院就应当根据该合同订立的准据法对案件进行审理，该合同在香港就应当得到强制执行。

在具体的司法过程中，香港地区的法院也以澳门地区的法律作为准据法审理澳门地区因博彩而衍生之债务的案件，对于债务人以公共秩序保留为抗辩理由不予采信，对于债权人的司法追偿予以支持。

（二）澳门博彩债务在台湾的司法追偿现状

台湾地区对澳门博彩债务的司法追偿态度是经历了一个转变的过程的②。

早期，台湾地区的法院“认为因赌博违反‘公共秩序，善良风俗’被认定不必还”。后来，在台湾地区的“最高法院”1995 年度第 2534

① 参见何美欢《香港合同法》，三联书店（香港）有限公司 1999 年版，第 623 页。

② 参见卢颂馨《中国内地对于澳门地区因博彩而衍生之债务的追偿问题研究》，载《法治社会》2017 年第 6 期，第 30 页。

号的判决中，法官又对“善良风俗”做出解释，认为“……系争外国法院之判决命上诉人就债务不履行及侵权行为负损害赔偿责任，给付被上诉人赔偿金额，其内容并无何违背我国公共秩序或善良风俗”。

后来，在台湾地区的“最高法院”的判决中，法官认为，纵使台湾在法律原则上不承认赌博债权，亦不影响在外国依当地法律合法所生之债权关系。其理由在于，“涉外民事法律适用法”对外国法律适用限制的规定，仅以适用之“结果”有悖于台湾公序良俗者为限，并非以外国法本身之规定作为评价对象。如果适用外国法律的结果，并不因此使在台湾境内之赌博行为合法化，就不违台湾之公序良俗。

综上可见，从香港地区和台湾地区的立法与实践来分析，澳门博彩债务在中国内地进行追偿是有一定的可行性的。

（三）澳门博彩债务在内地的司法追偿现状

中国内地对于与赌博相关债务的态度是非常谨慎和严厉的。根据《中华人民共和国刑法》第 303 条（赌博罪；开设赌场罪）的规定，以营利为目的，开设赌场或聚众赌博或以赌博为业的行为将可能被处以有期徒刑、拘役或者管制，并处罚金。根据《中华人民共和国治安管理处罚法》第 70 条关于赌博的规定，以营利为目的为赌博提供条件的或者参与赌博赌资较大的，处 5 日以下拘留或者 500 澳门元以下罚款；如果情节严重的将被处 10 日以上 15 日以下拘留并处 500 澳门元以上 3000 澳门元以下罚款。根据公安部下发的《关于办理赌博违法案件适用法律若干问题的通知》（公通字〔2005〕30 号）的规定，赌博在内地属于非法的行为，因此，赌债是不能得到承认的。即使是两人相互间的赌博债权转让也不例外。根据《中华人民共和国最高人民法院关于人民法院审理借贷案件的若干意见》第 11 条的规定，如果出借人明知借款人是为了进行非法活动而借款的情况，其借贷关系是不予保护的。对双方的违法借贷行为，可按照《中华人民共和国民法通则》第134条第3款及《关于贯彻执行〈中华人民共和国民法通则〉若干问题的意见（试行）》第163条、第164条的规定予以制裁。

在《江苏省高级人民法院公报》（2011年第5辑，总第17辑）案例裁判摘要中，法官在张祥洪因受让澳门赌博债权诉张洪债务纠纷一案的判决中表明了立场，认为澳门赌博债权不受内地法律保护，并对此进行了说明，认为赌博是我国法律明令禁止的行为，严重侵害了社会公共利益，涉及赌博的债权严重影响了家庭、社会利益，法院应当以“适用外国法律或者国际惯例不得违背中华人民共和国社会利益”的规定拒绝适用澳门地区法律，同样应当判定此类债权无效。

另外，法官还对在中国内地以“民间借贷”受让澳门赌博债权或赌博借款债权的主张予以不支持的判决，并对此进行解释：“在大陆地区受让人以‘民间借贷’形式主张受让的澳门赌博债权或赌博借款债权不符合有效债权转让行为的条件，理由如下：首先，受让债权不合法，赌博债权在澳门虽为合法，但是违背了大陆地区社会公共利益，不受大陆法律保护，属于非法债权；其次，以‘民间借贷’主张受让的赌博债权或赌博借款是两种不同性质的债权。”[①]

《澳门日报》的报道中，2013年“永利（澳门）”与“威尼斯人”这两家澳门博彩公司涉及内地博彩者的博彩债务追偿案例至少有3件，涉及资金数千万港元[②]。需要说明的是，在内地追偿的澳门博彩债务的债务人并非都是内地居民，其中也有可能包括故意利用两地法律差异

① 参见卢颂馨《中国内地对于澳门地区因博彩而衍生之债务的追偿问题研究》，载《法治社会》2017年第6期，第26页。

② 参见《澳门日报》2013年9月30日报道：“永利入禀港高院追内地赌债”。

规避博彩债务的澳门居民。根据身处内地的博彩者的居民身份的不同，涉及澳门博彩债务追偿的案件在总体上可以分为以下两种情况，二者在追偿方式上稍有区别。

其一，如果债务人是澳门人但为逃避博彩债务而逃到内地，澳门博彩债务的债权人（博彩公司、博彩管理人或博彩中介人）通常会选择在澳门本地提起诉讼，但也有债权人出于一定原因而选择向内地法院提起追偿之诉。对于此类博彩债务追偿案件，由于博彩行为发生于澳门，双方当事人也是澳门居民，内地法院一般依据澳门法律进行审理，并且一般不会考虑适用公共秩序保留原则。

其二，如果债务人是内地人且为逃避博彩债务之目的逃到内地，澳门博彩债务的债权人（博彩公司、博彩管理人或博彩中介人）一般会选择在澳门本地提起诉讼，而较少选择向内地法院提起诉讼。这是因为，博彩在澳门特别行政区政府属于合法行为，博彩债务在澳门为法定债务，债权人在澳门法院提起诉讼更可能胜诉。如果债务人败诉却拒不偿还债务，博彩公司可以直接向澳门法院申请执行债务人在澳门的资产；如果债务人虽在澳门没有财产但在内地存有财产，债权人在胜诉之后仍然可以通过司法协助途径请求内地法院执行债务人在内地的财产。

为了防止博彩者利用内地和澳门的法律差异逃避博彩债务并提高在内地以诉讼方式追偿博彩债务的可操作性，澳门博彩债务的债权人（博彩公司、博彩管理人或博彩中介人）在向博彩者发放借款或借贷时，也会预先采取一定形式的保障措施。其中，常见的保障措施主要有三种：一是博彩公司或其委托的博彩管理人向博彩者赊销筹码时，在签订码单之外再签订一份借款合同，记载博彩者从娱乐场赊购筹码的等值金额，以备日后向赖债博彩者追偿；二是由博彩者开具空头支票，一旦博彩者逃避博彩债务，作为债权人的澳门博彩公司、博彩管理人或博彩中介人即可向出票银行追偿；三是由博彩公司以商业借贷的形式与博彩者签订协议，并在其中约定关于诉讼或仲裁以及准据法的条款。①

第一种做法由于掩盖了合同的真实内容，一旦债务人提出抗辩，合同很难得到内地法院的认可；第二种做法对于追偿博彩债务最为有效，但内地银行开出空头支票的可能性不大；第三种做法在内地也不能增加博彩债务的可追偿性，一旦内地法院经查明合同的真实目的，完全可以根据《中华人民共和国合同法》第52条和《中华人民共和国民法通则》第58条的规定，判定相关条款无效。

综上所述，从内地和澳门相关媒体的报道来看，近年来，作为债权人的澳门博彩公司、博彩管理人或博彩中介人在内地通过司法途径追偿博彩债务的实际效果并不理想。

三、澳门博彩债务在内地司法追偿的问题

在内地通过司法途径追偿博彩债务可能遇到三个方面的问题②：一是债务人资信方面的原因。有些博彩者在主观上并无逃避博彩债务的恶意，而是因为其自身确无可供清偿博彩债务的资产和信用。对于此类债务人而言，债权人即使提起博彩债务追偿之诉，也没有实际意义。二是债务人主观意愿方面的原因。许多博彩者并非没有清偿博彩债务

① 参见刘晓兵《澳门博彩债务在内地的司法追偿研究》，载《首都师范大学学报（社会科学版）》2015年第3期，第61页。

② 参见刘晓兵《澳门博彩债务在内地的司法追偿研究》，载《首都师范大学学报（社会科学版）》2015年第3期，第61页。

的足额财产，而是因为在主观上具有拒不偿还博彩债务的恶意。此类债务人既有内地居民，也有澳门居民，但绝大多数是内地居民。正是在这种主观恶意的驱使下，债务人转移、藏匿财产，为澳门博彩债务在内地的司法追偿带来很大困难。三是内地法院在审理或执行此类案件时秉持之司法观念方面的原因。如前所述，博彩和赌博在中国内地往往被混为一谈，许多司法人员也认为澳门的博彩行为与赌博行为无异。在这种情况下，一旦澳门博彩债务的债权人将博彩债务案件诉诸内地法院，内地法院即便不按《中华人民共和国治安管理处罚法》第70条或《中华人民共和国刑法》第303条的规定加以处理，也难免不适当地根据传统司法理念适用内地法律或在此类案件的执行中适用公共秩序保留的原则。

目前，通过司法途径进行追偿的问题非常棘手，其症结在于对此债务的法律定性所引起的准据法适用问题和公共秩序保留原则两个方面：一方面，由于因博彩而衍生之债务与传统意义上的赌债是有所区别的，因此，并不能以其违反公共秩序保留原则为由对此合法性进行否定；另一方面，由于其符合根据《中华人民共和国宪法》而制定的《澳门基本法》的法律基础，因此，承认该债务并不影响中国内地的法律权威。以下分别从法律适用和公共秩序保留的角度深入分析司法追偿面临的困难。

（一）法律适用问题

一般来说，澳门博彩债务在内地的追偿诉讼主要表现为作为债权人的澳门博彩公司、博彩管理人以及博彩中介人在内地法院对离开澳门的内地博彩者提起的博彩债务追偿诉讼。如果债务人是澳门居民，即便其因躲避债务逃到内地，澳门的博彩信贷实体一般也不会选择在内地法院起诉，这样既不经济也不方便，不如在澳门拿到债务清偿判决书之后再向内地法院申请执行。至于内地法院近年来审理的其他许多博彩债务纠纷案件，由于诉讼双方均为内地居民且不涉及本节所指的跨境追偿问题，故不属于我们探讨的范围。

澳门博彩债务的债权人在内地法院对离开澳门的内地博彩者提起的博彩债务追偿诉讼主要存在两种类型：一是由澳门博彩债务的债权人直接向内地法院对内地博彩者提起的博彩债务追偿诉讼。大多数澳门博彩债务追偿诉讼都属于这一类型。二是由澳门博彩债务的债权人间接向内地法院对内地博彩者提起的博彩债务追偿诉讼。这种博彩债务追偿诉讼比较复杂，其表现形式各不相同，比较常见的形式是委托式诉讼和转移式诉讼。委托式诉讼也就是由澳门博彩债务的债权人委托内地的自然人、法人代其向内地博彩者提起诉讼。转移式诉讼也就是由澳门博彩债务的债权人将相关债权以真实交易形式转让给第三方，并由该第三方对内地博彩者提起博彩债务追偿诉讼。此外，实践中也有澳门博彩债务的债权人以表面合法的合同形式将相关债权转让给内地第三方，由该第三方代其向身处内地的债务人提起追偿之诉。从表面来看，这种追偿方式也是一种转移式诉讼，其区别在于债权人与该第三人之间不存在真实交易。

从现有的公开报道来看，内地法院在处理此类案件时无一例外地选择适用内地法律，其中，绝大多数以判决驳回诉讼请求方式结案。事实上，内地法院如此处理此类案件并非没有法律依据，因为根据区际私法中的法院地法原则，受理案件的内地法院当然可以适用内地法而不适用澳门法。同时，涉入澳门博彩债务纠纷的被告人属于内地居民，被告人所在地的内地法院同样具有管辖权。正因为如此，人们已经习惯于内地法院在此类案件中适用内地法律进行审理，而内地法院

也习惯于认为在此类案件中适用内地法律实属理所当然。然而，适用内地法律审理此类案件是非常值得商榷的。一方面，为了在最大程度上实现区际私法的公正和客观，法官在区际私法领域应当更多地根据最密切联系原则选择行为地法而不是法院地法①。据此，内地法院在此类案件中适用澳门法更为适宜。另一方面，在内地对澳门博彩债务进行司法追偿的确是一个非常复杂的问题，一味适用内地法律将不可避免地带来消极后果。其中，最为直接的消极后果就是在实质上否定澳门博彩债务的合法性及其在内地诉讼中的可追偿性，从而导致“内地博彩者赢钱可以堂而皇之地带走，输钱可以跑回内地躲债”的不公平局面。不仅如此，这种不公平局面还容易刺激内地博彩者的投机心理，使内地居民非理性地涌入澳门参与博彩。相反，如果适用澳门法律，则可以避免这个问题。然而，尽管如此，内地法院对适用澳门法仍然存有极大的误解和疑虑，主要表现为两个方面：一是赴澳门博彩会不会冲击内地的公序良俗，二是适用澳门法会不会影响内地的司法权威。

关于赴澳门博彩会不会冲击内地公序良俗的问题，应当更多地从法律意义上而不是从道德意义上进行理解。之所以如此，是因为从道德意义上评价赴澳门博彩这种行为的确缺乏明确而统一的价值标准，而从法律意义上评价赴澳门博彩则具有较强的可操作性。根据2005年5月25日公安部下发的《关于办理赌博违法案件适用法律若干问题的通知》（公通字〔2005〕30号）（以下简称《通知》），除非存在《通知》规定的两种特殊情况，内地居民赴澳门赌博不属违法行为②。

---

① 参见王刚《论国际私法中的法院地法原则》，载《法制与社会》2007年第7期，第11页。

② 根据该通知，有两种特殊情况：一种是在中华人民共和国境内通过计算机网络、电话、手机短信等方式参与境外赌场赌博活动的；另一种是中国公民到境外赌场赌博，但赌博输赢结算地在境内的。

2013年4月11日，针对网友提出的有关“内地居民到澳门赌博是否违法”的问题，公安部专门授权“人民网”发布对网友留言的公开回应，重申内地居民赴澳门赌博原则上不属于违法行为。显然，公安部《通知》中以及网友所提问题中涉及的“赌博”实为“博彩”之义。那么，根据上述《通知》和回应的精神，赴澳门博彩既不违法，也不受到禁止，如果断定它冲击内地的公序良俗，就显然陷入“道德审判”的误区了。那么，适用澳门法会不会影响内地司法权威的问题呢？笔者认为，这更是一种不必要的担忧。一方面，只有公平而合理地依据区域冲突规则审理有关案件，才能赢得司法权威，否则必然损害司法权威；另一方面，虽然澳门与内地的法律各成体系，但二者的源头或根本是共同的，那就是《中华人民共和国宪法》。也就是说，澳门特别行政区法律制度的基础是《澳门基本法》，而《澳门基本法》本来就是中华人民共和国法律，在性质上属于宪法性文件，而且位阶高于内地的《中华人民共和国合同法》和《中华人民共和国民法通则》。既然《澳门基本法》确认澳门特别行政区可以根据本地整体利益自行制定旅游娱乐业的政策，内地法院适用澳门法律不存在影响内地司法权威的问题。相反，只有内地法院在澳门博彩债务追偿问题上坚持区际法律适用原则，抛弃那种狭隘的地域保护主义，才能赢得真正的司法权威。

综观内地法院在澳门博彩债务追偿诉讼中的法律选择，一个共同的问题是没有摆脱传统的司法观念，更没有从《澳门基本法》的角度去考虑问题。毫无疑问，根据《澳门基本法》第118条的规定，澳门特别行政区有权根据本地整体利益自行制定旅游娱乐业的政策。这是以中华人民共和国法律的形式承认澳门发展博彩业的合法性。

然而，在两地法律承认澳门博彩业合法的情况下，内地法院却未

能在实际司法过程中支持澳门博彩债务的合法性，这无论如何是值得反思的。内地法院在澳门博彩债务的诉讼追偿问题上如何从根本上转变司法观念，即放弃传统的内地法律本位主义，根据最密切联系原则选择澳门法律审理此类案件，以支持澳门博彩债务的债权人行使博彩债务追偿权，是一个亟待解决的问题。

（二）公共秩序保留问题[①]

在审理涉及博彩的案件时，内地的法院通常会使用公共秩序保留原则作为对由此产生的涉外民事案件或承认与执行澳门法院的判决不予支持的理由。根据《中华人民共和国涉外民事关系法律适用法》第5条的规定，当适用外国法律会损害中华人民共和国社会公共利益时，应当选择适用中华人民共和国法律。根据最高人民法院《关于审理涉外民事或商事合同纠纷案件法律使用若干问题的规定》第7条的规定，当适用外国法律会违反中华人民共和国社会公共利益时，应当适用中华人民共和国法律。内地的法院往往会援引这两条规定对澳门地区的法律进行排除，最终选择中华人民共和国法律作为准据法。这两条规定实际上体现的就是公共秩序保留原则。

公共秩序保留原则（Reservation of Public Order）是国际私法中的一项基本原则，起源于意大利学者巴托鲁斯提出的法则区别说，当时将之称为“令人厌恶的法则”。直到17世纪，荷兰学者胡伯提出的“三原则”才明确树立公共秩序的概念。他认为，一国根据“国际礼让原则”，可以让其他国家的法律在自己域内产生效力，但是必须是在

---

① 参见卢颂馨《中国内地对于澳门地区因博彩而衍生之债务的追偿问题研究》，载《法治社会》2017年第6期，第25页。

不损害国家的主权及公司利益的前提下的。德国的萨维尼和意大利的孟西尼等法学家也曾对公共秩序进行阐述。对公共秩序最为完整的描述，笔者认同黄进和郭华成在《澳门国际私法总论》中的表述，即公共秩序是指一个国家在特定时期内、特定条件下和特定问题上的重大或根本利益的所在，其可能表现为法律的基本原则以及注入宪法、刑法、警察与公共治安法、财政法和税法之类的强行法①。

具体到澳门地区因博彩而衍生之债务的追偿问题上，内地提出的公共秩序保留原则分别体现在两个方面：一是诉讼程序中的公共秩序保留问题。中国内地居民在澳门地区进行博彩活动，由于赌输欠博彩债务被债权人在中国内地的法院起诉，中国内地的法院在受理案件时，通常以公共秩序保留为由，判决驳回原告起诉，或者以公共秩序保留为由，选择适用内地法律加以审理。二是执行程序中的公共秩序保留问题。中国内地居民在澳门进行博彩活动而被债权人在澳门地区的法院进行起诉，澳门地区法院判决内地居民败诉并通过合法途径将诉讼文书送达被告时，中国内地的法院往往以公共秩序保留为由拒绝协助执行。②

但是，根据2001年最高人民法院《关于内地与澳门特别行政区法院对民商事案件相互委托送达司法文书及调取证据的安排》第8条的规定，受委托方法院收到委托书后，不得以其本辖区法律规定对委托方法院审理的该民商事案件享有专属管辖权或不承认对该请求事项提起诉讼的权利为由，从而不予执行受托事项。此条的第2款还对此进行了详细的说明，其中提到，如果内地人民法院认为在内地执行该受

① 参见黄进、郭华成《澳门国际私法总论》，澳门基金会1997年版，第19页。

② 参见刘晓兵《澳门博彩债务在内地的司法追偿研究》，载《首都师范大学学报（社会科学版）》2015年第3期，第64页。

托事项将违反其基本法律原则或社会公共利益，或者澳门特别行政区法院认为在澳门特别行政区执行该受托事项将违反其基本法律原则或公共秩序的，受委托方法院可以不予执行受托事项，但应当及时向委托方法院书面说明不予执行的原因。根据2006年《内地与澳门特别行政区关于相互认可和执行民商事判决的安排》第11条的规定，“被请求方法院经审查核实存在下列情形之一的，可以裁定不予认可：……（六）在内地认可和执行判决将违反内地法律的基本原则或者社会公共利益；在澳门特别行政区认可和执行判决将违反澳门特别行政区法律的基本原则或者公共秩序”。但是，在司法实践中，内地法院通常是将澳门因博彩而衍生之债务的申请执行认定为违反内地的法律基本原则或社会公共利益的。可见，公共秩序原则贯穿于跨两地的法律文件和司法实践中。

内地在澳门博彩债务追偿问题上适用公共秩序保留原则同样值得商榷。一方面，从最终效果上来说，对此类案件适用公共秩序保留原则与适用内地法律进行审理并无实质不同，既不利于维护债权人的合法权益，也容易助长债务人的投机心理；另一方面，在此类案件中适用公共秩序保留原则的合理性也是值得怀疑的。首先，这种公共秩序保留没有注意到澳门博彩债务的合法性。如前所述，澳门博彩债务较之一般的赌债或自然债务具有本质差异，但内地法院并未看到这种差异，而是把它们混为一谈，然后不加区别地适用公共秩序保留原则。其次，这种公共秩序保留没有注意到澳门博彩债务的商业性。如前所述，博彩业在澳门主要是一种商业性的旅游项目，博彩者在澳门参与博彩的目的并非为了获得不当利益，而是为了旅游、娱乐和消遣。博彩债务就是在这一过程中由博彩借贷关系或筹码买卖关系转化而来的，它没有也不可能对内地的道德观念、公序良俗和法律制度造成实质冲击。因此，对博彩债务这样的商业纠纷完全不必适用公共秩序保留原则[①]。最后，这种公共秩序保留也不符合当前的国际潮流。人们对待博彩和博彩债务的态度与当地的传统观念具有密切联系，但人们的观念是随着社会政治、经济和文化的发展而不断变化的。如今，即使在传统的大陆法系国家，也在一定程度上允许博彩的存在并为之提供法律保障，把博彩债务与一般的赌债或自然债务区别对待，承认其在司法执行中的可追偿性。在这种情况下，如果继续渲染在澳门这样一个地区的合法博彩以及博彩债务的非道德性，并将其与内地的重大利益、基本政策、道德的基本观念或法律的基本原则联系起来，的确不合时宜。

当然，要想使内地在当前完全放弃对澳门博彩债务适用公共秩序保留原则，的确是不现实的。但是，即便不能完全放弃，对其予以一定的限制应该是可行的。在这个方面，中国台湾地区的做法是值得借鉴的。如果债务人从澳门逃到台湾躲避博彩债务，债权人完全可以在澳门法院起诉，待胜诉后，持澳门法院的生效判决向有管辖权的台湾法院申请强制执行。只要该强制执行申请被台湾法院以判决形式予以确认，即可对债务人启动强制执行程序。因为台湾地区并不认为在澳门发生的合法博彩债务违反台湾的公共秩序或善良风俗，所以澳门法院的判决得到台湾法院的承认应当是没有问题的。

在关于澳门博彩债务的公共秩序保留限制问题上，黄进教授曾写过一段话[②]：“的确，尽管内地和澳门属于不同的法域，公共秩序保留

---

① 参见王长斌《澳门赌债在大中华地区的追偿》，载《澳门法学》2011 年第 3 期，第 23 页。

② 黄进：《论宪法与区际法律冲突》，载《“内地、香港、澳门区际法律问题”研讨会论文集》（2005 年 5 月 21—22 日），第 70 页。

在内地和澳门区际司法协助中的存在固然有很大的制度价值，但是考虑到两地间的区际司法协助毕竟是在一国内部进行的，两法域之上有共同的主权，两地也有共同的文化传承和社会风俗，较之国与国之间有更强的自然凝聚力，因此，公共秩序保留在区际司法协助中的适用应当较之在国际司法协助中的适用施加一定的限制，更加严格谨慎。对公共秩序保留的限制与其存在本身一样具有必要性和自身价值，这种限制有助于内地和澳门的不断融合，有利于维护司法正义和当事人权益，促进两地交往，同时也符合国际发展的大趋势。”

目前而言，当事人在澳门地区发生的赌博债权，或因赌博发生的借款、贷款等债权，债权人在内地法院提起诉讼主张权利的，法院审查后依据冲突规范指引适用内地法律的，应当依法判定此类债权债务关系违法，不予支持。法院审查后认为应当适用澳门地区法律的，虽然赌博之债依照澳门地区法律属于合法债权，但是赌博是我国法律明令禁止的行为，严重侵害了社会公共利益，涉及赌博的债权严重影响了家庭、社会利益，法院应当以“适用外国法律或者国际惯例不得违背中华人民共和国社会利益”的规定拒绝适用澳门地区法律，同样应当判定此类债权无效①。

换言之，虽然根据澳门地区法律规定，博彩业在澳门地区为合法产业，赌博债务、赌博借款等均属法定债务渊源，依法受法律保护，但是，在中国内地对传统意义上的赌债和澳门博彩债务一概不予区分，并且均判决无效。

综上所述，法律适用问题和公共秩序保留问题是司法追偿面临的

---

① 参见卢颂馨《中国内地对于澳门地区因博彩而衍生之债务的追偿问题研究》，载《法治社会》2017 年第 6 期，第 27 页。

最大困难。这两个问题不仅反映了澳门博彩债务在中国内地追偿的现状，也是制约追偿问题困境的关键所在。

四、澳门博彩债务在内地司法追偿的可行性分析和展望

在当前内地和澳门社会发展依存程度如此紧密的情况下，如何化解上述障碍，以使澳门博彩债务在内地得到适当而有效的司法追偿，不但是内地司法界需要认真思考的现实问题，也是关涉内地和澳门司法制度衔接与社会经济和谐发展的重要问题。

探讨澳门博彩债务跨境追偿的可行性问题就要求我们必须先对“赌债非债”的问题进行反思。其一，是公共秩序保留原则的滥用。内地的法院在审理澳门地区因博彩而衍生之债务的案件时应当考虑的是澳门地区的法律适用结果或澳门地区的法院判决在国内承认与执行的结果是否对中国社会公共利益造成了损害[①]，而不应该仅仅考虑澳门地区的法律本身或者澳门判决本身是否违背了内地的社会公共利益。其二，要把握《澳门基本法》的法律适用基础。众所周知，《中华人民共和国宪法》和《澳门基本法》共同构成澳门特别行政区的宪制基础。前者是我国的根本大法，后者是澳门特别行政区的宪制性文件，由全国人民代表大会根据前者制定通过。《澳门基本法》规定了澳门特别行政区实行的制度，以确保国家对澳门的基本方针政策的实施。该法在第一章总则的第 11 条确认了其重要地位：“根据《中华人民共和

① 参见李肇明《澳门博彩之债在中国内地的司法追偿问题研究》，澳门科技大学 2016 年硕士学位论文，第 26 页。

国宪法》第三十一条，澳门特别行政区的制度和政策，包括社会、经济制度，有关保障居民基本权利和自由的制度，行政管理、立法和司法方面的制度，以及有关政策，均以本法的规定为依据。”根据《澳门基本法》第118条的规定，“澳门特别行政区根据本地整体利益自行制定旅游娱乐业的政策”。这是以中华人民共和国法律的形式承认澳门发展“娱乐业”合法，那么，内地的法院在审理此类案件时援引澳门地区的法律进行判决就不应当存在影响内地司法权威的问题。而在司法实践的过程中却一再否认澳门赌债的合法性，实际上是相互矛盾的。其三，我们还要看到该债务在中国香港地区和台湾地区两地的立法和实践，澳门博彩债务应当在内地得到追偿。

综上所述，尽管目前澳门地区因博彩而衍生之债务在内地的追偿情况并不理想，然而也无须悲观。通过本章的阐释，可以看到支撑澳门博彩债务在中国内地进行追偿是有其理论基础和实践基础的。综观世界，该观点也是大势所趋。尽管目前存在一些困难，但是我们要做的就是要保证澳门博彩债务是法定之债，那就必须保证该债务是符合法律规定的。只要保证该债务在内容和形式上是合法的，那么追偿便有了其法律基础，有了其可行性。

第三节　澳门博彩业监管体制问题[①]

一、澳门博彩监管体制存在的问题

赌权开放，是澳门博彩业体制改革迈出的重要一步，其带来的西

---

① 参见邓泽宏、王丹《澳门博彩监管体制存在的问题及改革构想》，载《人民论坛》2016年第11期，第229-231页。

方博彩业的经营管理体制和理念为澳门博彩业发展注入了新的血液，从这点来看，它是新的；然而，这种“开放”又是不彻底的，它并不是博彩业绝对的自由竞争，仍是在政府主导下的、有限制的相对开放，这便不可避免地保留或继承了垄断时期的诸多制度遗产，从这点来说，它又太老了。旧传统与新环境的交替，使澳门博彩监管制度存在的问题日益突出。

（一）博彩立法中缺乏一个明晰的“公共政策条款”

在制定博彩公共政策方面，澳门特别行政区政府和社会的取态一直不太明确。在澳门现行的博彩法律中，并没有这样一个明晰的“公共政策条款”来为澳门博彩业的发展指明方向，使得澳门博彩业在立法和监管上缺少一个纲领性的政策引导。人们通常把《澳门基本法》第118条“澳门特别行政区根据本地整体利益自行制定旅游娱乐业的政策”和第145条“根据澳门原有法律取得效力的文件、证件、契约及其所包含的权利和义务，在不抵触本法的前提下继续有效，受澳门特别行政区的承认和保护”这两条，作为澳门回归后仍可以合法经营博彩业的公共政策依据。但是，这一政策依据中对于“旅游娱乐业”监管成本大等问题逐渐显露出来，澳门特别行政区政府在博彩开放中的取态失衡，忽视了法律监管的改革，是澳门博彩业缺乏执法和监管的原因之一。同时，专营制这个最大的制度遗留，是造成澳门博彩业监管体制存在不足的根本原因。

（二）博彩监管机构缺乏独立性，监管职能相对分散

现今，澳门博彩监察协调局作为经济财政司下的一个局级部门，其地位并不独立，并在履行监管职能上也比较薄弱。综观世界其他国

家的博彩法律规定，博彩监管的各项职能大都集中在这个专门的博彩监管机构中。然而，作为世界上最大的博彩市场，澳门特别行政区却没有把博彩监管的职能完全统一到这一专门的博彩监管机构之中。在澳门，涉及博彩监管的部门有多个，如博彩监察协调局负责赌场日常监管，司法警察局负责赌客犯罪调查，博彩委员会负责博彩政策咨询，廉政公署负责处理员工贪污等。作为澳门博彩监管的主要机构，澳门博彩监察协调局既没有博彩罪案的调查权，也没有执法权，该权力被拉到了另一个局里——司法警察局，博彩监管的各部门并未统一到一个监管机构当中，造成博彩监管职能分散。博彩监察协调局作为经济财政司下的一个局级部门，如何把它建立成一个独立的、单一的、行政级别更高的，集各项监管职能于一体的监管机构，也是完善澳门博彩监管体制，深化赌权开放应该着手的问题。

（三）博彩批给制度不科学、不合理

（1）旧的“专营批给”导致博彩监管存在真空，赌权开放使得传统的“多家专营”概念从理论走向了实践。原则上，在专营时期形成的一整套博彩专营制度都应该在法律上进行重构，但澳门特别行政区政府选择了沿袭旧的法律框架。新的市场环境在旧法律下运行必然给博彩监管带来新的考验。以20世纪80年代“多家专营”的法律为依托，每家承批公司（2001年的新法律把“专营公司”改称为“承批公司”）和政府签订的合同内容、法律性质、监管职能也与专营时期基本相同，实质上只是把原来由一家博彩公司独占的专营权分割给了6家公司。但是，由一个企业变为一个博彩市场后，原来的“二掌柜”角色在多家竞争的环境下不起作用了，“委托监管”关系也随着“二掌柜”身份的消失而不复存在。于是，原来“二掌柜”被政府赋予的监

管职能，如对每间赌场、赌厅人员包括叠码仔及中介人的监管，便形成了真空。特别是博彩中介人这一庞大的群体，在各个博彩公司、赌场之间自由流动，形成了一个新的竞争市场，这个市场的监管责任只能由澳门特别行政区政府来接手。但从赌权开放以来贵宾厅恶性竞争衍生的一系列问题可以看出，澳门特别行政区政府仍需加大对这一市场的监管力度。

（2）二元化财产权体制阻碍了澳门博彩业产权交易市场的建设，澳门传统的批给制度下隐藏的另一个问题就是二元化的赌场财产权体制。在博彩专营公司与政府签订的批给合约中，只是关于赌场业务范围内的合约，不涉及非赌服务业，而同一座赌场大楼，往往除了经营赌场业务外，同时还经营着酒店、会展、餐饮等服务业，这便有了“一楼两产”下的两种财产权分配：赌场大楼中涉及赌场经营部分的归政府所有，涉及酒店、餐饮等非赌服务业归承批公司所有，澳门特别行政区政府再以行政合同的形式授予赌场经营权；合约到期后，澳门特别行政区政府再收回土地所有权和大楼中赌场部分的所有权。这种公私共有的财产权分配制度使博彩公司在激烈的竞争中缺乏一个更为自由的市场退出机制。一个自由健全的博彩市场包括博彩经营市场和赌场大楼产权交易市场两部分。而该制度使得承批公司在进行赌场大楼的买卖交易时失去了自主权。当博彩公司出现财务困难时，承批公司既不能用大楼做抵押来筹集资金，也不能卖掉大楼偿债自保，最后，不得不由澳门特别行政区政府出面接管赌场部分的经营。因此，完善现行的赌场财产权体制，建立更加自由灵活的市场退出机制，是深化博彩体制改革的重要环节。

（四）博彩税征收成本大

收税是博彩监管的核心内容，比例税的实行使它的监管程序更复杂。前文提到，比例税以博彩业毛收入为课征对象，博彩业的“销售额”是靠着在每一张赌台、每一个环节、每一个步骤的点、记、算而统计出来的。一个赌场一天从其赌台上赢了多少钱，是一个在赌台、小银行、点钱屋等每一个地方，在庄荷换班、加彩、返彩等每一个环节，认真点算的总和。一句话，博彩业收入税的统计，是靠着赌场自己的点算得出结果的。这意味着，为了保证博彩税能可靠地收上来，每一个地方、每一个环节都需要监管。而上门点税制，是澳门特殊的博彩产业史的特殊产物。它得以存在的条件是，所有的赌场只属于一家博彩企业，澳门特别行政区政府不对赌场征税，而是对博彩企业征税。因此，博彩企业可以将其所属的各赌场的收入集中到一个地点点算，从而澳门特别行政区政府只需派出一支点钱队即可。然而，现在该制度存在的条件发生了改变。澳门现在有6家博彩公司，共近50家赌场，上千张赌台，且赌场数量将不断增加。可想，在澳门实行“上门点税”的征收机制下，澳门博彩监管机构不得不需要大量的赌场巡视员和“点钱队”，征税成本大大增加，为博彩业监管中博彩税的征收带来了考验。

（五）贵宾厅面临严峻挑战

赌权开放后，6家博彩公司之间的激烈竞争引发了“码佣战”。码佣战，是指各博彩公司之间甚至贵宾厅之间，以竞相抬高码佣的方式来争夺叠码仔和贵宾赌客而引发的竞争。码佣率在竞争的市场环境下迅速提高到了1.35%甚至更高，与澳娱专营时期的0.7%相比，几乎翻了一番。直至2008年，由政府进行干预，6家博彩公司成立了“澳门博彩商会”，最终决定码佣率不能超过1.25%，逐渐稳定了博彩公司之间的码佣战。但在澳门独特的贵宾厅体系中，码佣率包括博彩公司与中介人、中介人与叠码仔之间的码佣率这个双层概念。政府通过行政手段对码佣率的管制也只是指前者博彩公司给厅主的码佣率，但厅主与叠码仔之间的码佣战依然存在，码佣竞争的压力便集中到了中介人这一阶层上。由此，可以推导出可能产生的结果：赌厅在与叠码仔之间的码佣战下关门倒闭；或者博彩公司不得不出面救厅，公司遂又重新卷入之前的码佣战之中。综观世界，只有澳门在政府与博彩公司之下还有一个特殊的阶级——中介人，如何解决中介人阶层之间的码佣竞争，是当前贵宾厅博彩业亟待解决的问题。

二、澳门博彩监管体制存在问题的原因分析

澳门博彩业在高速发展的同时，其监管体制中出现立法缺失、监管职能分散等问题。如何把澳门特别行政区政府博彩监察协调局建立成一个独立的、单一的、行政级别更高的，集各项监管职能于一体的监管机构，也是完善澳门博彩监管体制、深化赌权开放应该着手的问题。

（一）澳门特别行政区政府取态失衡

以赌权开放为中心的博彩制度改革使得澳门博彩市场上开始有了博彩公司层次上的竞争。但是，政府在实施博彩市场化改造和赌权多元化的进程中出现了取态失衡的问题。政府的取态失衡主要表现为只顾开放，忽视改革；只顾竞争，忽视保护；只顾自由，忽视监督。也

就是说，澳门特别行政区政府一味追求博彩市场的改革和开放，忽视了对博彩监管法律法规及其配套制度的改革和完善，使得博彩监管法规滞后于博彩业的发展，这也是造成澳门博彩监管体制问题和矛盾凸显的重要原因。一般而言，博彩产业必须遵循法律的规定和监管，法律决定着博彩业的发展方向。但是，澳门却正好相反，博彩业在前，而后有法律。在与博彩企业的博弈中，政府极易陷于被动地位，使得法律监管为配合博彩业发展而不得不制定出来。早在开放之初，澳门特别行政区政府规定“博彩专营牌照至多为3个”。但在实际操作中，为了保证博彩业和澳门经济的繁荣发展，澳门特别行政区政府允许赌牌转批给，允许牌照数较最终扩展至6个。

然而，澳门的博彩法律本身却找不到任何关于转批给问题的相关法规条例，使得这一博彩行为缺乏法律依据。于是，政府为解决企业分家难题而找了个法律借口——在澳门特别行政区政府与承批公司签订的博彩经营批给合同中，澳门特别行政区政府要求：“承批公司有义务不将批给的全部或部分作转批给，又或做出以达至相同结果为目的的任何法律行为；但经政府许可者除外。”从这项要求可知，承批公司本不具有转批权，但最后一句“经政府许可者除外”，就赋予了它“可以转批给”的权利，只是需要政府的“许可”，这才将转批给予以法律明示。此外，由于对赌场数量未做出限制，使得赌权开放以来赌场数量无限扩张，加之澳门特别行政区政府执法和监督规章不完善，都加大了博彩监管的难度和监管成本，博彩市场恶性竞争等愈演愈烈。可见，在赌权开放之初，澳门特别行政区政府就出现了取态偏离，忽视了法律监管的改革，其法律的滞后使得对博彩立法监管的权威性和有效性减弱。这也是造成现今澳门博彩监管缺失的原因。

（二）专营制的制度障碍

澳门特别行政区政府的博彩政策的变化——赌权开放，引发了产业组织、产业结构和产业规模的变化；反过来，产业的变化又会向澳门特别行政区政府的进一步变化提出要求。产业情况的变化使得澳门旧时代的博彩监管体制在许多方面已不能适应新的情况。如果说博彩产业基础与博彩监管制度之间的关系，就是“经济基础”与“上层建筑”的关系，那么澳门博彩产业的经济基础已经改变，它的上层建筑——博彩监管制度也应在一定程度上随之改变。

然而，在实践中，澳门博彩体制中最大的制度遗产——专营制却被保留下来了。这是澳门现行博彩监管体制问题和矛盾频现的最根本原因，也成为澳门博彩业市场化改造进程中最大的制度障碍。从历史发展的角度来看，20 世纪 80 年代，澳门特别行政区政府在制定博彩法律时，就把专营公司批给数目规定最多为 3 个，“多家专营”中这一法律概念本就是充满矛盾的，只不过在垄断时期，“多家专营”在实践上一直是“独家专营”（因为博彩业的专营权始终掌握在一家公司手中），所以，这一制度尚未给澳门博彩业的发展带来实质性的麻烦，却给赌权开放后的博彩业市场化改造带来了新的问题。主要表现为四个方面：一是旧的专营批给与多元经营主体的矛盾，使得博彩公司承接的那部分监管职能形成真空；二是旧的赌场财产权制度与新的自由竞争市场的矛盾，阻碍了澳门建立一个更为自由的博彩市场退出机制；三是旧的“一家一照”与多元市场主体的矛盾，加大了澳门特别行政区政府对博彩监管的成本和难度；四是旧的贵宾厅制度与新的市场结构的矛盾，特别是博彩公司间的恶性竞争引发的码佣率上涨，死账坏账增加。因此，澳门特别行政区政府必须加大博彩法律和博彩监管制

度的改革力度，建立完善的法律监督机制。只有真正废除专营制这个制度障碍，博彩监管体制存在的问题和矛盾才能得到有效的解决，澳门博彩市场的健康运行和可持续发展才能得到保障。

第四节　澳门博彩业从业人员面临的问题①

一、澳门博彩业从业人员要面对的压力

2010 年 9 月，澳门工会联合总会北区综合服务中心与澳门博彩企业员工协会公布“澳门博彩从业员压力因素研究”问卷调查的结果，调查显示澳门博彩业从业人员的整体压力程度较高。当他们面对压力时，有七成人会以积极的态度去面对，三成人的态度消极，会以酒精、赌博甚至毒品等途径去减轻压力。接受访问的博彩业从业人员觉得，最大的压力来源是“面对不讲理的客人，只能默默忍受”。这份问卷调查在 2010 年 6 月进行，选用集中取样方法，6 家博彩企业的娱乐场都有员工参加，包括庄荷、角子机服务员、账房、监场主任等职位的人员。372 份有效问卷中的统计对象，多数为女性（61.6%），已婚人士占多（68.5%），年龄为 26 ～45 岁（73.7%），学历以中学程度为主（90.3%），大部分为赌桌操作的从业人员（77.7%），月薪大多超过 11000 澳门元（84.7%），任职多为 3 ～6 年（73.3%）。调查结果显示，博彩业从业人员的压力程度是 3.39 分（5 分为满分），压力的主要来源在“生涯发展”及“工作环境”两个方面。最大的压力来源分

① 参见李晓东《澳门博彩业从业人员发展状况研究》，华中科技大学 2013 年硕士学位论文。

别是“面对不讲理的客人，只能默默忍受”“担心经常吸二手烟会影响健康”“小心翼翼地工作因怕出错”。在面对压力时，七成从业人员会比较积极，他们会寻求解决的办法或向别人求助；三成从业人员选择以逃避及自责的方式去面对问题，如赌博（12.4%）、酒精（8.6%）、药物或毒品（5.1%）等。博彩业从业人员的整体压力程度是3.03分（5分为满分），他们在受到压力后，主要出现“生理障碍”及“低自尊”两个特征，经常出现生理不适并感到受到忽略。大多从业人员受到压力后的感觉有“常觉得身体某个部位会刺痛”“真想请假好好休息”“每天下班后，觉得十分疲倦”。工作了3～6年的博彩业从业人员比工作了两年或以下的人有较多人脉关系的烦恼及社会印象之压力，受到压力后，对工作产生的疏离感较大。在上班的交通时间方面，调查发现，所需的时间越长，博彩业从业人员的生理及心理压力就越大。

调查同时发现，女性在生理方面的压力比男性大，她们中选择求助面对压力的途径也比男性多；相对于女性，男性比较容易对工作产生疏离感，而年轻及未婚的博彩业从业人员压力相对较大。另外，博彩业从业人员在“生涯发展”“工作环境”“社会印象”“人际关系”等方面的压力，与因压力而产生的“工作疏离”“离职意愿”“低自尊”存在直接关系，显示博彩业从业人员在压力之下，不太认同自己的工作，容易对工作产生厌倦，更加有离职的意图。博彩业从业人员在工作过程中要接触金钱，而且金额巨大，所以他们必须保持精神高度集中，如筹码的摆放方法及派彩等工作细节丝毫不能出错，从而导致神经紧张。与此同时，娱乐场的环境品流复杂，他们偶尔要为一些有黑帮背景和脾气较差的客人服务，可能会受到无礼且无理的对待，例如，受到污言秽语的辱骂、性骚扰及暴力等。当客人向娱乐场投诉庄荷时，他们的上司为了安抚客人，会将过错推向他们，有时甚至要他们背黑锅，向他们发出警告。累积几次警告，他们就会被娱乐场辞退，而他们害怕失去工作，唯有忍气吞声。博彩业从业人员虽然享有员工膳食、有薪假期、牙科保健、劳工及医疗保险等员工福利和可观的薪金，但是，他们也付出了相应的代价。即使博彩业从业人员的薪金及福利都较其他行业好，他们都和其他人一样要面对高房价、高物价的经济环境，许多博彩业从业人员都正在供房、供车、养育孩子、雇用家庭保姆等，每月支出非常大，生活担子很重。他们也清楚博彩业始终是一个有兴有衰、不稳定的行业：当行业环境差的时候，博彩企业会从商业上的利益出发，强迫员工放无薪假、减薪，甚至裁员，十分无情。但他们非常需要这份薪金去维持高质量的生活，其他行业的待遇又不如博彩业，所以他们的处境十分被动，心理压力颇大。因受到压力影响，他们可能会产生一些负面情绪及想法，出现情绪低落、暴躁、抑郁及自卑等症状。

二、澳门博彩业从业人员与家人关系疏远

博彩业从业人员在不太讨好的环境中轮班工作，除了要承受生理及心理的压力之外，还要顾及各个方面的事情，与亲人、朋友共处的时间不多，要去维持与他们的良好关系，是不容易的。这也是一个令博彩业从业人员感到懊恼的问题。博彩业从业人员与他们的儿女之亲子关系疏远，是因为他们不能在固定、正常作息的时间去照顾儿女，因为他们需要轮班工作，只能由学校及其他亲友代为教育、照料；如这种情况维持较长一段时间，会导致父母与儿女的沟通出现困难，亲子关系变得疏远。一些博彩业从业人员为了做出补偿，就以电子游戏

机、最新款的智能手机、名牌服装等物质性的东西去满足儿女的需要，借此去维系着亲情，反而令儿女变得刁蛮、任性、反叛，父母及儿女的感情变得更淡，双方无法建立良好的亲子关系。如果父母双方都是博彩业从业人员，他们与儿女沟通的时间更短、质量更差，使教导的成效不彰。此外，儿女的学习会容易出现问题，部分人会出现行为偏差。

从长远来说，这些都会对儿女的成长带来不利的影响。圣公会澳门社会服务处在2009年进行了“澳门博彩从业员之亲子关系研究”的调查，访问对象是最少有一名正在上小学的孩子的澳门博彩业从业人员，收回492份有效问卷。结果显示，50%的受访博彩业从业人员每星期只有两天可以与儿女玩耍，约60%的从业人员觉得澳门社会为博彩业从业人员家庭而设的服务远远不够。2008年，任职博彩业及职位被归类为“直接参与博彩业投注服务有关人员”的已婚就业人口有22200人，反映出已婚的博彩业从业人员占劳动人口的比例较高。调查显示，作为父母的博彩业从业人员在儿女学业成绩及教导方面存在压力。在与儿女的沟通形式方面，46%的从业人员会与儿女见面交谈，32%的从业人员会通过电话和儿女沟通；接近60%的从业人员每天都会与儿女聊天，而只有60%的从业人员会关心儿女在学校的状况。

同为博彩业从业人员的夫妇会因轮班工作而聚少离多，见面及沟通的机会不足，双方感情容易出现问题。近年来，从事博彩业的夫妇占了澳门离婚个案中的一定比例，而且个案数目每年都有增加的趋势。导致离婚的其中一个因素是职业。职业可以对婚姻的质量及夫妇之间的关系造成影响，尤其是博彩业，从业人员受到工作时间、环境等条件的影响特别明显。澳门的博彩经营权开放后，许多年轻人加入博彩业。在工余时间，他们喜欢到迪斯科、酒吧等场所消磨时间，有比较

多的机会接触异性，然后交往，部分人短时间就结婚。如果婚姻只是建立在养育儿女的责任上，而彼此缺乏沟通和了解，容易在结婚后的2～3年，双方感觉到相处不来，产生摩擦而没有互相迁就和体谅，日子久了，感情出现问题，最终离婚。一些博彩业从业人员之所以离婚，除了他们对婚姻的看法改变之外，大多是因为工作压力引起家庭问题。博彩业从业人员因工作压力而心情不好，回家后，配偶、儿女都可能成为其发泄对象，他们会争吵甚至打架，对亲子关系造成极为负面的影响。离婚产生了越来越多的单亲家庭，使一些孩子不能在正常的家庭中成长，他们的不愉快经历会对心灵造成创伤，在他们长大后，可能会衍生出不良的性格及习惯。

三、澳门博彩业从业人员易染上不良恶习

博彩业从业人员的社交关系也因为工作时间的影响而改变，社交圈子变得狭窄。他们的朋友之中，除了部分人都像他们一样要轮班工作之外，大多数人都是按正常的生理时间作息，朝九晚五，而且在星期六、星期日及节假日休假。大家要在同一时间内抽空不容易，有时凑巧可以一起有空聚会，但机会很少，因为博彩业从业人员的工余时间已经不多，喜庆节日可能也得在工作中度过，下班后筋疲力尽，还得处理家庭及私人事情。他们与朋友见面少了，关系变得疏远，甚至不再联络。同时，他们和一起工作的同事接触多了而相熟起来，下班后也会一同娱乐消遣。为了搞好同事之间的关系，有时同事相约一起去活动，博彩业从业人员尽量不推辞。这使他们的兴趣喜好亦有所转变。

博彩业从业人员的工作压力大，为了自身心理平衡，下班后就会

找方法发泄，很多人会通过花钱去获得满足。发了工资后，他们会迫不及待地结伴去吃一顿昂贵的饭、追买名牌或迷上一些奢侈的玩意儿，逐渐变得轻佻浮躁、爱要威风、爱攀比，价值观不知不觉地被严重扭曲，注重物质生活，成为拜金主义者。一些博彩业从业人员因贪婪、追求刺激、没有其他更佳的减压途径，以及工作性质的缘故，爱上了赌博，不甘心每个月只挣一万多澳门元的薪金，看到客人赢大钱，觉得自己也可以，抱着这种非常错误的心态去赌博，成为病态赌徒，结果债台高筑。有些人为避债而不敢上班，然后失去工作；部分人为了还债铤而走险，尝试偷取筹码或者骗取巨额款项；还有些无力还债的人，走投无路，选择自杀去解决问题。博彩业从业人员在工作期间，难免会遇上挫折，心中会存在一些不快与困惑。有些人不去寻找解决办法，逃避问题，而是想麻醉自己，把不如意的事情抛诸脑后，于是选择吸毒。但他们没有考虑到毒品为身体带来的永久伤害，例如，记忆力衰退、专注力不足、产生幻觉、抑郁等。此外，毒品还会损害包括肾脏、膀胱、心血管、神经肌肉等身体各个器官的功能。有吸毒者患有毒品影响的后遗症，出现尿频或其他泌尿系统的毛病，每 15 分钟就需要上一次洗手间，严重影响工作、家庭及社交生活。吸毒者吸毒后，神志不清，无法控制自己的言行，对自己做过的事毫无记忆，有些人更与不相熟的异性朋友将两性关系发展得混乱不堪，道德沦亡，增加因不安全性行为所导致的性病及艾滋病个案的出现概率，从而直接增加医疗资源的支出，加重整个澳门社会的负担，也严重败坏了社会风气。

四、澳门博彩业从业人员的健康状况变差

博彩业在澳门的地位举足轻重，从事博彩业的人数越来越多，博彩业从业人员的健康也逐渐受到社会的关注。娱乐场是24小时无间断营业，因此，博彩业从业人员需要轮班工作；娱乐场的工作班数一般分为早班、午班及晚班，每家博彩企业的班数编排都不一样，每个班的工作时数都是8小时。日夜颠倒、精神状态不佳、作息及用餐不定时对他们来说，已经是家常便饭，而这些生活都会严重损害健康。

一些年轻的从业人员容易忽略健康的宝贵，下班后不好好把握时间休息，而是浪费精力去进行一些不必要的休闲活动。因为博彩业平日的工作压力不小，工作方式较为单调，从业人员会觉得工作日渐枯燥、乏味。部分从业人员由于上早班而害怕睡过时间，导致迟到，所以，彻夜难眠，睡眠质量差。他们会容易醒来或太早醒来，导致精神过劳。在空闲时间，他们会积极寻求一些活动去增加生活趣味，例如，到歌舞厅消遣、玩电脑游戏、打麻将等，以缓解工作压力，而这类活动适宜在充足的睡眠下进行。但是，他们很多时候会乐而忘返，导致更加劳累，对健康的损害更大。此外，作息不定时大有机会让博彩业从业人员养成各种日常恶习，如吃夜宵、吃对身体没有益处的零食及喝酒过量等。这些都会导致胃肠道疾病、糖尿病及高血脂等代谢病症。

娱乐场给人富丽堂皇的感觉，但这些场所人流众多，不像其他地方一样有窗户开启，能保持空气流通。娱乐场的通风设备不能把室内废气完全抽走，大部分废气仍然会倒流入娱乐场，而补充到室内的新鲜空气不多，从而造成赌场空气污浊。到访娱乐场的客人抽烟、咳嗽、打喷嚏，加上娱乐场内的建筑材料释放出的有害化学物质、从室外带到娱乐场的各种污染物，都是空气质量变差的罪魁祸首。长时间逗留于这种环境下，会令人感到头痛、眼部及喉部不适、哮喘病发作等，日积月累，会提高患心脏病、呼吸系统严重病症及癌症的概率。

除此之外，病菌亦会因此在娱乐场内滋生，并通过各种途径传播开去，尤其在这种空气流通差的环境，人们受感染的可能性更大。

第五节　对 策 分 析

一、强化资格审查制度，阻止不适当的人进入博彩业

在博彩监管中，承担事先防范功能的是资格审查制度，也称为“执照制度”“准照制度”或“许可制度”，英语为“licensing”。资格审查，是博彩业的核心监管制度之一，其主要作用是通过对有关人员进行资格审查，防范不适当的人进入博彩业，从而培育博彩业的正面形象。

资格审查制度发轫于美国内华达州，后被美国其他州及世界不少国家所效仿。澳门博彩法律也引入了资格审查制度。在《娱乐场幸运博彩法律制度》（第16/2001号法律）、《规范娱乐场幸运博彩经营批给的公开竞投、批给合同，以及参与竞投公司和承批公司的适当资格及财力要件》（第26/2001号行政法规）、《订定从事娱乐场幸运博彩中介业务的资格及规则》（第6/2002号行政法规）以及《博彩机、博彩设备及博彩系统的供应制度及要件》（第26/2012号行政法规）中建立了资格审查制度。但是，澳门的资格审查制度尚处于初级发展阶

段，存在相当多的漏洞，需要采取措施进一步加强。

首先，澳门博彩业资格审查制度涵盖面过窄，需要接受资格审查的人员只涵盖公司顶层的极少数人员或职位，即持有一定股份的股东、董事和担任要职的主要雇员。具体包括：持有博彩公司5%或5%以上公司资本的股东、每一名董事和在娱乐场担任要职的主要雇员；博彩中介人及拥有有关公司5%或5%以上公司资本之持有人、其行政管理机关成员及主要雇员；博彩机制造商的董事及5%或5%以上公司资本的持有人。而博彩公司中众多的管理职位、与钱有密切关系的关键岗位、博彩中介人公司的众多管理职位、借贷人、合作人，均无须进行资格审查。换言之，政府对于什么样的人在这些职位上工作，基本上缺乏掌握，这造成了监管的极大漏洞。

其次，即便是范围有限的资格审查，澳门也采取了区别对待的方式。澳门法律对于股东、董事需要提供的数据规定得非常详细，其所填写的“公司股东及董事个人资料披露表”的内容主要包括姓名、地址、出生日期、电话等个人资料，过去15年间或自18岁起的居住资料，婚姻、子女、父母、兄弟姐妹的姓名、出生日期、住址、职业等家庭成员数据，服兵役的数据，学历数据，职位，个人及配偶的受雇工作及许可的详细资料，家庭成员与博彩业和酒精饮料业的联系，被政府调查及民事、刑事诉讼程序数据以及财务数据。而“主要雇员个人资料披露表”则非常简略，只要求填报一般的身份信息，电话，住址，家庭成员的姓名，雇佣合同的开始、生效日期以及有无刑事犯罪前科。主要雇员占据的职位非常重要，他们对公司的经营实际负责，所以，应当将股东、董事一视同仁，不应区别对待。

最后，澳门的资格审查属书面审查，基本上不进行实质性的调查，致使这一制度流于形式，无法起到应有的作用。资格审查制度的力量在于调查。没有真正的调查，资格审查只能流于形式。

建议澳门特别行政区政府从以下几个方面加强博彩业的资格审查制度。

第一，扩大资格审查的范围。除了现行法律规定的人员外，赌场的中层管理人员，以及关键岗位上的工作人员都需要一定程度的审查。从澳门的实际情况看，资格审查的范围尤其应当扩大到以下人员：卫星赌场的拥有人、董事与关键雇员；贵宾厅承包人的投资合伙人；借款给赌场或贵宾厅的人，当借款超过一定数额时，也需要审查。

第二，建立分层次的资格审查制度。由于政府资源有限，而博彩业从业人员众多，政府不可能对所有人实行一视同仁的审查。原则上，职位越高、越重要，审查就应当越细致、越彻底。而一般的赌场工作人员可以实行注册制，只需要向政府提交无犯罪记录证明。

第三，充分利用其他机构的审查结果。由于世界上不少国家对进入博彩业的人员实行资格审查制度，所以，为了节省资源和时间，对在其他法域已经通过资格审查的人员，澳门可以视情况不再或在较低程度上进行资格审查。

第四，建立与内地及周边地区的协助调查制度。澳门地域狭小，不少博彩业从业人员来自澳门之外。为了资格审查的顺利进行，澳门需要争取相关国家或地区的支持，与其建立协助调查机制。

第五，建立一支专业审查队伍。资格审查涉及历史背景和金融背景调查，审查人员需要具备相关的专业知识和技能，其中尤以金融、法律及调查知识和技能最为重要。

二、建立最低限度的内部控制标准，加强合规性监管

《娱乐场幸运博彩经营法律制度》（第16/2001号法律）第30条规定，承批公司及管理公司均应设置本身之会计系统、健全之行政组织、适当之内部查核程序。但是，什么样的会计系统符合标准？什么才是“健全”的行政组织？什么才是“适当”的内部查核程序？迄今为止，澳门特别行政区政府没有在这些方面发布任何正式标准。

建立最低内部控制标准（minimum internal control standards，MICS）是加强博彩业监管的重要步骤。政府制定并根据这些标准，督促博彩企业规范经营，消除监管空白及漏洞。对于博彩企业本身而言，最低内部控制标准是实现自我规范、提高管理水平的重要途径。美国等国家对博彩业进行的日常监管，很大程度上依赖于这套标准。没有这套标准，所谓博彩业的日常监管即无从着力。

最低程度的内部控制制度大体包括三个方面的内容：进出控制、文件记录控制以及人员控制。进出控制主要是指在敏感地方安装安全设施和监控系统。例如，对于账房，应当确保安全，不能轻易让外人侵入。文件记录控制就是记录博彩交易的过程，方便以后追踪。人员控制是指建立一个请示、批准、监督的链条，以便明确责任，内容包括把一项职责细分为不同的环节并安排不同的人完成，以及完成之后的再次核实、对职员的监督、文件的保留等。

只建立内部控制制度是不够的，如果制度只流于书面，再完美的制度也不能起到作用，所以，监管部门应当采取措施督促、检查博彩公司，切实实行已经制定的制度。例如，对于进出控制制度，监管部门应当每隔一段时间就以一般访客或以顾客身份暗访某些应当实行控制的区域，甚至故意违反某些规定，以考察其控制是否起作用。对于文件记录控制制度，监管部门要经常进行检查或突击性抽查；对于涉及会计等方面的内容，需要进行审计。对于人员控制制度，监管部门同样需要进行监督检查，保证这些制度能够贯彻落实。

三、采取有效措施，揭露违法，惩罚犯罪

首先，澳门博彩法律对于罚则的规定较弱，是一大缺点。《娱乐场幸运博彩经营法律制度》（第16/2001号法律）以及其他博彩法律法规为博彩企业及其相关人员规定了很多义务，但多数没有规定违反法定义务之后的处罚措施。第16/2001号法律第43条规定，对于违反或不遵守本法律、补足法规或批给合同的规定，可归责于承批公司或管理公司而适用之违法行为制度，由行政法规订定。但该法通过并实施15年，配套的行政法规始终未制定出来。

缺少处罚规定，导致澳门博彩法律缺乏执行力，影响法律与政府的权威。从2001年到现在，澳门公之于众的对于博彩公司的处罚只有两宗，一宗是某公司未达到禁烟的要求，另外一宗是某公司违反了个人信息保密的要求。而新加坡自2010年开始有赌场以来，在只有两间赌场的情况下，博彩执法部门所做的合规性处罚已经有数十起、累计数百万新加坡币的罚款。也许澳门博彩执法部门较多地采用了行政指导手段，但一定程度的公开处罚是十分必要的。处罚的目的不仅是惩罚，更多的是警告具有潜在违法倾向的人，对于普通公众也有教育作用，不可等闲视之。

除了弥补立法漏洞之外，澳门特别行政区政府还应当采取行之有

效的措施揭露违法犯罪行为。博彩业的许多违法犯罪行为是在地下进行的，常规性的执法手段难以奏效。例如，在澳门赌场里有赌底面现象，其结果是澳门特别行政区政府丧失应当收取的博彩税，同时，也不利于澳门特别行政区政府反清洗黑钱。但赌底面难以查处，主要是因为参与的人你情我愿，执法机构很难发现问题。所以，应当采取一些非常规性的手段，例如，突袭、便衣侦查等，以有效地揭露违法犯罪行为。

四、重点监管私人贵宾厅

私人贵宾厅是指博彩公司与博彩中介人达成协议，将本公司的部分博彩区域指定给博彩中介人专用。一般博彩中介人需要完成一定的博彩额，才有可能获得专用的贵宾厅，并从承批公司领取佣金，甚或与博彩公司利润分享。因此，在澳门，博彩中介人即贵宾厅承包人。私人贵宾厅对澳门博彩业收入贡献甚巨。从2002年实行新的博彩批给制度开始到2015年，私人贵宾厅的博彩业收入始终占澳门博彩业总收入的一半以上，有些年份甚至超过70%。但是，私人贵宾厅的运作也有许多不合法律规范之处，澳门特别行政区政府对私人贵宾厅的监管存在不少空白或漏洞。

首先，澳门目前的法律从博彩中介人角度管理贵宾厅，要求贵宾厅承包人取得博彩中介人执照，而对于贵宾厅的经营资格未做特殊要求。贵宾厅承包人只要具备《澳门商法典》所称的“商业组织”特征，即可开设贵宾厅。这意味着属自然人的商业企业主、无限公司、两合公司、有限公司（包括一人有限公司）、股份有限公司都有资格开设贵宾厅。《澳门商法典》对这些商业组织的资本要求都很低，自然人商业企业主、无限公司、两合公司没有注册资本要求，有限公司的最低资本仅为2.5万澳门元，股份有限公司的最低资本为100万澳门元。

澳门法律仅从中介人角度监管私人贵宾厅是不够的。中介功能只是为赌场介绍客人，然后从赌场领取佣金，几乎没有任何经营风险。但在实践中，私人贵宾厅不仅从事博彩中介业务，实质上是与博彩公司合作经营一个小型赌场。在澳门，绝大多数私人贵宾厅采取与博彩公司利润分成的模式。在这种模式下，私人贵宾厅“经营”博彩的特征是非常明显的。即使不采取利润分成模式而采取纯粹的佣金模式，贵宾厅承包人也存在经营风险。这是因为，私人贵宾厅必须完成一定的博彩额才能领取佣金，如果达不到合同规定的数额，贵宾厅承包人不仅不能领取佣金，而且必须支付违约金。因此，澳门法律需要从博彩经营角度规范私人贵宾厅的经营资格，具体内容应当比照博彩公司经营资格的法律规定。

其次，对于私人贵宾厅所有者和经营团队，澳门法律只是对贵宾厅承包人提出了资格要求。《娱乐场幸运博彩经营法律制度》（第16/2001号法律）第23条以及相关的行政法规规定：如果贵宾厅承包人属自然人，则该人应当具备适当资格；如果贵宾厅承包人属公司，则持有5%及5%以上公司资本的股东、公司董事及主要雇员应当具备适当资格。对于叠码仔（澳门法律称之为“博彩中介人的合作人”），法律只是要求贵宾厅承包人向政府递交一个与之合作的叠码仔的名单，及其无犯罪记录证明（俗称“行为纸”）。对于贵宾厅中的其他人，例如，承包人的合作伙伴、主管财务的经理人员等，政府没有任何资格要求。

最后，私人贵宾厅的经营与操作存在许多不规范之处，包括贵宾厅普遍吸收存款、叠码仔非法借贷和赌底面等问题。而这些问题很可

能会引发诸多连锁问题，从而传递到整个博彩业以及博彩相关产业中，导致博彩业毛收入产生巨大波动，进而使得澳门的宏观经济受到极大影响。例如，2014年和2015年分别发生的“黄山事件”和“多金事件”，在不同程度上都对澳门博彩业产生的较大的负面冲击，给澳门经济增加了更大的不确定性。

建议澳门特别行政区政府采取以下措施加强对贵宾厅的监管：

第一，扩大贵宾厅人员的资格审查范围，例如，把贵宾厅承包人的投资合伙人、叠码仔等纳入资格审查范围，并对其进行实质性的背景调查。

第二，提高开办贵宾厅的资金门槛。由于贵宾厅实际是独立的小型赌场，所以应当按照经营赌场的条件，对开办贵宾厅规定最低数额的注册资金要求。

第三，建立借款报告制度，并限制自有资金与借贷资金的百分比。从“黄山事件”“多金事件”，我们知道许多人借款给贵宾厅，澳门特别行政区政府为了反洗钱及其他犯罪行为的需要，需要掌握这些资金的来源，确保流入博彩业的资金的正当性。所以，超过一定数额的借款应当向政府报告，否则政府可以撤销其营业执照。另外，为了防止贵宾厅过度借贷，侵犯借款人和博彩参与人的利益，应当规定自有资金与借贷资金的比例，降低贵宾厅破产风险。

第四，加强对贵宾厅的监督与执法，采取暗访、突袭、便衣侦查等方式，打击赌底面等不规范操作行为。

澳门博彩业过去15年来发生了翻天覆地的变化，但监管方面比较薄弱，属于粗放型发展。这一发展模式已经并将继续受到挑战。澳门必须清醒地认识到粗放型模式发展的局限性，摆脱博彩业高速发展的沾沾自喜，在改善监管方面下功夫。应当认识到，博彩监管与博彩业发展并不矛盾，博彩监管不是为监管而监管，也不是要把博彩业管死，而是帮助其改善形象，促使其更好、更健康地发展。澳门特别行政区政府需要着眼于长远，做好“严格监管”与“适当监管”的平衡，消除社会各界对博彩负面影响的疑虑及关切，为澳门博彩的长期、健康、稳定发展打下良好的制度基础。

五、为澳门博彩业从业人员的工作及家庭生活提供更好的支援

博彩企业应该密切关注博彩业从业人员的状况，完善培训工作，因应员工的上班时间而设计培训课程，鼓励从业人员争取机会进修，学习职业知识技能，提高工作能力，提升自身的竞争力，适应社会的发展变化。建议博彩企业在从业人员的定期工作评核中，除了要求他们要在博彩游戏操作的水平达到标准之外，还需要通过语言、客户服务、数学及心理等多方面的能力测试；协助一些学历只有初中或高中程度的员工进修，使他们可以取得高中毕业的学历资格，甚至继续升学取得学位，令他们的整体素质不断提高，既有利于他们的职业生涯的发展，又可提高博彩企业的生产力。博彩企业可以与员工加强沟通，改善企业营运管理、监督工作，多开办一些提高管理技巧、领导能力的课程，并且制定一套有序、清楚、合理的晋升制度，让从业人员能够有机会向娱乐场监场主任、区域经理、部门副总裁等中级、高级管理工作职位流动，有更好的职业生涯发展，提升他们对工作的热情及对博彩企业的归属感。

博彩企业还可以向博彩业从业人员提供更多内部转职的机会，让从业人员学习其他部门，如酒店营运部、零售营运部及餐饮部等部门

所需的工作技能，扩宽他们的事业发展空间。博彩企业必须制订更完善的指引，以便员工应对蛮横无理的客人，给予他们支持，帮助他们和平解决问题。在处理员工及客人的争执事件上，博彩企业应保持中立，公平、公正地对待员工及客人，不偏袒任何一方。

此外，博彩企业应该安装效能较高的空气过滤系统，加强通风，将娱乐场中过多的废气排走，使空气质量保持在良好的水平，加强清洁工作，劝说发热的客人不要进入娱乐场，向客人宣传卫生常识，建议他们多洗手及在生病时佩戴口罩，将细菌滋生、病毒传播的概率减到最低。

社会服务机构应该建立对博彩业从业人员压力咨询及辅导的渠道，对从业人员的压力问题做出迅速回应，提供专业的心理辅导，多开办相关讲座及课程，强化他们的心理素质，为他们消忧解困，让他们保持正面、积极、乐观的心态，轻松地面对工作；多举办有益身心的活动，协助他们消除压力，活动应让博彩业从业人员及他们的家人一同参加，共同找出正确的减压途径，不应以酒精、毒品及赌博等错误方式去面对压力，从而增进沟通，加深从业人员与家人间的关系，学会互相包容和体谅，不应因小事而发脾气，影响感情，并向从业人员分享教导孩子的正确方法，让孩子们更早懂得人生道理和如何去照料自己，替父母分忧，培养良好的品格和习惯。

同时，社会服务机构应该多与医疗机构合作，举办健康讲座，让博彩业从业人员知道健康的重要性，并向他们传授保健卫生知识及生活习惯，如注意饮食、适量的体育锻炼及确保充足的睡眠等。这些都有助于保持良好的精神状态和强健的体魄，远离疾病，对他们的事业发展大有裨益。

针对博彩业从业人员长时间工作而引起的痛症及肌肉劳损，社会服务机构可定期邀请物理治疗师指导他们做一些正确的伸展运动并接受适当的物理治疗，使他们能够保持最佳状态，去迎接工作和享受生活。社会服务机构也应为博彩业从业人员提供全面的家庭服务，如为从业人员的家庭成员提供健康的紧急支援服务、开办亲子沟通训练及个人时间管理等课程，使他们得到支持并有所得益。而博彩业从业人员要懂得自我调适，不要钻牛角尖，要主动向别人求助，化解压力，告别负面情绪，找出解决问题的方法，对自身付出的努力予以肯定，并继续用心工作。博彩业从业人员可以通过社会工作服务机构举办的活动去认识更多志同道合、作风正派的朋友，使生活过得更精彩，培养崇高的品格，树立正确的价值观，避免沾染不良的嗜好。

社会工作服务机构可以多听博彩业从业人员及博彩业职工团体的意见，尽可能开展他们需要的服务，做到24小时运作，解决他们因工作而不能兼顾家庭的问题，让他们可以没有牵挂地专心工作，从而减轻身体劳累和精神负担，使他们的身心更加健康。建议澳门特别行政区政府设立专业的考试制度，让博彩业从业人员可以通过专业的考试来评估自身的能力，获得澳门社会认可的职业资格及平等的晋升机会。澳门特别行政区政府还可以考虑建立博彩业从业人员的监督制度，制定相关法律以限制博彩业从业人员进入澳门所有博彩活动场所参与赌博，帮助他们培养健康的兴趣和爱好，让他们的生活过得充实而有意义。

六、为澳门博彩业从业人员创造其他行业的发展机会

澳门特别行政区政府于2012年11月1日正式实行将进入娱乐场的年龄由18岁提升到21岁。订立此法律的目的，除了要让人们的心

智再成熟一点才进入娱乐场赌博外，还要让年轻人多进修，在大学毕业后慎重考虑投身哪个行业，而不一定是博彩业，要根据自己的兴趣修读喜欢的专业及从事相关的工作，要有自己的理想及人生目标，明白“行行出状元”的道理，不应该以短视、金钱至上的眼光去处世，不应抱着羊群心理跑去娱乐场当庄荷或担任相关职位。这可以说是澳门人力资源多元化的好时机。而博彩业从业人员应该居安思危，提早做好转业准备，当遇上博彩业市场衰退及经济状况变差时，可以掌握选择工作的主动权，不再局限于博彩范畴的职位，还可以选择从事其他行业的工作。

博彩业对澳门特别行政区来说，是最重要的经济支柱产业，虽然它能够为澳门带来丰厚的经济收益，但同时也使澳门的产业结构过分单一，容易受到内地及外围的经济因素影响，承受的经济风险极高，澳门特别行政区政府应该利用博彩业为澳门带来的得益，更积极地优化经济结构并推动澳门产业多元化。适逢国家“十三五”规划推行，澳门特别行政区要好好把握这个难得的发展机遇，加大力度发展休闲旅游、中医药、文化创意、教育服务、会展商务、零售等产业，通过与内地、香港特别行政区的区域合作，让澳门企业可以参与其中，从而让澳门工商业界能够受惠，又可提升澳门特别行政区在相关行业的技术水平。

同时，澳门特别行政区政府可与澳门的高等教育院校紧密沟通，因应社会发展的需要，引入内地及外国的优良师资，适时开办更多专业的学位课程，着力提升澳门人力资源的素质，为澳门特别行政区未来发展提供足够的人才储备，让澳门博彩业从业人员有转投其他行业发展的机会，有更多的就业机会及从商机会；让澳门的人力资源更多样，分布得更加均衡，使澳门的经济结构变得更合理。各大博彩企业未来在路凼城还有一系列的项目开展，澳门特别行政区政府应该做好监督，规定他们在这些项目中兴建更多非博彩元素的硬件设施，配合澳门建设世界旅游休闲中心的方向，如会议展览馆、多功能娱乐表演场地及零售商店等；澳门特别行政区政府可以借此增加就业机会，辅助持有会展、文化专业学位的澳门居民寻找工作。会议展览业是澳门未来发展的重点产业之一。

1995年，澳门特别行政区贸易投资促进局开始主办第一届澳门国际贸易投资展览会。其后，各种主题的会议展览相继举办，包括澳门国际环保合作发展论坛及展览、澳门国际品牌连锁加盟展、粤澳名优商品展销会及澳门国际房地产交易会等会展活动，每年都吸引各地商家到澳门参与这一连串的展览，以拓展业务及寻找合适的生意伙伴。澳门的会展硬件设施逐步完善，除了澳门威尼斯人会议展览中心外，还有澳门旅游塔会展娱乐中心、澳门渔人码头及综艺馆等会展场地。未来还会有新的会展设施落成，而且每年都有修读会展管理专业的毕业生投入澳门会展市场，澳门会展业已经具备良好的发展基础。

澳门特别行政区政府可以向外争取更多大型的、国际性的会议、展览来澳门举办，通过与各地的会展业从事者交流，让澳门汲取更多的会展承办经验，会展从业人员借此积累工作经验，提升澳门在世界会议展览行业中的地位，拉近澳门与广州、香港等邻近城市会展水平的差距。澳门应继续发挥其商贸服务平台的作用，缔造商业配对，通过这些国际性的会议展览，让澳门、内地、香港及其他国家地区的商家齐聚澳门展开交流与洽谈，促成更多大型商业项目，还可利用这些展会去吸引外国资金到澳门投资。澳门作为与葡萄牙语国家经济文化交流和合作的桥梁，贯彻落实粤澳合作框架协议、持续更紧密经贸关系的安排实施，促进区域经济的发展，增强澳门整体的竞争力。

近年来，在澳门举行的文化活动越来越多，其中包括澳门艺术节、澳门国际音乐节、澳门国际电影及录像展等，也培育出部分本地艺术人才。现时澳门居民的经济收入比以前高，在工余时间都希望有更多的娱乐节目以供选择，他们对文化创意节目的需求逐渐提高。澳门特别行政区政府可以利用部分博彩税所带来的财政收入，扶助澳门文化创意产业的发展，如培养更多本地歌手、音乐人、电影演员及导演等，提高澳门演艺学院的师资水平，选取资质高、条件好的年轻人到学院学习，也向学院提供更大面积的校舍及更完善的设施，可考虑邀请内地、香港及台湾等地区的知名音乐及电影艺人到澳门，与该学院的学生交流并指导他们，让他们有所得益并提升自身能力；让他们可以成为有实力的艺人或制作人，不断提高作品的水平。

在音乐方面，澳门特别行政区政府可以继续支持澳门的电视台，让电台多播放澳门音乐，吸引更多人收听、买唱片，为艺人提供演出机会，做好澳门本地的音乐市场。可以辅助一些声音美、歌唱技巧好的澳门歌手到邻近地区发展，让他们有更大的进步空间。同时，澳门的音乐人也可到外地参与音乐制作。只要肯付出努力，在不久的将来，他们有望在中国乐坛发光发热，使澳门音乐可以在中国的音乐市场占据一席位。

至于电影方面，澳门特别行政区政府可以支持澳门导演开拍更多题材的电影及微电影。这样除了可以增加本地导演的电影工作经验之外，也有利于培养本地电影编剧、摄影、剪辑、美术指导、动作指导、服装造型设计、音响效果、视觉效果等电影制作人员，澳门演员也可以获得演出机会，使演技得以提升。澳门特别行政区政府可以补贴澳门电影的电影票价，以优惠的价格吸引观众到电影院观看，鼓励各种媒体多加宣传澳门电影，让澳门以外的观众都认识澳门电影，使澳门演员受到社会关注，被澳门以外的导演发掘，从而增加澳门演员到外地参加电影演出的机会，踏上通往国际电影市场之路。让他们可以取得更大的演艺成就，为澳门特别行政区争光。

体育运动有益且有意义，可以强身健体、锻炼意志力、增进友谊。澳门特别行政区可以好好利用与葡萄牙语国家合作的优势，提高自身的体育水平。

第五章 澳门博彩业与其他产业不协调发展问题分析

第一节 澳门产业发展的基本情况

澳门回归祖国前，其产业结构基本呈现为传统的三大产业。澳门自1999年回归祖国以来，澳门整体经济发展及产业结构发生了巨大的变化。澳门特别行政区政府明确了以博彩旅游业为龙头、以服务业为主体、其他行业协调发展的定位，国家也出台了一系列相关政策予以支持。由于赌权分拆和内地“自由行”的放开，澳门博彩旅游业迎来前所未有的高涨时期，各博彩企业间展开了角逐和竞争，博彩业发展极为迅速。博彩业的驱动作用也激活了诸多非博彩元素，主要是酒店、购物、餐饮、表演。各相关产业，诸如旅游业、酒店业、餐饮业、批发零售业都得到了迅速的发展，共同促进了澳门经济的长足发展。2007年，澳门特别行政区的人均GDP达到292165澳门元，超越新加坡、文莱、日本等国家，成为亚洲最富有的地区。2018年，澳门本地生产总值达到4446.7亿澳门元。

一、澳门产业现状及结构变化趋势

由图5－1、表5－1可知，自赌权开放以来，博彩及其相关产业对经济的贡献度呈现一个先上升后下降再趋向平稳的趋势，二者总和所占GDP比重由2002年的38%上升至2018年的50.5%，2013年最高时达到63.1%。而在澳门消费性服务业内部，博彩业一直处于龙头地位，零售业占比排名第二。2015年，酒店业、餐饮业分别只占3.8%、1.8%。尽管澳门消费性服务业的产值大多来自博彩服务，零售、酒店和餐饮等其他行业消费有些不同，但是它们的规模变化与博彩业规模变化大体一致。2018年与赌权开放当年比较，虽然博彩业增加值扩大了12.9倍，但是，在非博彩消费性行业中，零售业和酒店业也是业绩斐然，分别扩大了10倍和19倍。此外，饮食业也扩张了4倍。值得一提的是，澳门会展业作为澳门的特色朝阳行业发展稳定，2018年全年共举办会议及展览活动11427项；其中，会议活动1342项，同比增加57项。

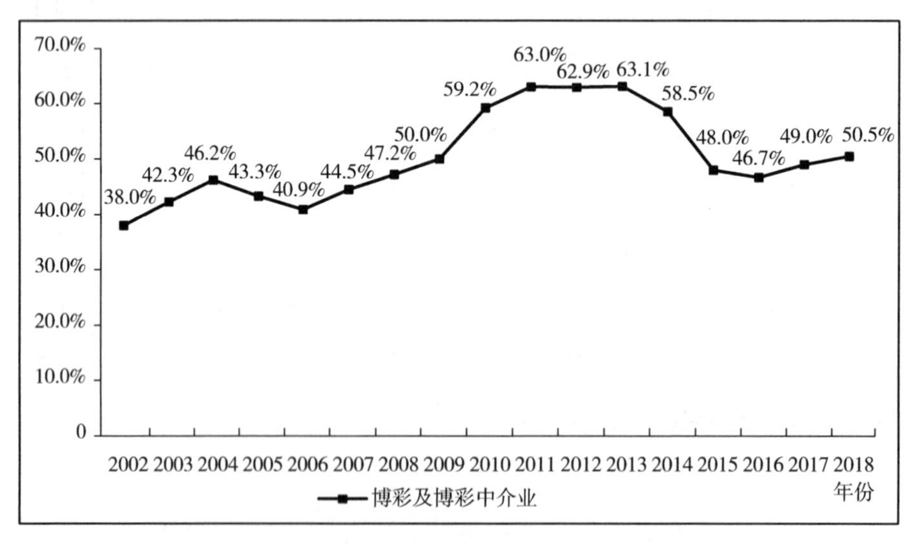

图5－1　2002—2018年澳门博彩业占整体经济的比例

数据来源：澳门特别行政区统计暨普查局。

表 5－1　2015—2018 年以当年生产者价格按生产法计算的澳门各行业增加值及产业结构

行　业	2015 年		2016 年		2017 年		2018 年	
	增加值/百万澳门元	比重	增加值/百万澳门元	比重	增加值/百万澳门元	比重	增加值/百万澳门元	比重
采矿业	0	0	0	0	0	0	0	0
制造业	2166	0.61%	2160	0.61%	2259	0.57%	2394	0.55%
水电及气体生产供应业	2364	0.66%	2560	0.72%	2990	0.75%	2697	0.62%
建筑业	23266	6.53%	19152	5.38%	14889	3.74%	13182	3.02%
批发及零售业	19958	5.60%	18932	5.32%	22743	5.72%	25480	5.83%
酒店业	13650	3.83%	14560	4.09%	17055	4.29%	20325	4.65%
饮食业	6186	1.74%	6488	1.82%	6887	1.73%	7128	1.63%
运输、仓储及通信业	9733	2.73%	10199	2.86%	10526	2.65%	11333	2.59%
银行业	18742	5.26%	19794	5.56%	21553	5.42%	23253	5.32%
保险及退休基金	3456	0.97%	4613	1.30%	4213	1.06%	5644	1.29%
不动产业务	36298	10.19%	37611	10.56%	41578	10.46%	41941	9.59%
租赁及向企业提供的服务	14041	3.94%	16613	4.66%	18504	4.65%	20718	4.74%
公共行政	14935	4.19%	15807	4.44%	17064	4.29%	17957	4.11%
教育	6361	1.78%	6917	1.94%	7484	1.88%	8019	1.83%
医疗卫生及社会福利	4774	1.34%	5328	1.50%	5760	1.45%	6258	1.43%
博彩及博彩中介业	171107	48.01%	166158	46.66%	194943	49.03%	220841	50.52%
其他团体、社会及个人服务及雇用佣人的家庭	9339	2.62%	9223	2.59%	9184	2.31%	9986	2.28%
增加值总额	356378	100.00%	356115	100.00%	397633	100.00%	437155	100.00%

数据来源：澳门特别行政区统计暨普查局。

二、回归后博彩业的发展

作为澳门支柱产业的博彩业，回归以后其发展大致上分为3个阶段，首先是自从开放“自由行”政策以来，产业呈现不断扩大的趋势，澳门经济集中程度越来越高，博彩业也得到了飞速发展，澳门博彩业收入从300多亿澳门元猛增到3000多亿澳门元，GDP年平均增幅一直保持在15%左右，到2013年澳门人均GDP约8.7万美元，亚洲排名第二，并超过瑞士，成为全球人均财富第四高的地区。但从2014年6月起，澳门博彩业收入开始出现下滑，博彩业开始进入调整期，博彩业生产总值占比下降。进入2015年，更是断崖式下跌，全年博彩业总收入同比减少近三成半，为2308.4亿澳门元，较前一年大跌34.3%。如图5-2所示，经历了26个月的同比下跌，至2016年6月才有所回暖。

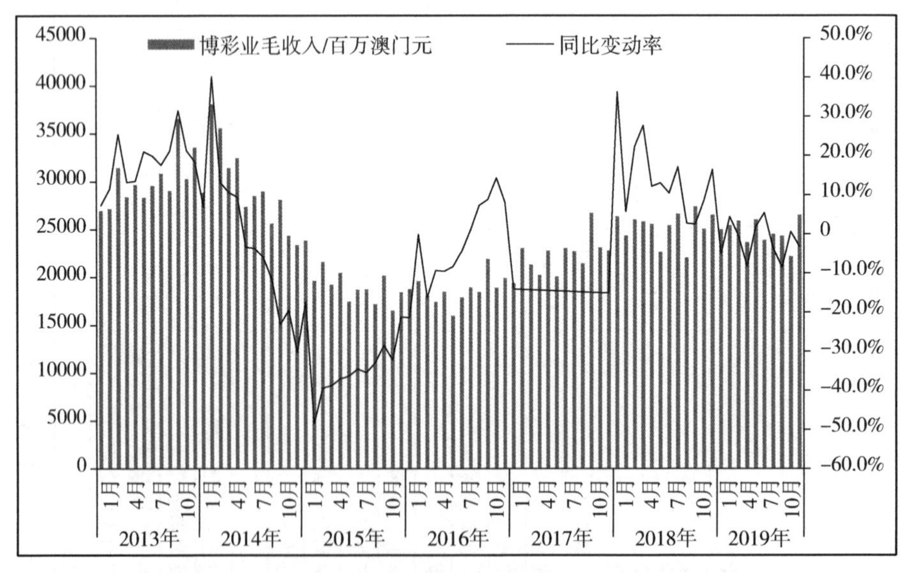

图5-2　2013—2019年澳门博彩业毛收入月度数据

数据来源：澳门特别行政区统计暨普查局。

现今的澳门博彩业呈一个适度开放的状态。迄今为止，澳门博彩业已经有200多年的发展历史，19世纪得到合法经营的许可之后，已经跨越近3个世纪，在澳门特别行政区政府的支持之下，已经成为澳门经济社会发展过程中一个极为重要的组成部分。2002年赌权开放后，澳门特别行政区政府分别将赌牌批给澳门博彩股份有限公司、银河娱乐场股份有限公司和永利度假村股份有限公司。其后，威尼斯人集团、美高梅金殿超濠股份有限公司和新濠博亚博彩股份有限公司分别通过转批给的方式获得副牌。至此，赌牌由一变六。赌权由垄断经营走向适度开放，为博彩业注入了新动力。在竞争环境下，澳门博彩业整体产业素质和服务水平都得到了提高，有效应对了来自澳门周边地区博彩业扩张的竞争压力。

博彩业的迅速发展为澳门提供了成千上万个就业岗位和极为可观的财政收入。如图5－3所示，博彩业税收是澳门财政收入的最主要来源，2016至2018年对财政收入的贡献约为80%，对澳门特别行政区政府的运作具有举足轻重的作用，使其能够有充足的财力投入基础设施建设、科教文卫、社会福利等方面，以促进澳门社会平稳、有序地运行。从澳门赌权开放以来，高博彩业收入使得澳门特别行政区政府对民间机构及个人家庭的财政津贴、敬老金、社区活动及其他活动支出大幅增加，现金分享提高到每人发放9000澳门元，非永久性居民每人5400澳门元。尽管澳门博彩业经历了一段时间的低潮，但其福利水平仍旧保持高水平。此外，澳门博彩业对澳门就业的贡献也十分显著，直接或间接地提供了大量的就业机会。截至2018年年底，澳门博彩业直接就业人数达到了9.6万人，占总就业人口38.5万人的25%。博彩业不仅直接带动了房地产业、旅游业、酒店业、批发及零售业、餐饮业的兴旺，更为本地提供了大量的就业机会，如果加上相关行业吸纳的就业人口，则占到澳门就业总人口的50%以上。

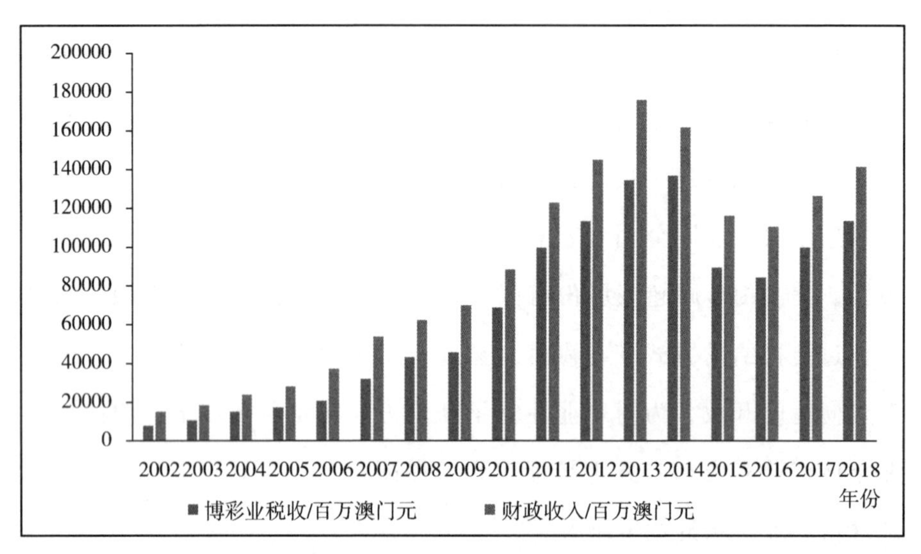

图5-3　2002—2018年澳门财政收入及博彩业税收

数据来源：澳门特别行政区统计暨普查局。

澳门博彩业的投资资本出现明显的国际化。出于看好澳门这个开放型微型经济体和澳门博彩业的前景，同时也由于全球行业的竞争加剧，澳门博彩业投资主体和投资资本出现明显的国际化。引进外资形成竞争性市场结构，提高了澳门博彩业的国际竞争力，博彩企业投资金额不断上升，各博彩公司的大型投资项目层出不穷，依赖着国际资本的大量流入，澳门博彩业规模迅速扩张。在此过程中，本地资本参与相对不足，相关服务和产品不够成熟，博彩业收入中相当一部分通过进出口流向国际。

第二节　澳门博彩业与其他产业发展过程中存在的问题

一、产业结构单一，经济发展不平衡

澳门土地面积狭小，自然资源匮乏，产业结构总体来说呈现三大特征：①第一产业十分微弱；②工业地位下降，制造业及建筑业处于低迷状态；③第三产业发展迅速，博彩业地位举足轻重。虽然澳门已经达到了理论上的“三、二、一”最优产业结构，但是澳门第三产业并非基于工业基础发展起来的，而是较单纯地依靠博彩业带动旅游业以及相关服务业。澳门经济高度依赖第三产业的发展，然而，这并不代表澳门产业结构已经达到了最优化的结构，以博彩业为主的澳门产业结构缺乏产业结构合理化及产业结构高级化，过早成熟的第三产业将使澳门面临产业结构合理化以及产业结构高级化的各种优化问题。

（一）博彩产业“一业独大”

澳门博彩业发展历史已久，1847 年，澳葡政府正式宣布澳门赌博合法化，博彩业在澳门由暗变明，由不合法到合法，成为一种合法的特殊商业贸易，是澳门最具特色的产业。自此，澳门博彩业迅速发展，成为澳门第一大产业，更是澳门经济的半壁江山。尤其是澳门回归祖国后，首先，其整体经济高速发展，博彩业发展规模突飞猛进，博彩业收入年年创新高；其次，博彩税收是澳门特别行政区政府财政税收的主要来源，其对维持澳门特别行政区政府运作具有举足轻重的作用。

得天独厚的地理优势和澳门特别行政区政府的支持政策，使得博彩业“井喷式”地发展。这也造成了澳门产业经济结构的单一性，除了博彩业，其他产业都过于孱弱，处于一种可有可无的境地。如表5－2所示。

表5－2　2002—2018澳门博彩业毛收入与本地生产总值

单位：百万澳门元

年　份	博彩业毛收入	澳门GDP
2002	23496	58826
2003	30315	65734
2004	43511	84920
2005	47134	96872
2006	57521	118338
2007	83847	147382
2008	109826	167760
2009	120383	171467
2010	189588	225051
2011	269058	294347
2012	305235	343818
2013	361866	411865
2014	352714	442070
2015	231811	362213
2016	224128	362876
2017	266607	407328
2018	303879	444666

数据来源：澳门特别行政区统计暨普查局。

澳门产业关联度低也是澳门经济发展不平衡的一大影响因素。产业关联度是指通过产品供需产业与产业之间形成的相互关联、互为前提条件的内在联系。也就是说，在产品的供需方面，任何一个行业的生产和任何一种产品都可以把其他行业或者其他产品的生产当作其生

产的投入要素（最终消费品的生产除外），同时，它也可以作为其他行业或是其他产业的生产投入要素；从产业技术供给方面来看，一个产业或产品的生产不仅需要其他产业或产品提供技术层面的生产手段，同时，它也推动了相关产业的技术进步，进而使得整个产业的生产技术水平逐渐向更高层次推进。这种产业关联度又叫“连带效应”，因为它会使一个产业的发展带动和影响与之相关的上下游产业的发展。澳门经济缺乏完整性，是一个不完整的体系，现有产业虽然依附博彩业的发展，但是各产业之间关联度较低，处于一种松散和孤立的关系状态，各产业的发展基本上是各行其是、涨落由之，难以形成连带效应。因此，澳门博彩业虽然能够不断地发展壮大，却不能对其他产业产生很大的促进作用，而且还不断地挤压其他产业的发展空间和资源，促使澳门形成了博彩业“一业独大”的产业格局，如表5－3所示。

表5－3　2002—2018年博彩业主要相关产业产值占本地生产总值的比重

年份	博彩及博彩中介业	批发及零售业	酒店业	饮食业
2002	38.0%	4.5%	1.9%	3.4%
2003	42.3%	4.3%	1.6%	3.2%
2004	46.2%	4.0%	1.7%	3.6%
2005	43.3%	3.8%	1.6%	3.0%
2006	40.9%	3.8%	1.5%	2.9%
2007	44.5%	3.6%	1.7%	2.5%
2008	47.2%	3.5%	2.7%	2.5%
2009	50.0%	4.3%	3.1%	2.2%
2010	59.2%	4.9%	3.2%	1.9%
2011	63.0%	5.0%	3.2%	1.7%
2012	62.9%	5.3%	3.1%	1.7%
2013	63.1%	5.3%	3.1%	1.6%
2014	58.5%	5.2%	3.5%	1.6%

续上表

年份	博彩及博彩中介业	批发及零售业	酒店业	饮食业
2015	48.0%	5.6%	3.8%	1.7%
2016	46.7%	5.3%	4.1%	1.8%
2017	49.0%	5.7%	4.3%	1.7%
2018	50.5%	5.8%	4.6%	1.6%

数据来源：澳门特别行政区统计暨普查局。

（二）其他产业发展薄弱

酒店业、饮食业、批发及零售业属于博彩业相关的博彩旅游业发展范畴，也属于博彩业带动能力比较强的产业。然而，如图5-4所示，2018年酒店业、批发及零售业、饮食业所占GDP比例之和约为12%，并不能对经济增长起到支柱产业的作用。

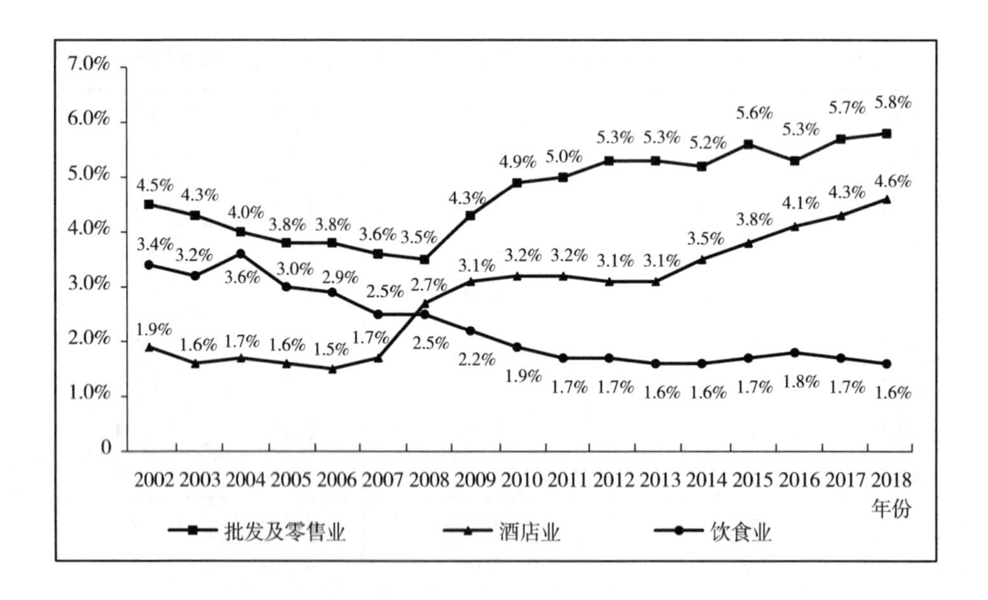

图5-4　澳门博彩业主要相关产业增加值占本地生产总值的比重

数据来源：澳门特别行政区统计暨普查局。

博彩业的扩张使制造业、建筑业、金融业等其他产业产值的比重均有不同程度的下降。如图5－5所示，制造业占比由2002年的5.6%下降到2018年的0.5%；建筑业整体的发展呈倒“U”形趋势，占比从2002年的2.0%逐步增长到2007年的11.2%，达到峰值，随后其比重逐步下降，到2013年仅占2.9%，随后又经历小幅上升再次下降，2018年的占比为3.0%；金融业下跌趋势较慢，比重从2002年的7.7%逐步下降到2018年6.6%。除不动产业由于澳门就业人口数增多而有上升趋势外，其他的服务业也均呈现缓慢下降趋势。

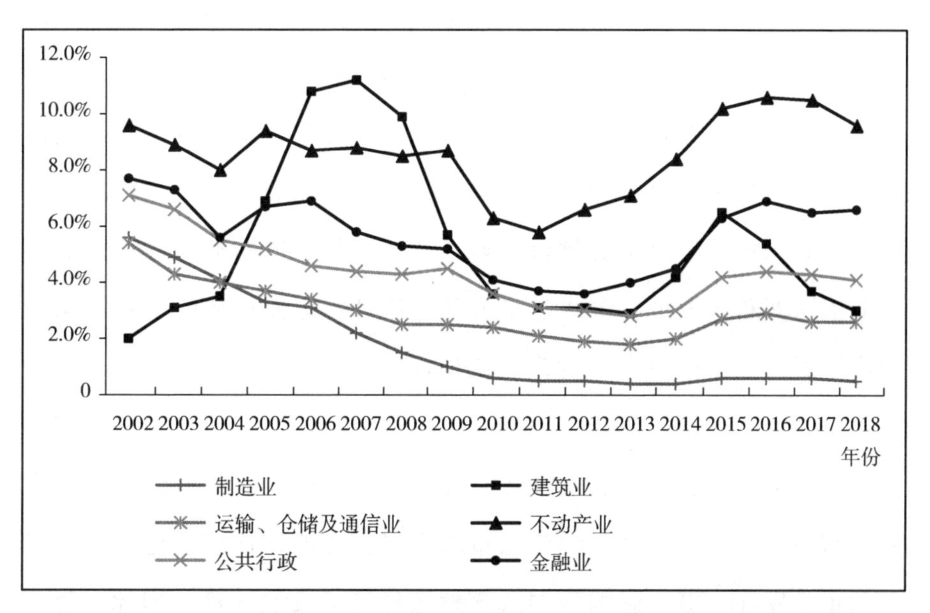

图5－5　2002—2018年澳门博彩旅游业以外其他主要产业增加值占本地生产总值的比重

数据来源：澳门特别行政区统计暨普查局。

其他产业产值低，且占GDP比例不断下降，与博彩业的差距会越来越大。经济单极化趋势越来越明显，导致产业结构转型风险进一步增大。

（三）经济发展不平衡

从空间上讲，澳门产业空间分布极不均衡。澳门由半岛、路环、凼仔三部分组成。半岛区仅占澳门土地面积的36.4%，却包含了澳门的主要建设和经济活动，澳门96.3%的人口以及几乎全部的工商企业都聚集在半岛区，可谓人满为患。特别是大三巴牌坊附近，每天聚集的人流量已经远远超过大三巴的承载力。但是，路环和凼仔区却还处于半开发状态，开发力度非常小，近几年才慢慢开始加大对这两个离岛的开发利用。空间上的分布不均势必造成资源短缺与相对闲置，而澳门产业经济的持续发展也必将受到一定的阻碍。

从产业类别来看，澳门产业类别不全，行业分布较为集中。澳门现有产业结构中，第一产业严重缺乏，以至可以忽略不计；第二产业日益萎缩，将要退出历史舞台；第三产业又是以博彩业为核心。其他产业依附博彩业发展，形成过早成熟的服务业，使得澳门产业结构呈现出博彩业“一业独大”的产业结构局面，这非常不利于澳门经济的平衡发展。

产业布局是指在一定区域范围内一国或一地区的产业生产力的空间分布和组合结构。合理的产业布局不仅会影响该国或该地区经济优势的正常发挥，更会影响该国或该地区经济的发展速度。因此，合理的产业布局是经济协调发展和持续发展的前提保障。无论从空间上还是从产业结构内部构造来看，澳门产业结构的布局都呈现出发展不平衡、产业关联度低、连带效应弱的特点，这必将影响澳门经济的平衡发展和持续协调发展；关联度低的产业关系使得澳门产业结构稳定性较差，较易发生变化。

二、资源禀赋短缺，环境承载力较弱

（一）人力资源短缺

澳门整体经济和社会的发展都面临人力资源短缺的问题。首先，澳门总人口偏少，劳动力人口几乎仅占澳门总人口的一半，这说明澳门劳动力资源十分有限，如表5－4所示。

表5－4　2002—2018年澳门人口状况

单位：千人

年　份	总人口/千人	劳动力人口	就业人口	劳动参与率	失业率
2002	440.5	218.6	204.9	62.6%	6.3%
2003	446.7	218.5	205.4	61.2%	6.0%
2004	462.6	230.3	219.1	62.2%	4.9%
2005	484.3	247.7	237.5	63.4%	4.1%
2006	509.9	274.6	264.2	65.7%	3.8%
2007	531.8	302.8	293.0	68.6%	3.2%
2008	543.1	327.0	317.1	70.7%	3.0%
2009	533.3	323.4	311.9	72.3%	3.5%
2010	540.6	323.9	314.8	72.0%	2.8%
2011	557.4	336.3	327.6	72.5%	2.6%
2012	582.0	350.2	343.2	72.4%	2.0%
2013	607.5	367.8	361.0	72.7%	1.8%
2014	636.2	394.7	388.1	73.8%	1.7%
2015	646.8	403.8	396.5	73.7%	1.8%
2016	644.9	397.2	389.7	72.3%	1.9%
2017	653.1	387.4	379.8	70.8%	2.0%
2018	667.4	392.5	385.4	70.9%	1.8%

数据来源：澳门特别行政区统计暨普查局。

其次，澳门长期偏重博彩业的发展，博彩业不仅收入高，而且对学历要求低，因此吸引了大量劳动力。博彩业还在不断地扩张规模，致使劳动力不断地涌入博彩业，如图 5 - 6 所示。

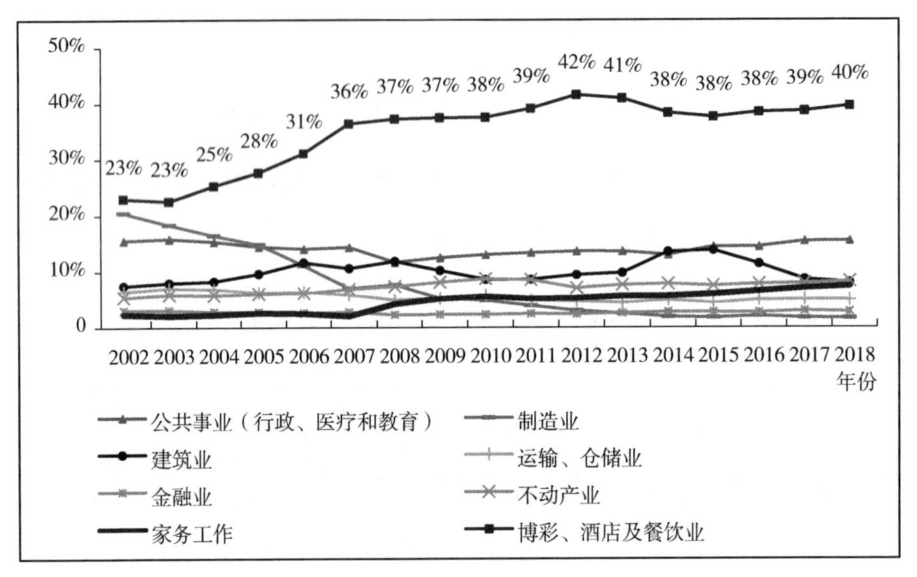

图 5 - 6　2002—2018 年澳门就业人口的行业分布

数据来源：澳门特别行政区统计暨普查局。

最后，本地人力资源素质普遍偏低。博彩业的快速发展，在澳门劳动力市场形成了“高经济收入、低学历要求”的现象。这使得澳门本土劳动力整体学习动力不足，导致澳门缺乏既拥有良好的知识，又具有丰富的实践技能，同时还具有国际化视角的员工。

（二）土地资源短缺

土地资源短缺，是制约澳门经济发展的另一个障碍。

首先，澳门土地面积狭小。如表 5 - 5 所示，截至 2018 年，澳门总面积仅为 32.9 平方千米，土地面积非常有限；而澳门人口密度却由 1999 年的 18.1 千人/平方千米上升为 2018 年的 20.3 千人/平方千米，

环境拥挤，人地矛盾突出。

表 5 -5　1999—2018 年澳门土地总面积及人口密度

年　　份	人口密度/(千人·平方千米$^{-1}$)	总面积/平方千米
1999	18.1	23.8
2000	17.0	25.4
2001	16.9	25.8
2002	16.4	26.8
2003	16.4	27.3
2004	16.8	27.5
2005	17.2	28.2
2006	17.8	28.6
2007	18.2	29.2
2008	18.6	29.2
2009	18.1	29.5
2010	18.2	29.7
2011	18.6	29.9
2012	19.5	29.9
2013	20.0	30.3
2014	21.0	30.3
2015	21.3	30.4
2016	21.1	30.5
2017	21.2	30.8
2018	20.3	32.9

数据来源：澳门特别行政区统计暨普查局。

其次，澳门土地资源利用不均衡、效率低。澳门 95% 以上的人口和大部分城市开发建设、产业经济活动，集中于仅占全澳门土地总面积 33% 的半岛区域。与此相对应的是，博彩业发展对土地资源的需求很大。澳门博彩业在垂直多元化发展的过程中，娱乐场建筑的单体面积不断增加。例如，威尼斯人度假村酒店是亚洲最大的单幢式酒店及全球第二大建筑物，占地约116.67万平方米。博彩业的不断扩张抢占了大量澳门本来就不充裕的土地资源，导致土地资源更加紧张。

三、市场规模有限，发展后劲不足

（一）澳门自身市场规模有限

澳门属于微型经济体，自身市场狭小，土地、人口等自然资源有限。因此，基于绝对优势和比较优势理论，澳门在国际分工中形成单一化产业结构有其必然性。然而，一个经济体要实现多元化发展，需要拥有实现多元化的内生机制，区域规模也是非常重要的影响因素之一。一般情况下，区域规模越大，其多元化水平越高。

澳门GDP总量虽然持续增加，但与香港及内地主要省市对比，还相差甚远。如图5－7、图5－8所示，澳门GDP与内地的一线城市

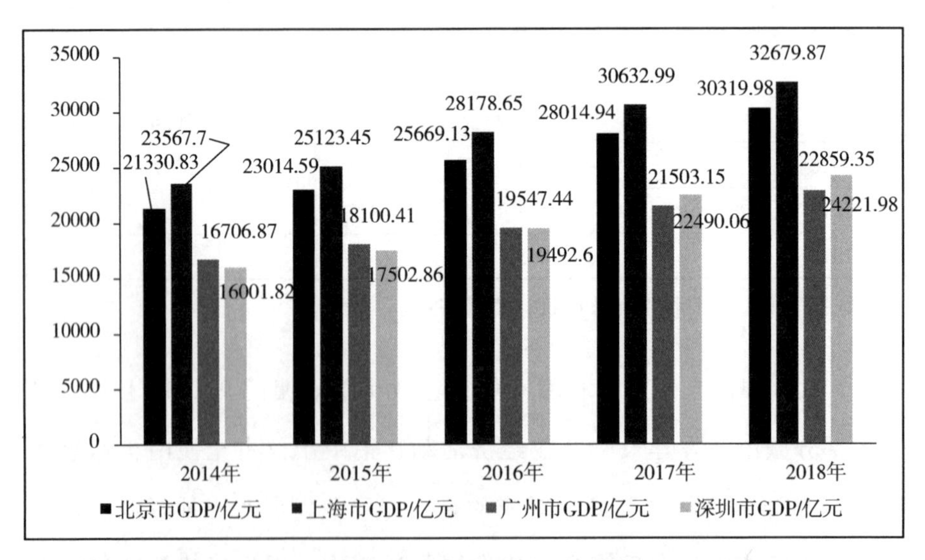

图5－7　2014—2018年中国内地一线城市GDP对比

数据来源：国家统计局。

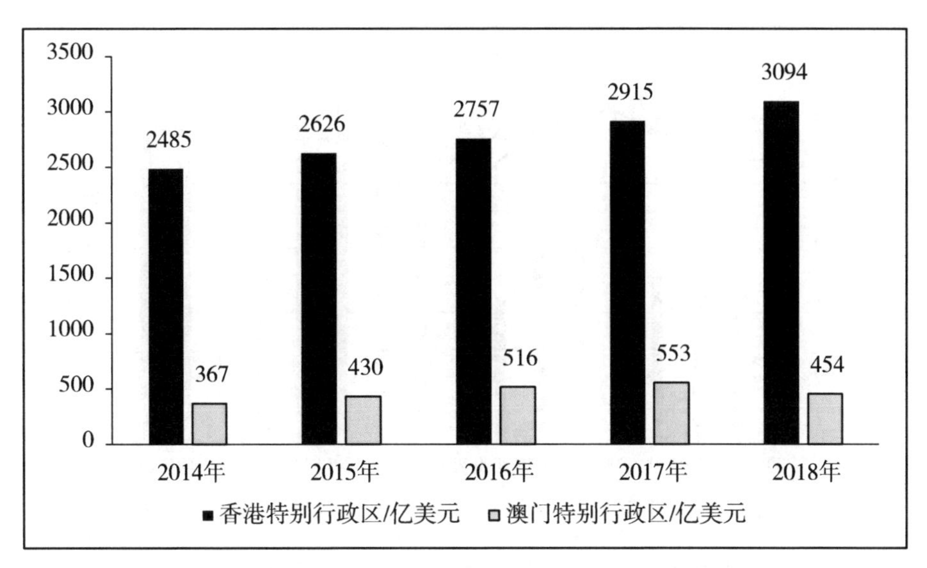

图 5－8　2014—2018 年香港、澳门特别行政区 GDP 对比

数据来源：国家统计局。

GDP 对比，2018 年北京市 GDP 为澳门特别行政区的 9.98 倍，香港特别行政区为澳门特别行政区的 5.27 倍。可以看出，澳门本身由于地域狭小、产业单一，市场规模发展还是非常有限。

（二）澳门与内地合作规模有限

首先，投资贸易比例增长不明显。进出口贸易方面，由图 5－9 可见，2002—2018 年澳门进出口总额不断上升，但其与内地贸易额的占比一直维持在 30% 左右，并没有明显的上升。2018 年，澳门拥有外来直接投资的企业共 3093 家，来自中国内地的企业有 943 家。2018 年年底，澳门的外来直接投资累计总额共 2928.3 亿澳门元，来自中国内地的直接投资额为 513.2 亿澳门元，同比上升 9.4%。虽然近年来澳门和内地的合作有一定的增长，但规模还比较有限。因此，澳门与内地在投资贸易方面还有进一步的市场增长空间。

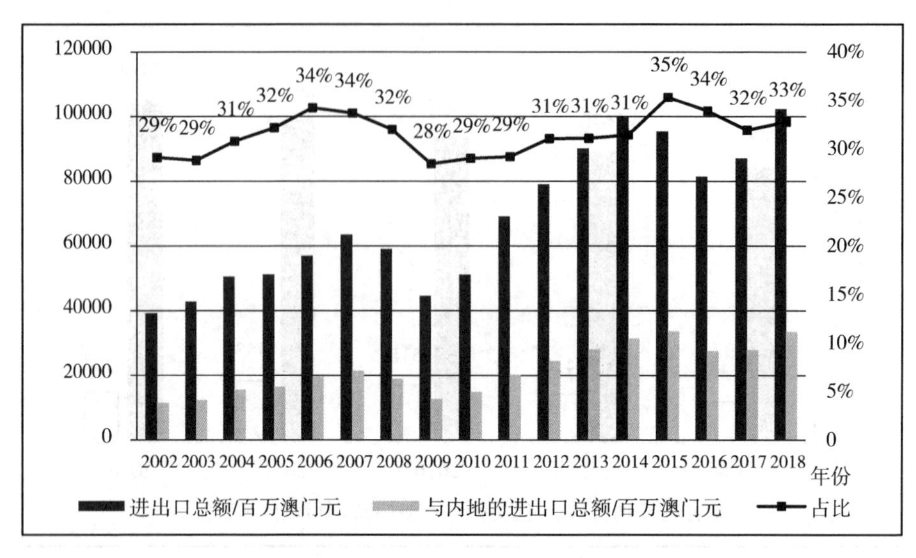

图5－9　2002—2018年澳门对外与内地贸易情况

其次，澳门与内地合作项目分工不明确。澳门与内地合作目前主要集中在横琴，联合珠海市人民政府欲将横琴新区打造成一个新的多元服务基地；同时，积极推动与中山、南沙、江门等周边地区的合作，循序渐进地推动澳门园区和相关产业的投资。但粤澳的合作在很多方面已经出现了分工不明、互补性不足的情况。例如，澳门与珠海目前在横琴开发、商业贸易和旅游开发等领域还存在各自为政、重复建设、互相竞争的情况，影响资源互补优势。特别是在服务业领域，粤澳分工合作的水平明显低于粤港。如在金融业方面，香港侧重于以财富管理、衍生工具流通为主的国际性金融服务，广东则侧重于股票、债券管理等连接内地市场的金融服务。同时，粤澳旅游合作现状也典型地反映出“合则两利、分则两损”的影响，粤澳旅游客源没有实现双向流通，旅游资源的融合程度较低。澳门旅客大都从珠海进入港澳地区，而由澳门进入珠海的国际游客则非常少。

第三节　对 策 分 析

一、澳门产业适度多元化思路概述：横向纵向两个思路

针对以上对澳门产业的现状及存在问题的分析，学界比较认可的解决方案就是澳门产业适度多元化。所谓“适度多元化”，并非全面、全产业多元化，因为结合澳门地理环境和经济环境的实际条件，澳门的产业结构调整不能盲目追求“大而全”的产业结构，建立完全健全的产业结构在澳门是不现实的，也是不必要的。为了既能保持澳门原有的经济特色和竞争优势，又能起到分散风险的作用，促使澳门经济发展的综合推动力形成，增强澳门经济发展的内生增长动力，实现澳门经济可持续发展，因此，提出“适度多元化”的概念。目前，学者就如何实现澳门产业多元化提供了两种思路。

其一，从澳门的实际出发，通过增加博彩及相关产业内部的非博彩因素，并不是要削弱、动摇博彩及旅游业在澳门经济中的支柱地位，而是在保持博彩业健康发展的基础上，延伸或衍生相关的产业，形成以博彩业为“龙头”或“龙头产业”，会展、旅游、金融、餐饮、地产等产业（民间称为“龙身”与“龙尾”的）为支持、服务的产业集群，最终实现纵向（垂直）多元化。

其二，引导澳门产业向非博彩业产业的发展，提高澳门产业结构中非博彩业的比重，区别于博彩业产业集群内部产业链纵向延伸的多元化。其途径是在博彩业领域外另立的新产业体系——主要包括一般制造业、出口加工业、文化产业、教育产业、中医药等科技产业等，最终利用澳门自身优势实现横向（水平）多元化。

目前，主张纵向多元化观点的是主流，横向多元化在理论与现实方面都处于弱势，而且由于博彩业的“挤出效应”，似乎澳门产业的纵向多元化与横向多元化是相互矛盾的。其实，两者未必不能协调起来，并且纵向多元化的过程中往往也包含着横向多元化，关键之一要看政府产业政策与市场均衡调节之间关系的把握，在纵向与横向多元之间做出协调发展，正是“适度多元化”的要义。

因此，不能因过去几年澳门博彩业的爆炸性增长与博彩产业集群纵向多元化的快速发展而废弃产业的横向多元化，也不能因某一横向多元化努力遭遇困难而断言其不可行。澳门应该形成一个相对健全的产业结构，第二产业作为经济发展的工业基础必不可缺。澳门应该让萎缩的第二产业发展起来，并且顺应时代科学技术发展的要求。第二产业应当以高技术、高附加值为目标，大力利用高科技技术和发展高科技企业，从而改变澳门经济过度依靠博彩业的局面。在充分照顾博彩业一枝独秀的情况下，找准推进经济发展的支脚，以“国际服务中心”为主导方向，并且有意识、有节制地发展第二产业，使之与第三产业合理互补，在发展澳门产业适度多元化的同时，逐步培育澳门经济自主增长与创新能力，使澳门彻底摆脱长期以来高度依附的非自主型经济，形成具有内生增长动力的自主型经济体。一纵一横、一张一弛，要平衡、适度，以纵向多元化为主，辅之以横向多元化，才能保证澳门经济的世界竞争力，促进澳门经济的可持续发展。

二、澳门经济适度多元化的发展沿革

澳门于1999年12月20日回归祖国。在回归前几年，澳门经济持续下滑，连续多年负增长，1996年至1999年本地生产总值连续4年负增长；失业率高企，1999年失业率高达6.4%；居民收入下降，1999年就业人口月工作收入比1996年还低。整体经济低迷，营商环境恶化，治安不靖，投资者却步。回归祖国后，澳门特别行政区政府实行“固本培元，稳健发展”的施政方针，凝聚各界力量，把握内外机遇，克服亚洲金融风暴的后遗症、外部经济环境的波动以及“非典”和禽流感疫情冲击等不利因素，妥善解决了回归后出现的各种矛盾和问题。澳门特别行政区政府坚持和维护自由市场经济制度，致力完善公平竞争的营商环境，循序渐进地进行各项改革和开放，特别是进行了博彩业、电信业等专营领域的市场开放和专营制度改革；促进经济发展，扬长避短，以旅游服务业为突破口，推动整体经济复苏和发展；充分发挥“一国两制”和自由港的优势，推进区域经济合作，特别是全面推动与内地经济合作。经过各界的共同努力，回归后的澳门实现了持续快速发展，经济面貌焕然一新。

长期以来，澳门的四大支柱产业分别是博彩业、制造业、金融保险和建筑房地产业等，回归以来，由于经营环境的变化，四大产业发展趋势不同：对制造业，特别是传统制造业而言，由于人力资源缺乏、经营成本上升，竞争力减弱，创新乏力等问题困扰，制造业，尤其是传统的纺织等产业发展乏力，在澳门经济中的作用逐渐式微，制造业产值占GDP的比重已由1999年的9.4%持续下降到2005年的5%。金融保险业由于回归后澳门经济高速、稳定的发展，尤其是龙头产业博彩业的高速发展而有了良好的前景，且稳步增长，年增长率均维持在10%以上。房地产市场自2002年下半年以来，逐渐摆脱了近10年的低迷状态，开始进入恢复性增长期，市场需求明显增加，空置率下降，楼价攀升。房地产市场出现了由消化历史积累向增加市场供应量转变，由政府政策支持带动向市场主动调整转变，由内部需求消化向内外投资拉动转变等特点。据统计，澳门楼房空置数由2003年的12034个，逐步下降到2004年的8960个及2005年（1—9月）的7692个；2005年新动工楼宇单位数目为4849个，比2004年大幅增长近76%；2005年住宅楼宇买卖单位数目为20588个，比2004年增加32%，比2003年增加98%；以实用面积计算，2005年澳门整体住宅单位每平方米的平均成交价为10140元，比2004年的7916元上升约28%，较2003年的6360元上升约60%。但在银行多次提高按揭利率及政府调整投资居留政策等一些措施的出台后，澳门房地产市场目前开始进入交投淡静的调整期。

澳门回归祖国以后，首届特别行政区政府在整顿治安和复苏经济的同时，着重进行了制度创新。改革博彩业专营体制，逐步实现自由竞争进入了澳门特别行政区政府的视野。何厚铧一方面开放澳门的博彩业经营权，引入国际财团为澳门带来现代化的博彩业经营理念，彻底改革澳门博彩业；另一方面铲除过时的赌档黑社会争夺利益的经营方式，使澳门不仅在经济上而且在治安上跃升为一个国际级赌城。经过牌照招标等一系列活动，2002年4月1日起，澳门特别行政区正式决定实施赌权开放，澳门博彩业改由澳门博彩股份有限公司、永利度假村澳门股份有限公司（由澳门地产商黄志诚与美国西部“赌城之父”史蒂芬·温合资组建）和银河娱乐场股份有限公司（黄志诚与美国“会展大王”谢尔顿·阿德森合资组建）3家共同经营。澳门旅游娱乐公司对博彩业40年的专营历史就此告终，澳门博彩产业进入了新的竞争时代。而在内地逐步开

放自由行以来，博彩旅游业逐步成为澳门的龙头产业及拉动澳门经济增长的主要动力。据统计，澳门博彩收益年增长率1999年为-10%，但到回归后分别为2000年12.9%，2001年15.2%，2002年18.1%，2003年33.5%，2004年43%，2005年8.3%，呈逐年加速的快速增长态势(但自2005年年初起，增速有所回稳)。

然而，值得注意的是，随着经济的快速发展和变化，过去潜伏的诸多矛盾逐渐浮现出来，同时又出现了一些新的矛盾。其中，最引起学者关注的就是经济适度多元化问题。早在1991年，杨允中在《澳门产业结构特点分析》一文中就提出“适度”的发展概念：澳门的第二次产业中有轻无重宜推行适度的工业多元化和产品高档化政策。

澳门回归祖国以后，旅游业发展迅速，入境人数连年增加，内地游客逐步占据多数。2004年内地来澳门游客达到950万人次，占入境总人数的57%，比2003年增长66%，为澳门带来270亿澳门元的收入。自1962年澳门博彩股份有限公司正式成立以来，博彩业集天时、地利、人和的优势快速发展，博彩业税收成为政府收入的主要来源。2004年，澳门博彩业税收达147亿澳门元，占澳门全年财政收入的75%以上，博彩业收益达368亿澳门元。博彩业的扩张发展远远超过其他行业的增长速度，经济体系的脆弱性日益严重，将成为今后澳门经济可持续发展的一大隐忧。一方面，由于澳门土地资源狭小，人力资源有限，城市基础设施相对不足，在产业的选择上缺乏重新调整的回旋余地，则博彩业的快速扩张势必影响其他产业协调发展，妨碍人力、土地等有限资源的合理配置。另一方面将对传统产业的发展产生一定的抑制作用。数量多、规模小、竞争力弱是澳门中小企业的重要特征。博彩业快速扩张必将引起各个行业劳动力成本的上升，这在一定程度上会降低中小企业的竞争能力。在就业人口有限的情况下，博彩业通过高薪挖掘人才。据澳门特别行政区政府统计，2004 年 12 月博彩业全职员工平均月薪酬 10730 澳门币，此薪酬还未包括年终双薪、年终赏金、花红及其类奖金。其中，兑换、赌场监场、巡场、荷官等员工平均薪酬为 11420 元，赌场侍应生、护卫、保安等平均月薪 6311 元。这远高于当年澳门平均每月中位薪酬 5500 澳门元。因此，澳门许多中小企业的中高等技术职员，包括会计、秘书或行政管理等大量流向博彩业。紧接着，餐饮、酒店等相关行业的员工也短缺。金沙开业后，其配套餐饮业搞得有声有色，但同时挖走大批中小餐饮业的人才。再有，随着大量大型综合性娱乐设施纷纷上马，澳门的建筑工人奇缺。2005 年首季，建筑业工人平均月薪超过中位数的水平，与去年同期相比上升 17. 99%。澳门中小企业发展面临人力资源、土地资源等的稀缺，引发生存危机。此外，由于澳门社会行业间的平均利润率和投资回报率的差距进一步拉大，社会资本纷纷流入与博彩有关的行业。

中小企业是产业适度多元化的主体，是社会稳定的重要基础，经济结构失衡将会导致澳门经济抵御风险的能力进一步降低，进而影响澳门的经济安全和社会稳定。在博彩业为澳门带来巨大收益的同时，经济对博彩业的依赖性也进一步增强，中小企业的发展空间受到巨大的挤压。由于博彩业的兴旺需要大量的劳动力资源，中小商贸企业的用工成本在政府限制外来劳工的情况下大量增加，而且短期内游客的大量涌入刺激了地价和房价的快速上扬，从而挤压了商贸服务业的利润空间，甚至使之出现大量亏损。因赌博引起的犯罪和青少年过早辍学到赌场就业的情况也开始增加。与此同时，澳门博彩业的繁荣更多地得益于周边国家和地区的“禁赌”政策。韩国、马来西亚、菲律宾、澳大利亚等国陆续开放赌场，而中国台湾地区和东南亚一些国家要求赌博业开禁的呼声也不绝于耳。因此，如何保持澳门博彩旅游业的竞争优势，完成博彩业由政

策支撑型向市场自立型的转变，成为当务之急。

产业结构较为单一，经济对外高度依赖，已成为澳门经济可持续发展最大的隐忧和障碍，事实上，澳门特别行政区政府早已注意到产业结构较为单一对经济发展的制约作用。2001 年，澳门特别行政区政府行政长官何厚铧先生明确提出，澳门发展定位是以旅游博彩会议中心为主要的发展核心，牵动发展其他产业，在未来十年内，这个定位相信难以有大的改变。这也是澳门回归以后特别行政区政府明确提出的澳门的产业发展定位。显然，关于产业多元化的问题，对于澳门特别行政区政府来说，一方面，还没有提到议事日程上来；另一方面，还需要进一步的观察和研究。

经济财政司司长谭伯源在 2002 年曾指出："我们讲博彩旅游业是龙头，是为了突出产业重点，但博彩旅游业不是唯一的产业，政府并不忽视其他行业的发展；我们讲服务业是主体，但并不放弃在澳门有条件发展的工业；我们讲各行业协调发展，是指按照市场经济规律，只要能发展的产业都要适度发展，而政府将给予必要的引导和扶持，在优化传统产业的同时，亦将培植和推动新兴产业的发展，以形成较为合理和多元的产业结构。"

2002 年 5 月 27 日，澳门发展策略研究中心会长梁维特在研讨会上明确表示："'以博彩旅游业为龙头、以服务业为主体，其他行业协调发展'的发展策略既凸显了博彩旅游业的龙头地位，明确了服务业的重要分量，亦提出注意适度均衡发展的观点，在现在和可见的未来，澳门的经济发展是应该有主次之分的，但却并不意味着一花独放。"事实上，梁维特的观点提出了对澳门产业结构单一问题的担忧。中华总商会理事长许世元同时也在会上明确表示："在面对国际形势不断变化的新世纪，经济全球化和地区一体化不断加快，澳门经济结构转型，各行各业均需以创新的思维、开拓的精神推动主体行业更健康发展的同时，又能协调好其他产业的优化和成长，维持产业结构的适度多元化和均衡，以达至维护澳门社会整体利益。”许世元的观点明确提出了澳门产业多元化的问题。这可以说是2002年在澳门学术界和产业界具有代表性的关于澳门产业多元化问题探讨的基本观点。

2002年，澳门特别行政区政府行政长官何厚铧先生在施政报告中明确指出：“我们亦须注意协助原有及其他产业的优化和成长，维持产业结构的适度多元和均衡，以增强对外围环境变化的适应能力和对风险的抵御能力。”这是澳门特别行政区政府从1999年回归以来，官方明确提出关于澳门产业结构调整的基本观点。也就是说，澳门产业结构的发展方向是适度多元和均衡发展。

2002年年底，立法会在引介2003年经济财政施政方针时更明确提出，结构调整的方向是巩固和加强博彩旅游业的优势，促进传统产业转型，有选择地发展新兴产业，促进澳门经济结构适度多元化。时任行政长官何厚铧也反复强调澳门经济要适度多元发展。

国家“十一五”规划明确支持澳门的产业多元化发展。2005年10月18日，《中共中央关于制定“十一五”规划的建议》中提出，支持香港发展金融、贸易、航运等中心地位。支持澳门发展旅游等服务业、促进澳门经济适度多元发展。这不仅是澳门回归5年来国家首次将香港和澳门的发展纳入国家的发展战略，而且也是首次对澳门产业多元化发展方向问题的明确定位。也就是说，澳门的产业多元化定位就是促进经济适度多元发展。国家“十一五”规划对澳门的产业发展定位，不仅得到了澳门特别行政区政府、产业界、学术界和澳门社会各界人士的广泛认同，而且也符合澳门产业结构发展的现状。澳门产业发展的定位现在已经明确，困难的是澳门怎样实现经济适度多元发展的问题。有学者指出，尽管近年特别行政区政府为推动澳门产业适度多元，投放不少精力及资源，但至今成效不彰。CEPA、“9 +2”等区域经济合作，澳门绝大部分时间仍只扮演配角。即使是近年积极打造的中葡、粤西及世界华商三大服务平台，亦只是停留在打造、构建的基础阶段，产业距真正发展成形仍有距离。

有学者指出：“产业多元化先由护苗开始。为了保持澳门经济稳定长远发展，产业多元化是必要的，但如何在‘温室’内，使产业多元化的苗子——澳门中小企业，能在竞争激烈的环境下得以继续成长，将是政府需要思量并解决的难题。”澳门经济依赖博彩业，结构单一，促进“产业适度多元发展”对澳门极为重要。据当时，《澳门日报》报道：“日前，国家副主席曾庆红在海南岛会见出席博鳌论坛的澳门行政长官何厚铧时，再次叮咛澳门政府与社会各界人士，要为促进澳门经济适度多元发展做出新的努力，为澳门长远发展打下坚实基础。此前，总理温家宝出访东南亚时，也曾经隔洋传话，明确要求澳门政府重视经济适度多元。”中央领导人再三提醒澳门要推动经济适度多元，除了体现中央政府在澳门产业发展问题上的一致政策和观点，也证明中央政府对澳门的经济发展局面确实非常关注。

为此，针对中央政府的关注，以何厚铧为首的特别行政区政府高度重视，成立了专门机构，就经济适度多元课题展开评估、研究，以期尽早落实澳门经济适度多元的可行方案。澳门经济学会理事长刘本立指出：“单一化的产业结构必然导致经济发展的不稳定性及波动性，考虑到澳门的比较优势及有限资源，应先透过垂直多元的深化，在中短期实现产业适度多元。澳门产业结构的多元化方向应是‘垂直式’而非‘横向式’，应是原有优势产业——博彩旅游业链的延伸，是产业内部的多元化。事实上，从澳门经济的中期发展来看，未来数年，澳门经济仍需依靠博彩旅游业作为发动机。‘垂直多元’首先要在博彩业继续健康发展的基础上，将做大做强旅游业。”澳门发展策略研究中心理事长萧志伟认为，“产业适度多元”能减轻经济结构单一带来的风险，澳门特别行政区政府朝这方向发展无疑相当正确。所谓的“适度”，是根据澳门的人口规模、资源限制等实际条件定位。澳门大学博彩研究所所长冯家超认为，澳门博彩业应适度多元发展，平衡博彩、酒店、零售等行业间的分工。至于博彩业的未来发展，他认为，业界可效法拉斯韦加斯，进行适度多元，扭转现时九成收益来自赌桌，只有一成来自酒店、零售等相关行业的不平衡收入比例；平衡博彩业与其他行业的分工，带动其他行业的发展，将博彩经济的积数效应延伸到其他行业，使澳门经济发展达至多元。

对澳门来说，经济适度多元化，就是经济不要过度集中于博彩业，而是要利用澳门的优势和特点，尽量发展一些虽然与博彩业相关的行业以及其他与博彩业关联度不大，但适合澳门特点的行业。从中短期来看，澳门经济适度多元化分三个层次。第一个层次是促进博彩旅游业的多元化，通过博彩业带动相关产业发展，扩大产业集群效应。具体来说，在保持博彩业发展的同时，要扩充旅游业的内涵，推动会展、休闲、度假、观光、购物等相关行业发展。第二个层次是适度发展符合澳门特点的一些服务行业，如贸易、物流、金融、顾问咨询以及与居民生活和城市环境相关的其他行业。第三个层次是促进适合澳门的工业发展，推动传统工业转型。澳门既不具备条件，也无必要大规模地发展工业。但从经济稳定和就业多样选择来考虑，工业又是需要适度发展的。2005 年，澳门出口加工业产值为 200 多亿澳门元，工业生产净产值在本地生产总值中的比重约为 5%，成衣及纺织产品产值占出口加工业的比重约为 80%，但出口加工业在澳门日渐式微。澳门政府

鼓励工商界投资生产澳门尚未生产的产品，发展新的工业，特别是利用澳门自由港的优势，发展内地需要进口原材料生产的产品。

适度多元化绝不是全面多元化，不是将社会有限的资源分散至大量行业，从而导致经济效率降低以及经济成本大幅增加。产业结构的适度多元化一般被认为是既可保持产业的国际竞争优势，又能相对降低经济风险的有效办法。

中央政府也密切关注澳门博彩业快速发展及其对澳门经济、社会和民生等各个层面的影响，并积极回应和支持澳门特别行政区政府为推动经济适度多元化发展所提出的多项建议与要求。例如，及时签订CEPA及其各项补充协议、开放内地部分地区居民个人赴澳门旅游、批准建立珠澳跨境工业区、创新粤澳合作联席会议机制、加快推动港珠澳大桥建设等政策措施。中央政府在国家“十一五”规划中明确提出：“支持澳门发展旅游等服务业，促进澳门经济适度多元发展。”国务院公布的《珠江三角洲地区改革发展规划纲要（2008—2020年）》也提出，按照“科学发展、先行先试”的原则推进粤港澳经济一体化，将澳门定位为世界旅游休闲中心，并批准横琴岛开发作为粤澳产业合作的又一平台。中央政府对澳门的全力支持，反映了内地希望澳门继续长期繁荣稳定发展。这不仅是落实“一国两制”政策的需要，也有利于澳门在内地的开放改革中发挥更多的桥梁作用，扮演好中介角色。把澳门经济适度多元化确立为国家战略，对于澳门的经济发展具有十分重要而深远的意义。

促进经济适度多元发展既是社会各界正共同努力的方向，也是澳门经济可持续发展的必然之路。经济适度多元发展，能够为经济增长提供新的动能，为就业者提供更多就业的选择，为创业者提供更多发挥的平台，为居民创造更多样化的产品，增强社会抗御风险的能力。

澳门不断立足于过去的发展基础，透过系列科学调研及政策措施，与社会共同以坚定的决心，落实经济适度多元的发展策略，提升经济发展的总体质量。表5－6是澳门特别行政区政府年度施政报告中促进经济适度多元化发展的政策梳理：

表5－6　澳门适度多元化政策演进路径

文　　件	内　　容
2003年经济财政领域施政方针政策	1. 以博彩旅游业为龙头、服务业为主体、各行业协调发展的经济发展定位，将澳门逐步发展成为有吸引力、有特色的博彩旅游、会展及商贸服务中心； 2. 加快发展离岸服务业； 3. 推动转口贸易和物流业发展； 4. 与其他范畴配合，共同支持和鼓励信息技术产业、会展业等行业发展； 5. 加强对外宣传澳门作为博彩旅游和商贸服务中心的定位，吸引更多外资来澳门； 6. 根据澳门社会经济发展的实际需要，在充分发挥本地人才作用的前提下，吸引专业人才来澳门，配合澳门产业发展和升级
2004年经济财政领域施政方针政策	落实《内地与澳门关于建立更紧密经贸关系的安排》（简称《安排》）： （1）有效利用货物贸易“零关税”安排； （2）协助服务行业抓紧时机，抢先开拓内地市场； （3）在贸易投资促进、电子商务、中小企业合作等领域加强合作，消除两地经贸合作中的障碍
2005年经济财政领域施政方针政策	1. 借鉴国际博彩业管理经验； 2. 加强博彩监管人员和从业人员培训； 3. 促进博彩业带动相关行业发展； 4. 加强博彩业发展和管理问题的调查和研究； 5. 密切跟进2005年全球成衣及纺织品配额取消后对澳门加工业所产生的影响，协助业界应付配额取消后所出现的新困难和压力； 6. 加紧落实澳珠跨境工业区计划

续上表

文　　件	内　　容
2006年经济财政领域施政方针政策	1. 利用《安排》中有关贸易投资便利化及服务贸易优惠条件，促进适合澳门的一些新行业，如展览展销、物流业等行业发展。 2. 鼓励业界利用《安排》零关税优惠，投资生产澳门目前尚无生产的产品。 3. 加快跨境工业区澳门园区建设和发展。 4. 落实《安排》： （1）与内地形成更加紧密的经贸关系；打造区域性商贸服务平台； （2）积极参与泛珠三角区域合作； （3）积极参与有关国际经贸组织和活动； （4）研究有选择地参与自由贸易区谈判，争取加入更多的自由贸易区
2007年经济财政领域施政方针政策	1. 促进博彩旅游业本身的适度多元化，并发挥其龙头带动作用； 2. 办好澳门国际贸易投资展览会（MIF），打造会展品牌； 3. 协助澳门会展企业拓展内地市场，推动内地与澳门业界在互惠互利的基础上，提升和扩大合作的层次与内容
2008年经济财政领域施政方针政策	把握国家“十一五”发展机遇，促进澳门经济适度多元化。加强与内地经济合作，协助业界进入内地发展，并引导和吸引内地企业，特别是中小企业来澳门发展，利用澳门平台“走出去、请进来”
2009年经济财政领域施政方针政策	1. 落实ATA单证册制度，为会展业发展创造便利条件； 2. 促进技术含量和附加值相对较高的工业发展，推动传统工业转型和升级； 3. 内地将对原有的16个服务贸易领域进一步深化开放，特别是会计、医疗、人员提供与安排、会展、社会服务、旅游、个体工商户等服务领域的开放程度明显加大，并新增加与采矿相关服务、与科学技术相关的咨询服务2个领域，使服务贸易开放领域达至40个。在贸易投资便利化方面，除原有的8个合作领域外，新增了一项“品牌合作”
2010年经济财政领域施政方针政策	1. 培育和打造澳门品牌会展，办好“澳门国际环保合作发展论坛及展览”（MIECF）； 2. 继续提升“澳门国际贸易投资展览会”（MIF）的国际化水平和形象，吸引世界各地更多的专业客商来澳门参展和参会

续上表

文　　件	内　　容
2011 年经济财政领域施政方针政策	推动传统工业转型和升级，促进适合澳门的工业发展： 1. 提供相关课程和支持，增强企业对供应链管理、品牌管理、内地及海外营商环境的认知； 2. 为业界提供工业产品代送外检测服务，并就建立本地检测及认可体系的可行性进行研究； 3. 提升企业防范信用风险的意识，协助企业建立信用风险管理机制，以更好地利用市场上各种风险管理工具
2012 年经济财政领域施政方针政策	1. 配合推动物流业、文化创意产业等产业发展： （1）加快修订《对外贸易法》，简化进出口管理制度； （2）根据业界需求，强化物流专业人员的培训及认证工作； （3）为业界提供针对物流企业营运系统操作标准的信息； （4）协助业界应用新技术，如无线射频识别（RFID）来提升物流效率 2. 引进特许经营政策：积极吸引特许经营商、品牌企业来澳门投资及与澳门企业合作，为中小企业转型，以及发展特许经营、品牌代理业务创造商机
2013 年经济财政领域施政方针政策	1. 推动中医药产业发展，务实地参与产业园建设和发展，加紧与珠海筹组合资公司，通过合资公司，推动粤澳合作中医药产业园建设； 2. 推动工业转型：协助服装工业向高增值方向转型及发展自有品牌，举办澳门服装节，鼓励本地设计及品牌参与境内外展览交流活动等； 3. 打造中葡经贸合作服务平台； 4. 参与合作开发横琴； 5. 推进两地金融和中小企业合作
2014 年经济财政领域施政方针政策	协助零售业、旅游服务、餐饮行业等服务行业发展。协助服务行业建立质量管理制度及提升从业员素质。为零售行业开办公开或受企业委托的培训课程，协助服务企业引入或建立一套适合其需要的系统化管理模式。透过中小企业中介服务，向企业提供运作及营销方面的建议
2015 年经济财政领域施政方针政策	1. 督促博彩承批公司增加非博彩元素； 2. 督促博彩承批公司优先采购澳门制造的产品和本地服务； 3. 启动研究建立衡量新兴产业发展的统计指标体系； 4. 启动经济适度多元化规划的研究工作

续上表

文 件	内 容
2016年经济财政领域施政方针政策	1. 推进金融业基础设施建设： （1）构建澳门人民币即时支付结算系统（RMBRTGS），将展开多轮的系统仿真运行，落实系统上线并优化系统性能； （2）构建澳门票据清算电子化系统； （3）构建中央信贷数据库 2. 发展澳门特色金融产业：结合澳门优势，发展特色金融产业。正研究结合澳门的“一国两制”和其他优势，推动澳门金融产业发展，在“一带一路”中发挥应有作用，与澳门建设成为中国与葡语国家商贸合作服务平台的发展定位结合，在澳门发展特色金融产业，更好地参与国家整体发展规划，并增加就业和推动澳门产业适度多元化
2017年经济财政领域施政方针政策	1. 促进博彩企业发展非博彩元素并落实“以大带小”：推动经营幸运博彩业务的综合旅游休闲企业，持续开拓及优化非博彩元素，进一步发展中场业务，开拓更多优质的商务及休闲客源；同时落实“以大带小”，优先采购本地中小微企产品及服务，在辖下项目设施内引进更多本地企业。调控博彩业发展规模。 2. 推动特色金融产业发展，助力“一个平台”及“一带一路”建设
2018年经济财政领域施政方针政策	1. 推动制造业升级转型，提高发展质量： （1）逐步制定和落实推动制造业发展的政策和措施，并计划先以制药业、食品及保健食品制造业、高端服装制造等为切入点开展工作； （2）通过信息发布、研讨会、咨询服务及资助计划等推进《金伯利进程国际证书制度》立法的筹备工作 2. 用好用足支持措施，夯实澳门“中国与葡语国家商贸合作服务平台”建设，促进其与“一带一路”有机结合
2019年《粤港澳大湾区发展规划纲要》	1. 推进澳门和中山在经济、社会、文化等方面深度合作，拓展澳门经济适度多元发展新空间； 2. 支持佛山南海推动粤港澳高端服务合作，搭建粤港澳市场互联、人才信息技术等经济要素互通的桥梁

资料来源：作者整理。

2003 年，澳门特别行政区政府已经明确了以博彩旅游业为龙头、以服务业为主体，其他行业协调发展的经济发展定位，希望将澳门逐步发展成为有吸引力、有特色的博彩旅游、会展及商贸服务中心。政策的基本方向是巩固和加强博彩旅游业的优势，促进传统产业转型，有选择地发展新兴产业，提升各产业技术和管理水准，逐步走高增值之路，增强各产业的竞争力，并推动澳门产业向适度多元化方向发展。保持和加强龙头产业发展优势，借开放之势，提升博彩业的档次和竞争力。为此，在健全博彩业法律法规、加强博彩业监管的同时，与有关方面协作，加大博彩业从业人员培训的力度，提升博彩业从业人员的素质和服务水平。扶助新兴产业发展，培育新的经济增长点。同时，协助澳门成服纺织业转型，应对 2005 年配额取消的变化，并鼓励和支持新兴工业发展，促进澳门经济的适度多元化。

2004 年，为落实《内地与澳门关于建立更紧密经贸关系的安排》，按照“突出重点、协调发展”的原则，优化澳门产业结构，一是提升传统产业，增强其竞争力；二是培植新兴产业，促进澳门产业结构适度多元化。巩固和加强博彩业优势、促进传统产业转型及扶持具发展潜质的高增值产业，促使澳门逐步形成一个健康、协调、稳定而又具增长动力的产业结构，以实现澳门经济可持续发展。

2005 年的工作重点是提升博彩业的竞争力，加强龙头产业的带动作用。同时，保持工业适度发展：密切跟进 2005 年全球成服及纺织品配额取消后对澳门加工业所产生的影响，并研究提出相应的对策措施，协助业界应付配额取消后所出现的新困难和压力；加紧落实澳珠跨境工业区计划，努力使工业区达到增加本地就业、促进澳门工业多元化和升级的预期目标。推动产业适度多元化，促进离岸服务业、物流业、展览展销和中医药产业等行业发展。

2006—2011 年，在保持和巩固博彩旅游业发展的同时，澳门着力发展和提升相关服务业，积极促进经济适度多元化，形成较为多元化的经济结构。首先，促进博彩旅游业的多元化，做优做强博彩旅游业，培育与博彩旅游相关的产业集群。其次，促进适合澳门的新兴产业成长，特别是研究采取相关措施，营造环境，重点推动会展业、物流业、转口贸易等产业发展，培育新的经济增长点。最后，切实推动传统产业转型和升级，支持和鼓励技术含量和附加值相对较高的工业发展。提升各产业技术和管理水准，增强各产业的竞争力，促进产业结构日趋优化。

2012—2014 年，世界经济继续面对巩固复苏势头、消除国际金融危机后续影响的任务。一些国家主权债务风险上升，以及通货膨胀和资产泡沫化的问题，可能冲击世界经济复苏的进程。这阶段澳门产业政策目标首先是促进博彩旅游业适度多元化，培育和增加旅游元素，推动旅游向集博彩、娱乐、会展、度假、观光、购物、美食、体育、健康服务、文化体验等于一体的休闲旅游发展。同时，加快发展相关服务行业，巩固和完善商贸服务平台功能，重点是打造中葡经贸合作服务平台，逐步将澳门建设成为世界旅游休闲中心和区域商贸服务平台。

2015 年，澳门坚持横向多元与纵向多元并举。①在推动优势产业链延伸，促进博彩业与其他相关产业联动发展的同时，促进和培育适合澳门发展的新兴产业，重点是支持会展、中医药、文化创意等行业发展。②坚持本土多元与区域合作多元（外延多元）联动。由于澳门发展空间狭小，在经济区域化和全球化的今天，外延多元作为澳门经济发展的另一条“腿”，成为其经济适度多元化的一条重要途径。③坚持市场孕育与政府适度有为结合。政府按照市场规律，对有利于经济适度多元的行业给予适当的扶持，特别是对某些处于萌芽阶段而澳门具备条件发展的产业，政府给予必要的扶持和培育。

2016—2017 年，经济财政范畴在各项经济及产业研究的基础上，强化推动产业适度多元发展的顶层设计，统筹谋划，有效把握国家启动实施“十三五”规划、“一带一路”倡议和增设广东、福建、天津自由贸易试验区等有利机遇，结合澳门本身的优势和产业基础、业界和居民的竞争力基础，按照“横向多元与纵向多元并举、区内多元与区域合作多元联动、市场孕育与政府扶持结合”的策略，积极推动经济适度多元化，重点推动以“会议为先”的会展业、澳门特色金融产业、中医药产业、电子商贸等新兴行业发展，推动工业转型升级，逐步促进更多支柱产业成长。

2018 年，澳门落实国家支持政策和澳门发展定位，并与“一带一路”有机结合，加快新兴产业成长，促进经济适度多元。包括：①推进以“会议为先”的会展业提质发展，拉动周边行业及社区经济，促进区域间的双向经贸合作；②支持中医药产业发展，以葡语国家为切入点，促进中医药的标准化、国际化；③加快发展特色金融，打造“中葡金融服务平台”，服务“中国与葡语国家商贸合作服务平台”及“一带一路”建设；④用好用足支持措施，夯实澳门“中国与葡语国家商贸合作服务平台”建设，促进其与“一带一路”有机结合；⑤巩固原有优势产业基础，推动传统产业升级。2019 年 2 月 18 日，《粤港澳大湾区发展规划纲要》正式发布，澳门经济适度多元化上升到更高的战略规划当中。

三、澳门产业适度多元化路径分析

根据目前澳门经济的实际情况以及相关学术研究，澳门产业适度多元化的焦点应该主要集中在以下几个方面：

（1）优化旅游业产业结构，增加旅游业特色元素，拓宽游客来源，提升游客平均消费水平，增加游客停留天数，提升澳门的国际竞争力，将澳门打造成为“世界旅游休闲中心”。

（2）积极发展澳门会展业并积极开展与粤港会展业的合作。

（3）借助多项机遇，深化粤港澳金融合作，推动澳门金融业发展，带动中葡商贸平台发展。

（4）发展以文化产业为主的具有比较优势的新兴产业，形成新的内生增长动力。

（5）注重第二产业发展，重点加强澳珠跨境产业园的发展。

（6）加强教育发展，加大人才资源开发。

（7）引入多元资本参与澳门博彩专营权，以防止潜在的风险，实现博彩专营权主体多元化。

（8）解决土地资源限制、城市空间不足。

（9）扶持中小型企业。

（一）旅游业

就澳门产业整体而言，澳门博彩旅游业是不可分割的一体，旅游业也是博彩业产业链中最重要的一环。

澳门发展为亚洲历史名城，关键在于平衡文化与博彩两项重要的元素。澳门经济实质上是一个以旅游为基础的经济体系，这个定位既是澳门独特历史沉淀的比较优势，更是澳门在世界经济一体化和专业化分工中创造竞争优势的必然结果。因此，澳门进行产业化调整首先应从旅游业入手，进而延长其产业链，包括酒店、餐饮、娱乐、购物、旅游工艺品等形成产业链配套，同时促进博彩业的进一步发展。

借助粤港澳大湾区建设及“一带一路”建设等重要机遇，要把澳门打造成亚洲历史名城，丰富多元化旅游产业元素，提升其国际竞争力，拓宽游客来源，提升游客平均消费水平，增加游客停留天数。澳门深厚的中西文化底蕴是基础，而规划设计、具体项目的策划、营运和整体宣传是关键。

首先，推进粤港澳旅游合作，澳门要成为“世界旅游休闲中心”，需要把博彩业放在旅游文化产业的大框架中加以发展，成为旅游文化产业这一大框架中最具特色的，但不是唯一的元素。同时，要充分挖掘澳门特有的人文景观资源。澳门具有几百年的殖民地历史，融合中西文化，拥有众多历史文化遗产，它有许多各具特色的博物展馆，这种独特的风景可吸引众多中外游客。因此，要对澳门本地独特的资源进行设计整合，以提升澳门旅游的历史文化价值，提高澳门作为旅游目的地的含金量，形成不可替代的旅游吸引力。

在具体实施过程中，应在澳门特别行政区政府及本地企业的形象市场推广下，坚持以修缮世界遗产的公益性与旧城改造产业化结合的方针，以现代产业经营理念进行旧城修整，以主题公园以及区域特色概念去对旧城区独有的文化历史底蕴和旅游资源进行包装，积点成面形成大格局，同时规划更为经济合理的旅游线路，进而提升旅游的档次和品位，将游客观光旅游逐渐发展成为度假休闲胜地。

（二）会展业

把握多项机遇，通过粤港澳深度合作，积极推进澳门会展业的发展是澳门产业多元化必不可少的一环。从产业关联度基准、需求收入弹性基准、生产率上升基准以及比较优势基准等来看，会展业是澳门相对具有发展潜力并最有条件成为主导产业的产业。会展经济不仅可以培育新兴产业群，而且可以带动服务、交通、旅游、餐饮等相关产业的发展，从多方面带动和促进澳门的整体经济发展。同时，根据澳门的特点、条件和比较优势，澳门会展业要加强与邻近地区分工协作，形成错位互补的关系，并以中小型会议为主、展览为次，而展览又以中小型消费品展览为主。

（1）为促进会展业发展，政府可考虑设立会展业发展统筹机构或部门，以加强对会展业的引导和统筹，制定会展业发展的政策和措施，充分发挥澳门联系内地与各葡语国家的桥梁作用，使之成为经贸关系发展的平台。

在澳门发展会展业，必须依靠博彩旅游业的优势，将博彩旅游业作为吸引商会进入的一大特点，通过政府采取措施，吸引内地一些专业会议到澳门举办，同时努力发展国际性商务会议业和专业性、全球性的会展。由以往国际经验可知，以商务会展为主要目的的游客基本素质较高、消费能力强，在旅游行业中属于高端客户，因此，会展业的发展会提升澳门博彩旅游业的整体客户水准，从侧面提升博彩旅游业收益。通过会议展览活动开展贸易往来和项目开发合作，已经成为国际企业界向外探寻商机和拓展新市场的主要形式之一，也是一个国家或地区加强对外经贸交往常有的环节。澳门与欧盟国家渊源深厚，与葡语国家的联系历史悠久，能够为中国内地企业尤其是民营企业接触欧盟及葡语国家商界提供条件。澳门是连接中国与西方特别是欧洲市场的桥梁。这种国际关系网络资源及语言优势是作为国际大都会的香港所不能替代的。为此，澳门应以发展会展业为契机，将自身作为一个极具潜力的市场，充分发挥澳门联系内地与各葡语国家的桥梁作用，使之成为经贸关系发展的平台。因此，会议展览能带动旅游、餐饮、地产等相关产业的发展，它所产生的“乘数效应”将给当地带来巨大的利益，会展业不只是一个产生经济效益的行业，还能带动其产业链的发展。一个成熟的专业品牌展览可以促进另一个行业的发展，从而改变城市的产业结构，促进经济的多元发展，提高城市的整体素质。

（2）集中资源，在粤港澳大力发展多层次、相互补充的会展业市场结构，实现粤港澳会展业的深层次合作，共同深入探索构建粤港澳会展经济圈，增加粤港澳会展业的整体竞争力，提高其世界知名度。笔者经过考察国内外会展业的发展模式发现，现今会展业的一般发展趋势是强强联手合作、国际化运作以及国际集团化，国际上的许多会展业大组织和大企业都纷纷开始联手合作，以便优势互补，不断提升实力，打造成业内的“超级航母”。会展业内目前盛行这样的理念：一是与其群雄纷争争个鱼死网破，不如强强联手合作经营；二是与其四面出击，不如集中资源，在粤港澳大力发展多层次、相互补充的会展业市场结构，且实现粤港澳会展业的深层次合作，共同深入探索构建粤港澳会展经济圈，增加粤港澳会展业的整体竞争力，提高其世界知名度。

（三）金融业

在澳门产业适度多元化过程中，应该借助多项机遇，深化粤港澳金融合作，推动澳门金融业发展，带动中葡商贸的商贸平台发展。

已有相关分析表明，金融业是澳门近年来最具动态竞争优势的产业，这既是多年坚持推动多元化的成果，同时也是市场自然选择的结果。金融业是技术密集、附加值高的生产性服务业，其产业链条相对较长，同时对人力资本要求较高，发展金融业有利于澳门产业走向“横向式”多元化，实现经济可持续发展。澳门的金融业不但可以促进澳门会展、零售、酒店、运输等其他产业发展，而且自身独有的区位优势、制度优势以及与葡语系国家之间的联系，有利于带动澳门商贸服务发展，成为打造中葡商贸平台的重要一环。此外，金融业高素质的从业人员，有利于提升澳门整体劳动力素质，从而提升澳门经济整体竞争力。

（1）澳门金融业必须对外开拓市场，抓住粤港澳大湾区建设、CEPA以及广东自贸区等机遇，深化与粤港合作，以促进澳门金融业的发展。未来在深化合作的过程中，加强与横琴新区的融合，以及拓展珠江口西岸的市场都是澳门金融业努力的方向。

（2）利用博彩业的资金流发展以银行业为主的金融产业。博彩活动涉及大量的资金往来，可以为银行带来更多的资金来源、信贷需求、汇兑需求和中间业务需求，从而为银行业的创新发展提供众多机会。银行业可以在传统“存、贷、汇、兑”四大业务的基础上，针对博彩业的特点，优化自身运作流程，提高金融服务功能，将市场中的需求真正转化为产品，并进一步转化为银行业绩。

（四）文化产业

在澳门产业适度多元化过程中，政府需重视文化创意产业的发展。在推动经济适度多元化的过程中，应该加大对文化创意发展的资源投放，支持本地的文化创作，研究加强保留具有卓著艺术贡献、本土气息的文化作品，丰富特区的文化遗产内涵，最终形成以文化为元素的新兴产业，创造新的内生增长动力，促进澳门经济健康发展。发展澳门文化创意产业，有利于澳门在产业适度多元化的过程中更好地发挥自身优势，同时，也为澳门经济增长注入新动力，并向世界传递澳门本土独特的文化和形象。

（1）通过活化工厂专案，形成文创园区，产生集聚效应。文化创意产业的发展，政府起主导作用，因此，政府要尽力为文创产业提供帮助。首先，政府可以充分利用活化工厂专案，适当优先向从事文创行业的单位及个人提供场所，并在租金上实行优惠政策，以鼓励文创产业的发展。其次，政府可通过发展若干个重大专案或几个较大型的服务中心，为澳门文创产业发展提供孵化平台，从而促使在今后逐渐形成较具规模的文创园区。在专案引入推进的过程中，可考虑在保留原来建筑风貌的同时，在固定的空间范围内，把创意设计、文化展演、艺术收藏及数码媒体等领域的文创单位合理地分布其中，充分发挥产业集聚效应。通过这种做法，一方面可以打破原先衰落的工业经济局面，另一方面可以让文化创意优势得到较好的发挥和利用，焕发出新的活力。

（2）积极参与跨区域合作，推动文化创意产业的发展。从长远目标来看，澳门文创产业需要实现跨区域的合作建设，这样有利于改善澳门市场狭窄、经营成本负担重的现状。因此，澳门文创产业的发展应积极借力于外部市场，借助粤港澳大湾区世界级城市群建设及“一带一路”等重大机遇，发展澳门较具潜力的文创行业。

（五）第二产业

在澳门产业适度多元化过程中，也应该注重第二产业发展。其中，加强澳珠跨境产业园的发展就是极其重要的一环。

（1）可考虑利用“一带一路”、粤港澳大湾区建设等机遇以及澳门和广东对东盟地区绵密的经贸网络、澳门初具形态的“三大服务平台”等“地利”或边境区位优势，调整珠（粤）澳跨境产业园区的市场与功能定位。

（2）运用CEPA及其多个补充协议的“天时”，在放弃澳门不具人力资源及成本优势的低端制造业的同时，在跨境园区中通过深度合作，选择发展澳门和珠海具有比较优势的科技型制造业和服务业。

（3）借港珠澳大桥完工建成等港澳与广东的“人和”因素以及珠三角产业转型、环境友好与资源节约等新形态经济发展等良机，扩大跨境产业合作的规模，把横琴岛开发纳入珠澳跨境工业合作之中，细化各产业的跨境协调管理机制。

（六）教育、人力资本

在澳门产业适度多元化过程中，应关注教育发展，降低博彩业的负面影响。澳门经济适度多元化可持续发展与人力资源的开发息息相关。

（1）应加速改革澳门教育制度，建立专才培养制度，并加强对人力资本的深度开发。从长远来看，澳门本地应建立起培养相关人才的规划，既要抓基础教育，又要抓高等教育，同时，还要兼顾各种行业的技术培训工作，提高专业化、规范化的管理水平，成立培育社会中介机构并积极参与，以切实保证教育的品质，进一步提升教育投入，提高教育质量，提高人力资源竞争力。为了让人才与企业要求相适应，可以将大学、技校与企业联合起来，同时，重视教师资源的维系，提高教师工资待遇；增强语言学习；加强本地与外地大学、研究机构、其他组织的联系。

（2）适当引入切实需要的人才作为暂时的人力资源补充。澳门需要明确自己究竟需要引进何种类型的人才以及主要通过着重分析人才缺失的结构，确定引入人才比例来引进人才，从而加速澳门微观经济体的增长速率。而从更深层次来分析，引进外来人才确实会影响澳门人民生活的整体水平，这主要是由澳门地域面积限制所决定的，因此，一定要按需求引进，并且对引进数量进行把控。

（七）博彩专营权主体多元化

在澳门产业适度多元化过程中，引入多元资本参与澳门博彩专营权以防止潜在的风险，是既可行又必要的一种方式。

2020年，澳门博彩专营权将重新发牌，可借此机会有条件地对澳门博彩业引入多种资本，实现博彩市场的持牌多元化，以平衡协调各方势力，预防澳门经济面临的风险。起初在赌权开放时期，澳门的发展更加侧重“请进来”，因此，引进以美资为主的外资企业进入澳门博彩业有利于促进澳门整体经济的发展。但是，随着澳门经济的不断演变和发展，结合目前国家“一带一路”建设和粤港澳大湾区建设的机遇，以及目前面临的各种风险与挑战，澳门的发展则应该开始侧重“走出去”。其中，引入中资企业参与经营博彩是既必要又可行的一种方式。首先，实际上，从维护澳门繁荣稳定的角度出发，思想上可以更解放一些，政策上可以更放开一些。特许某些中资企业，尤其是熟悉澳门营商环境的中资企业有限度地参与博彩业，并由澳门特别行政区政府加强监管，这既不影响“一国两制”，又可以在经济繁荣和政治稳定上取得最大收益。由于有中资企业的制衡，将在一定程度上削弱美资博彩企业的市场份额，形成更好的良性竞争，分流一定劳动力，一旦美资博彩企业企图通过控制澳门博彩业影响澳门经济社会，便可

通过这样的制衡将这种风险及可能给澳门经济民生带来的影响降到最低，以保证澳门经济社会繁荣稳定地发展。其次，中资企业在澳门的市场份额不大，缺乏一定的话语权。以南光集团为代表的驻澳中资企业的业务主要以本地市场为主，不能参与博彩业，并且竞争激烈、利润率低、市场剩余空间极其有限。更严重的是，受博彩业的挤压，在澳门的中资企业面临着人才流失的困境和被边缘化的现实。如果中资进入澳门博彩业，也可以在一定程度上解决在澳门的中资企业面临的困境。

（八）土地资源限制

在澳门产业适度多元化过程中，解决土地资源限制、城市空间不足问题是实现澳门产业多元化、经济健康发展的必备条件。

（1）要对澳门现有空间进行整理。澳门要完善城市发展规划，充分兼顾包括人口政策、经济、区域性合作等因素，并考虑澳门现有空间的人口承载力（现有面积能够容纳居住人口以及接待访澳门旅客上限），并以此去配合旅游设施（如酒店和餐饮业等）、房屋、交通等方面规划。

（2）将横琴岛的联合开发纳入澳门土地资源整体开发的长远计划。横琴岛位于珠海南部、澳门西部，通过莲花大桥、横琴大桥分别与澳门路凼城、珠海、香港湾仔相连，全岛面积约 86 平方千米，相当于 3 个澳门的面积。因此，如果合理开发利用，横琴岛既可作为澳门产业的延伸地，也可作为澳门的后花园和生活区。

（3）继续与邻近地区，特别是与珠海协商、租赁或共同合作开发一些岛屿，拓展澳门的发展空间。横琴的产业规划既要符合珠三角产业升级换代的实际需要，也要符合国家文化产业的发展战略，更要符合澳门经济多元化的迫切要求和珠海未来城市发展的定位。这样可以消除澳门博彩业“一业独大”所产生的各种负面影响，打造“世界旅游休闲中心”。横琴的联合开发充分体现了澳门、珠海资源组合及政策互补优势，能够推动澳门、珠海经济发展合作的深入开展。因此，横琴的联合开发不仅可以为澳门本地产业适度多元化提供良好的土地支持，同时，在泛珠三角范围内，澳门可以很好地扮演“外引内联”的中介服务角色，加深与毗邻地区的经济合作。泛珠三角区域合作又可以拓宽澳门腹地的发展空间，具有深远的经济影响及重要的政治价值。

（九）扶持中小型企业

在澳门产业适度多元化过程中，应该加大辅助中小微企业的力度，充分发挥中小微企业的积极性。

（1）适当地合并减缩澳门中小企业，保留合理比重，以发挥其应有的作用。中小微企业是澳门经济体的主要承担者，在澳门产业适度多元化，发展支柱产业组合型经济结构的过程中，中小微企业可以进行适当的合并减缩，但是一定要保留，而且一定要让中小微企业发挥应有的作用。大企业虽然各方面实力强，但是小有小的好，中小微企也有竞争优势，对社会的发展有着举足轻重的作用。中小微企业有着旺盛的生命力，很多中小微企业有着自己独特的经营模式和澳门本土特色。

（2）澳门中小微企业可以从以下五个方面推进经济多元化发展：一是细分市场，以企业聚集促使产业的规模效应；二是通过差异化，建立特色产业，提升产业发展的竞争；三是组成本土中小企业的协作联盟，以发挥资源分享、优势放大的效应，同时，本土企业与珠三角地区企业的产业关联组合，完善产业的前向、后向关联；四是充分利

用目前全球新产业革命带来的新科技与互联网技术，进行产业创新，开拓产业多元化的空间；五是建立澳门中小微企业协会联盟，汇聚中小微企业参与经济发展、市场竞争的博弈能力。澳门特别行政区政府需要加大辅助中小微企业的力度。澳门中小微企业作为推进经济适度多元化发展的企业主力，政府的全力支持与政策扶持，责无旁贷。尤其是在目前博彩业“一业独大”，且控制在外资财团的基本状况下，如果缺乏政府的作用，澳门中小微企业推进经济多元化可以说几乎是不可能完成的。因此，我们不能仅看到中小微企业的弱势，要发现弱势也会有变成优势的可能，更要正确对待中小微企业，运用正确的竞争策略，改善经营管理方式，加上政府对中小微企业在资源和市场等方面的扶持，中小微企业对澳门经济适度多元化发展的作用将不可估量。

第六章　澳门博彩业面临的市场竞争问题分析

第一节　澳门博彩业行业现状分析

一、波动后已回暖

自从开放“自由行”政策以来，产业呈现不断扩大的趋势，澳门博彩业收入从300多亿澳门元猛增到3000多亿澳门元，GDP年平均增幅一直保持在15%左右，到2013年澳门人均GDP约为8.7万美元，亚洲排名第二并超过瑞士，成为全球人均财富第四高的地区。但从2014年6月起，澳门博彩业收入开始出现下滑。进入2015年更是断崖式下跌，全年博彩业总收入同比减少近三成半，为2308.4亿澳门元，较前一年大跌34.3%。如图6-1所示，澳门博彩业经历了两年多的连续下跌，直到2016年6月才有所回暖。

截至2019年10月，澳门博彩业毛收入为265.17亿澳门元，环比上升20%。目前，澳门博彩业呈平稳态势，但2019年博彩业的市场表现不如上一年，仍需保持谨慎态度。

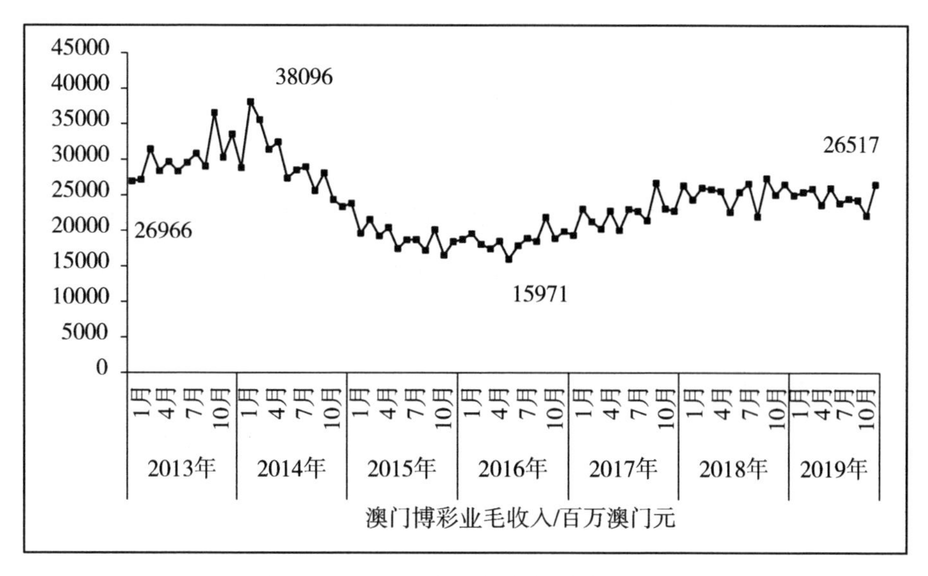

图6－1　2013—2019年澳门博彩业毛收入

数据来源：澳门特别行政区统计暨普查局。

二、行业适度开放

迄今为止，澳门博彩业已经有200多年的发展历史，19世纪得到合法经营的许可之后，已经跨越了近3个世纪，在澳门特别行政区政府的支持之下，已经成为澳门经济社会发展过程中的一个极为重要的组成部分。2002年，赌权开放后，澳门特别行政区政府分别将赌牌批给澳门博彩股份有限公司、银河娱乐场股份有限公司和永利度假村股份有限公司，其后威尼斯人集团、美高梅金殿超濠股份有限公司和新濠博亚博彩股份有限公司分别通过转批给的方式获得副牌。至此，赌牌由一变六。赌权由垄断经营走向适度开放，为博彩业注入了新动力。在竞争的环境下，整体产业素质和服务水平都得到了提高，有效应对了来自澳门周边地区博彩业扩张的竞争压力。

三、规模稳健增长

如图6－2和图6－3所示，回归初期，澳门博彩业因为独家经营，娱乐场11间，赌台仅300张。赌权开放后，赌牌由一变六，娱乐场增加至41间，赌台数量不断增长，2018年达到6588张。在中央有关博彩业健康有序发展的要求指引下，澳门特别行政区政府出台政策，规定了赌台上限数，至2022年的10年内赌台年均增速限制在3%以内。在政策调控下，近年来赌台增速明显放缓。

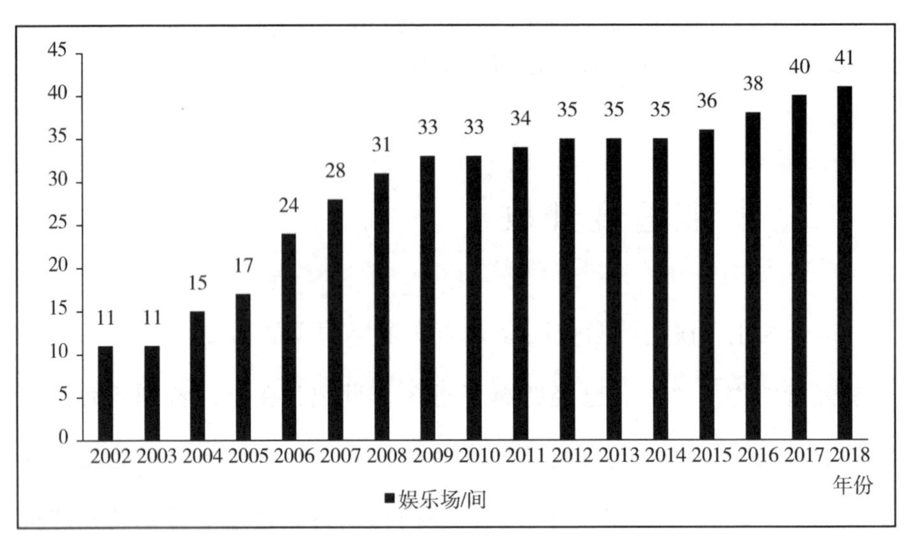

图6－2　2002—2018年澳门娱乐场数量

数据来源：澳门特别行政区统计暨普查局。

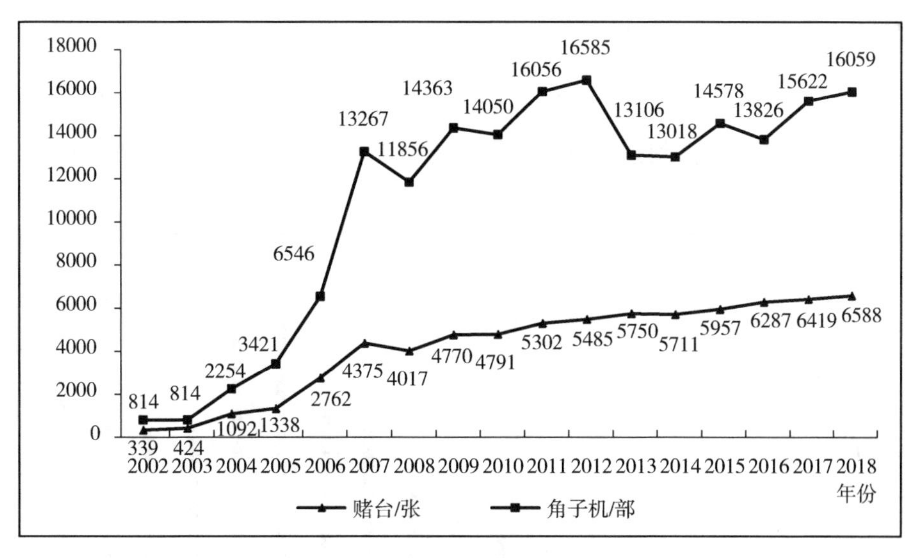

图 6－3　2002—2018 年澳门博彩赌台和角子数量

数据来源：澳门特别行政区统计暨普查局。

四、税收贡献明显

博彩业的迅速发展为澳门提供了成千上万个就业岗位和极为可观的财政收入。博彩业税收是澳门财政收入的最主要来源，对澳门特别行政区政府的运作具有举足轻重的作用，使其能够有充足的财力投入到基础设施建设、科教文卫、社会福利等方面，以促进澳门社会平稳、有序地运行，自澳门赌权开放以来，高博彩业收入使得澳门特别行政区政府对民间机构及个人家庭的财政津贴、敬老金、社区活动及其他活动支出大幅增加，现金分享提高到每人发放 9000 澳门元，非永久性居民每人 5400 澳门元。尽管澳门博彩业经历了一段时间的低潮，但福利水平仍旧保持高水平。此外，博彩业对澳门就业的贡献也十分显著，它直接或间接地提供了大量的就业机会。截至 2018 年年底，澳门博彩业直接就业人数达到了 9.6 万人，占就业人口 38.5 万人的 25%。加上博彩业直接带动了房地产业、旅游业、酒店业、批发及零售业、餐饮业的兴旺，更是为本地提供了大量就业机会。如果加上相关行业吸纳的就业人口，则占到澳门就业总人口的50%以上。（如图6－4所示）

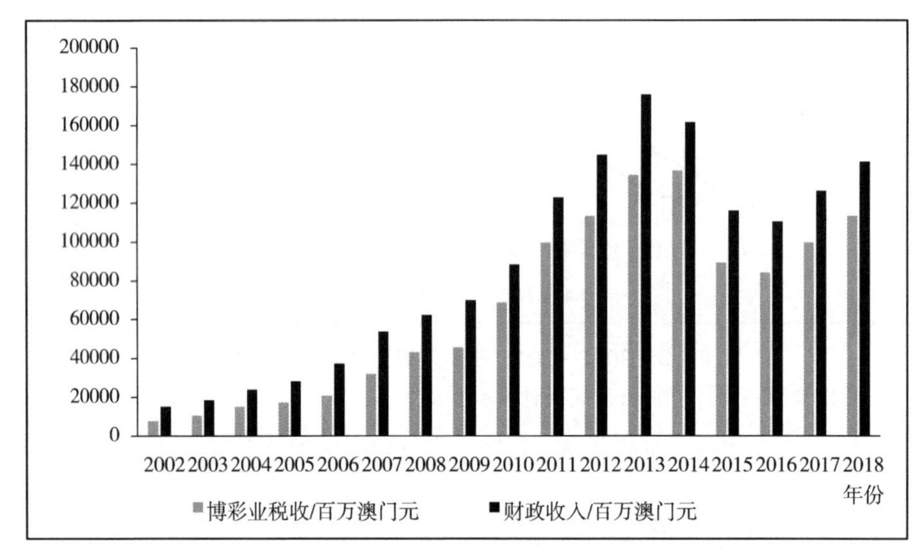

图6－4　2002—2018年澳门财政收入及博彩业税收

数据来源：澳门特别行政区统计暨普查局。

五、投资资本国际化

澳门博彩业的前景看好和全球行业的竞争因素加剧，带来了澳门博彩业投资主体和投资资本的国际化。如图6－5所示，澳门博彩企业从2015年到2017年在境外都是负投资，说明澳门博彩企业对澳门的市场预期仍然属于乐观。当然，这也跟扩大娱乐场需要大量资金有一定关系。值得注意的是，经历了连续3年的负投资者，澳门的博彩企业于2018年开始在境外有一定的投资。作为澳门收入最高的行业，博彩业的资金流向国际，这给澳门释放了一个信号：未来澳门需要不断

优化本土的市场环境，给澳门本地和国外的投资者营造良好的投资环境。

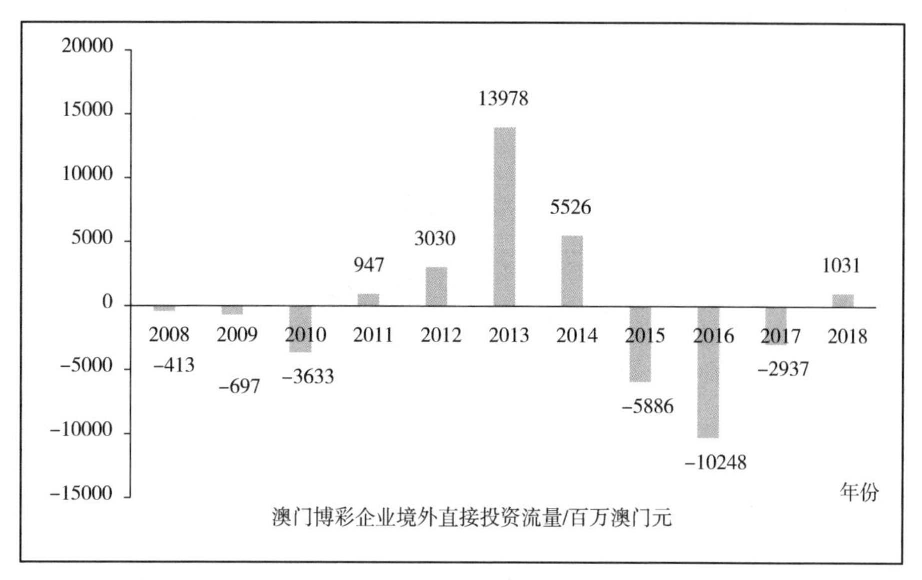

图 6－5　2008—2018 年澳门博彩企业境外直接投资流量

数据来源：澳门特别行政区统计暨普查局。

第二节　澳门博彩业市场内部竞争问题分析

一、澳门博彩业面临的市场结构现状分析

从禁赌到专利经营，再到赌权开放，100 多年来，澳门博彩业已发展成澳门的支柱产业。2002 年，由澳门旅游娱乐公司独得 40 年的赌权被一分为三，标志着博彩业经营由完全垄断走向寡头垄断。现已形成永利、新濠、澳博、银河娱乐、美高梅、金沙 6 间博彩公司共存的局面。其中，永利、金沙、美高梅 3 家均由美国资本或有部分美国

资本的介入。根据2016年度澳门六大博彩公司的年报，就市场份额而言，如图6－6和图6－7所示，在澳门博彩业市场中，澳博占31%的市场份额，金沙和银河娱乐都约占24%，澳博和新濠分别约占19%和16%，永利和美高梅分别约占10%和7%。美资及美资参与的份额约占

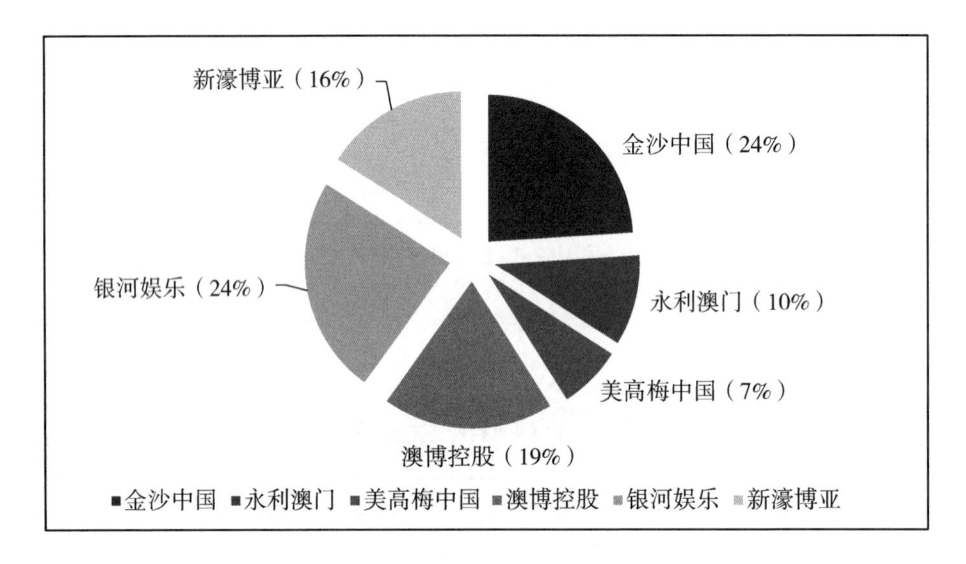

图6－6　澳门博彩企业市场份额

数据来源：六大博彩企业年报。

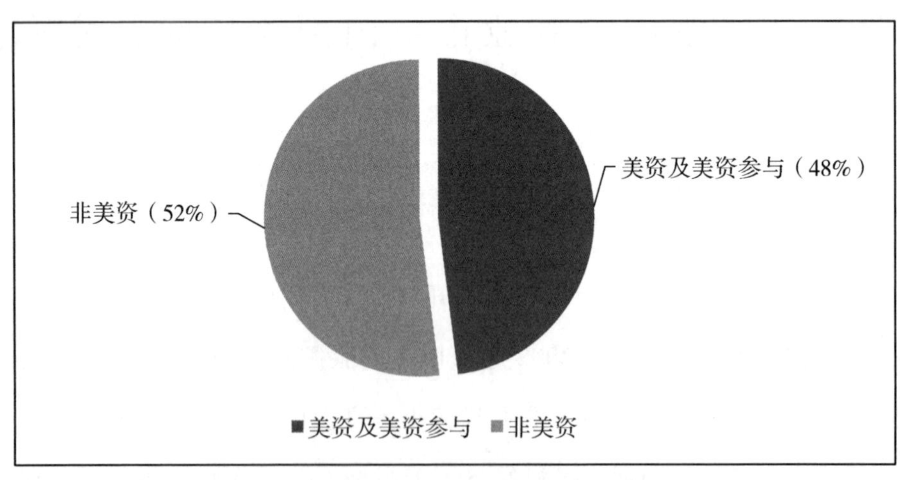

图6－7　澳门美资与非美资博彩企业市场份额

数据来源：六大博彩企业年报。

48%，非美资约占52%。此外，博彩业就业人口的分布如图6-8和图6-9所示，美资及美资参与的公司占约44%，非美资占56%。从以上数据分析可知，无论是市场份额还是就业人数，美资博彩公司和非美资博彩公司基本上已经平分了市场。此外，根据表6-1中的数据得出美资博彩企业的市场份额随着年份的变化，如图6-10所示，2012—2016年，美资博彩企业的市场份额有不断上涨的趋势。2019年澳门第三季度的就业季刊显示，澳门博彩业就业人数占总就业人数的25%。如表6-2所示，2012—2016年美资博彩公司的年收益占澳门GDP的比重与非美资博彩企业的相对占比大致呈现逐年上升的趋势。因此，美资博彩公司如果发生巨大变动，将极大地影响澳门的GDP和就业，进而影响整个澳门经济社会的繁荣稳定发展。

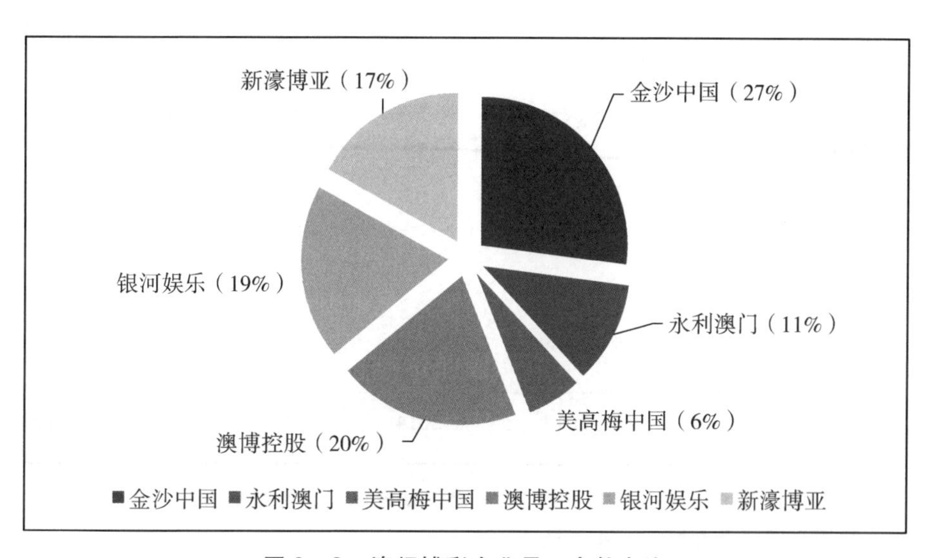

图6-8　澳门博彩企业员工人数占比

数据来源：六大博彩企业年报。

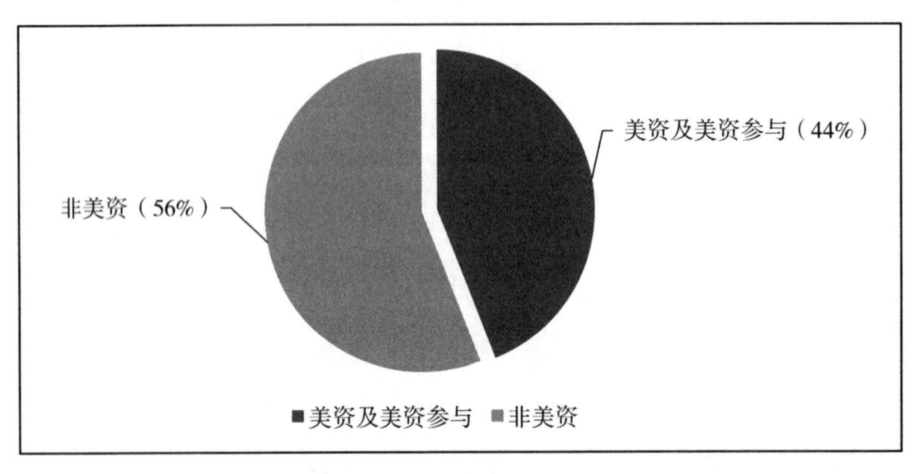

图 6－9　澳门美资与非美资博彩企业员工人数占比

数据来源：六大博彩企业年报。

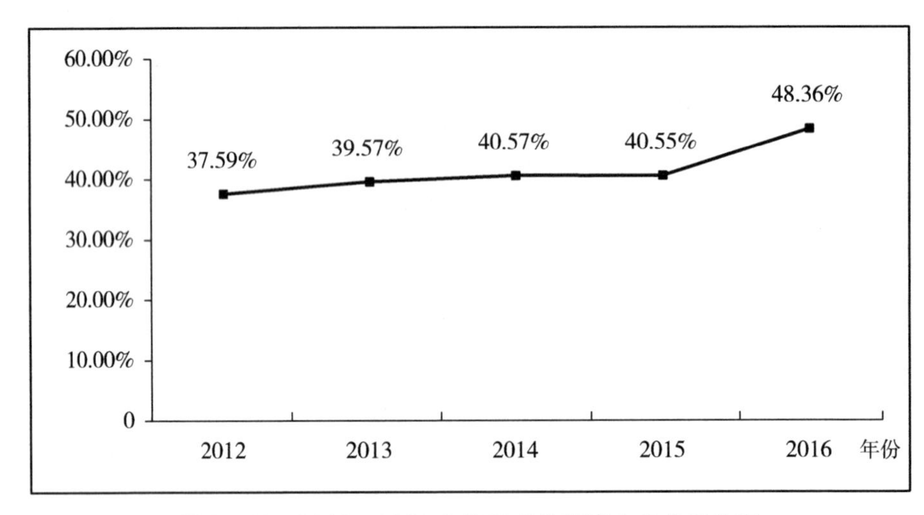

图 6－10　2012—2016 年澳门美资博彩企业市场份额

数据来源：六大博彩企业年报。

表 6－1　2012—2016 年博彩企业的收益

（单位：百万港元）

年　　份	美资及美资参与			非　美　资		
	金沙中国	永利澳门	美高梅中国	澳博控股	银河娱乐	新濠博亚
2012	50473	28542	21774	78958	56764	31612
2013	69072	31341	25728	87126	66033	39444
2014	73740	29445	25454	79458	71752	37254
2015	52868	19096	17170	48864	50991	30814
2016	51597	22099	14907	41798	52826	35049

数据来源：澳门六大博彩企业年报。

表 6－2　2012—2016 年博彩企业收益占澳门 GDP 的比重

（单位：百万港元）

年　　份	美资及美资参与	非 美 资	澳门 GDP	美资占 GDP 比重	非美资占 GDP 比重	相对占比
2012	100789	167316	333503	30. 22%	50. 17%	60. 24%
2013	126141	192603	399509	31. 57%	48. 21%	65. 49%
2014	128639	188464	428808	30. 00%	43. 95%	68. 26%
2015	89134	130669	352088	25. 32%	37. 11%	68. 21%
2016	88603	94624	348099	25. 45%	27. 18%	93. 64%

数据来源：澳门特别行政区政府统计暨普查局、澳门六大博彩企业年报。

二、澳门博彩业中美资企业占比导致的问题分析

伴随着美资大量涌入澳门博彩业，澳门经济社会的发展进入了一个急剧变化的时期，澳门产业结构和就业结构等方面因此出现了许多不可忽视的问题。与此同时，也诱发了澳门社会内部的深层次矛盾，如贫富悬殊、社会分配不公等。美资进入博彩业引发了澳门许多显在的或潜在的经济和社会问题，大致包括五个方面。

（一）就业结构严重失衡

赌牌拆分以后，美资进入澳门博彩业后，娱乐场数目有较大规模的增加，进而使澳门博彩业所需的从业人员大量增加，最终导致澳门社会出现严重的就业结构失衡，主要体现在如下几个方面。

首先，体现在第二产业与第三产业的就业人员的就业结构失衡。随着博彩业的快速发展，澳门第三产业随之迅速发展，进而就业能力在第二产业逐渐萎缩，更多的人员进入博彩业或与之相关的服务业进行工作。根据2019年第三季度数据，如图6－11和图6－12所示，从事博彩业的就业人数占到总就业人数的25%。澳门第二产业与第三产业的就业人员比例为1∶9，就业结构出现严重失衡。

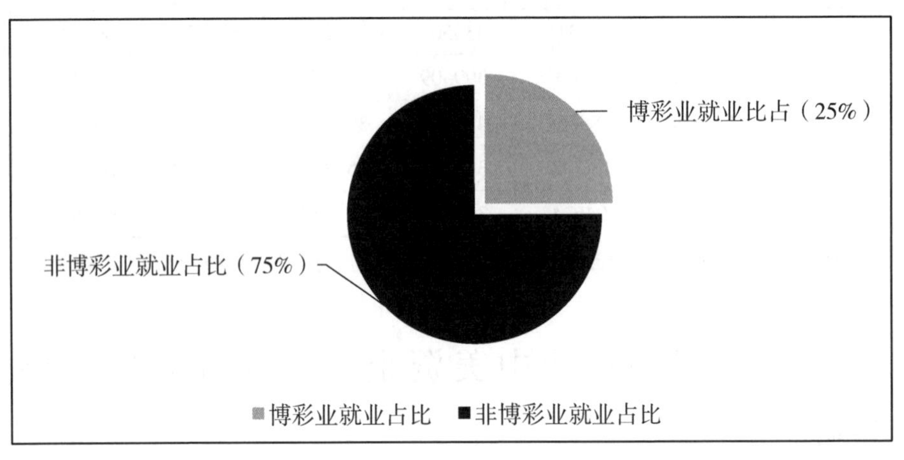

图6－11　2019年第三季度澳门就业人口分布

数据来源：澳门特别行政区统计暨普查局。

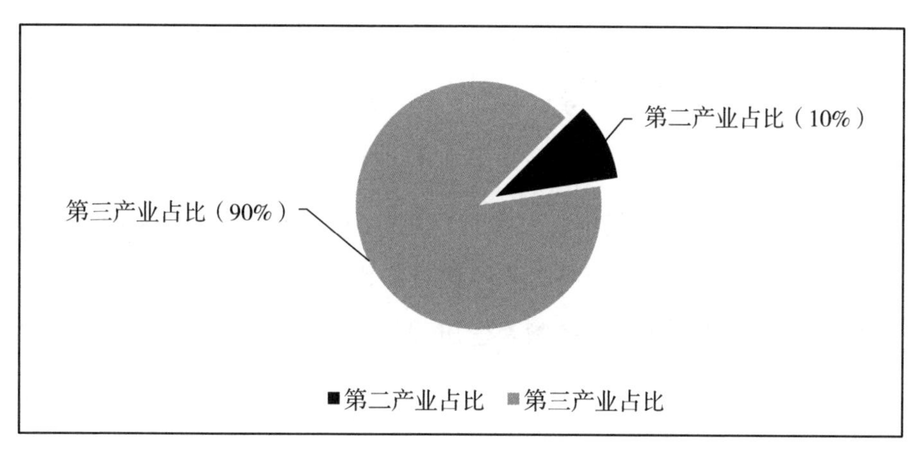

图6－12　2019年第三季度澳门就业人口产业分布

数据来源：澳门特别行政区统计暨普查局。

其次，体现在不同类型的企业之间的就业结构上，特别是博彩企业与中小企业之间的就业结构失衡。随着澳门博彩业的迅速发展，博彩业较为丰厚的酬劳、较低的从业准入门槛及大量的就业机会导致澳门的大量劳动力涌入博彩业，在一定程度上挤压了澳门许多中小企业的生存发展空间。

（二）外劳输入引发社会冲突

由于美资大量涌入澳门博彩业，因而对从业人员需求增加，而澳门劳动力人口有限，为了解决这样的问题，也会在一定程度上输入外来劳动力。但外来劳动力人数的激增，很快就会引发本地劳动力的强烈不满。2006年以来，澳门本地工人针对“外劳问题”的游行此起彼伏，严重冲击了澳门当地的社会秩序。造成比较重要影响的是2006年、2007年和2010年的“五一”游行事件。

（三）青少年教育受不良冲击

为解决劳动力需求问题，除了输入外来劳动力，博彩公司也采取了一定的措施刺激澳门当地劳动力进入澳门博彩业就业。其一，博彩公司降低了博彩业从业人员的准入门槛，比如，在人力资源的要求上，降低从业者的年龄、学历等；其二，在一定程度上提高了博彩业从业人员的工资，从而促进了社会上其他行业的劳动力大量涌入博彩业。根据2019年第三季度数据，如图6－13所示，博彩业就业人士的学历以高中教育较多，占36.5%，高等教育的比例为25.7%，而非博彩业有41.9%的就业人士具高等教育学历。

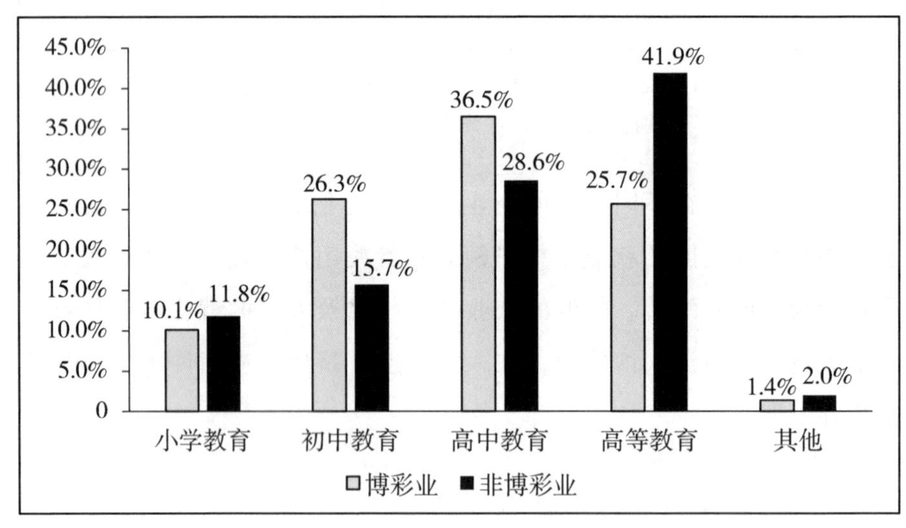

图6－13　2019年第三季度澳门就业人口的学历分布

数据来源：2019年第三季度澳门就业调查。

（四）社区赌博化问题显现

美资进入澳门博彩业，导致的另一个严峻的问题是澳门社会面临着社区赌博化困境。所谓社区赌博化，是指澳门居民所生活的社区被浓厚的娱乐场所氛围包围，从视觉感官上、心理上、日常生活中，形成全新的三维立体博彩空间，社区的邻里周边乃至家庭亲人等都处于赌博环境或者与赌博相关产业的包围之中。

（五）社会承载力问题

随着澳门博彩业的赌权开放，以美资为主的外资进入澳门，大量外资涌入澳门，博彩业得到迅速发展，然而，博彩业的过快发展势必会引发不少问题。澳门是世界上众多微型经济体中面积最小、资源最匮乏的地区之一，也是世界上人口密度最高的地区之一。澳门大量的游客加剧了澳门土地、人力资源、环境容量等的压力。因此，博彩业在给澳门经济带来活力的同时，也造成了澳门土地资源紧张，人口密度过大，交通、环境质量下降等社会承载力问题。首先，放开赌权的措施致使博彩业规模迅速扩大，游客人数陡增，一时间基础设施建设和相关接待设施无法满足需求，使得资源环境承载力出现超载现象。交通拥堵、人均公共绿地面积、体育锻炼等公共设施负载过重。其次，美资涌入澳门博彩业之后，劳动力等成本不断上升，使得澳门的物价大大提升，澳门居民的生活成本大增，极大地影响了澳门的民生。最后，由于澳门博彩业的竞争与发展，各博彩公司都会增加许多娱乐场所、酒店等大型设施建设，带动了澳门房地产价格大幅攀升，进而给澳门居民增添了许多生活压力。

综上所述，美资进入澳门博彩业，美国企图通过控制澳门博彩业来影响澳门经济社会，造成显在的或潜在的社会问题，包括澳门的就业结构严重失衡、外劳输入引发的社会冲突、青少年的教育不良冲击、社区赌博化以及社会承载力等多方面的问题。

第三节　澳门博彩业市场外部竞争问题分析

一、博彩税税率困境

澳门博彩企业现今承受的税与费，包括博彩特别税，为博彩业毛收入的35%；支付给澳门基金会的费用，为博彩业毛收入的1.6%；支付给城市建设基金的费用，为博彩业毛收入的2.4%；以及溢价金，固定部分为每年3000万澳门元，浮动部分根据赌桌和博彩机数量的多少计算，在贵宾厅的博彩桌为每年30万澳门元，中场博彩桌为每年15万澳门元，博彩机为每年1000澳门元。四项相加，为博彩业毛收入的39%以上。除了上述税项外，澳门博彩企业缴纳的其他税项都非常轻微，可以忽略不计。与其他国家和地区相比，澳门博彩企业目前承担的税与费属于中等偏上水平。

但是，如果与拉斯维加斯、大西洋城等赌城相比，澳门博彩税税率明显偏高。例如，2009年，拉斯维加斯博彩企业的实效税率（effective tax rates）为6.8%，大西洋城博彩企业的实效税率为8.8%。澳门周边已经建成营业的现代化赌场，均比澳门的博彩税税率低。例如，韩国的赌场不必缴纳博彩特别税，只需缴纳企业所得税；年所得在2亿韩元以下的部分，征收10%的所得税；年所得在2亿韩元以上、200亿韩元以下的部分，征收20%的所得税；年所得超过200亿韩元的部分，征收22%的所得税。在新加坡，对于贵宾客（在赌场存款超过一定数量的，被视为贵宾客），博彩特别税是每月博彩业毛收入的5%，对于中场客则是15%。在中国台湾地区，至少就目前的设想来看，将来的博彩税税率

大概保持在与新加坡相若或略高的水平。与澳门存在竞争的赌城以及澳门周边地区采用低税率，对澳门至少产生两方面的重要影响，即在吸引博彩资本投资以及吸引贵宾赌客方面，比澳门更有吸引力。

以往的经验表明，贵宾赌客市场是一个国际性的市场。当一个地方税率过高时，博彩公司或博彩中介人有可能把贵宾赌客送到税率较低的地方，以规避高税率，获得更高的利润。多个研究证明，博彩税税率的高低与资本投资、就业人数以及酒店设施等成反比例关系。例如，尤金·克里斯琴森（Eugene Christiansen）发现，从1989年到2005年，美国赌场的投资超过530亿美元，其中，267亿美元投资于实效博彩税税率最低的内华达，87亿美元投资于实效博彩税税率次低的新泽西。两地相加，两个博彩税税率最低的州吸引了美国所有博彩资本投资的67%。

尽管资本投资受多方面因素的影响，但税率低毋庸置疑是吸引资本流入的决定性因素之一。税率越低，留给博彩企业的自有资金越多，它们就越有可能进行更多的投资。这些资金不仅投在赌场，而且投在酒店、餐厅、会展以及娱乐设施上。威廉·汤普森（William Thompson）将美国的11个州分为博彩税高税率州与低税率州，他发现：①在低税率州，每39万美元的博彩业收入可以产生一个酒店房间；而在高税率州，每47万美元的博彩业收入才产生一个酒店房间。②在低税率州，每1.4万美元的博彩业收入产生0.093平方米的会展空间；而在高税率州，每9.5万美元的博彩业收入才产生0.093平方米的会展空间。③在低税率州，每1800万美元的博彩业收入可以产生一个赌场餐馆；而在高税率州，每4100万美元的博彩业收入才产生一个赌场餐馆。④在低税率州，每5100万美元的博彩业收入可以产生一个赌场娱乐设施；而在高税率州，每1.2亿美元才产生一个赌场娱乐设施。近年来，在澳门甚嚣尘上的赌底面现象，足以让我们产生澳门博彩税税率是否已经过高的疑问。之所以产生赌底面现象，重要诱因之一是地下庄家不用缴博彩税，能够为叠码仔提供更优惠的条件。消灭赌底面现象，除了严格监管及采取有效措施查处违法犯罪外，降低博彩税税率，从而降低叠码仔与地下庄家赌底面的诱因，也是值得考虑的措施。综上所述，从国际竞争以及与地下市场竞争的角度看，澳门有调降博彩税税率的需要。至少，就贵宾博彩市场而言，或许可以考虑采取新加坡的做法，对中场赌客与贵宾客实行“双轨制”，维持中场博彩业收入的税率，降低贵宾厅的博彩税税率。

二、周围博彩市场竞争力逐渐增强

澳门博彩业曾经在相当长的一段时期在亚洲占有垄断地位，但是，这种地位正在被动摇。如今，东南亚的新加坡、马来西亚、菲律宾、越南、老挝、柬埔寨等国家，东亚的韩国，东北亚的俄罗斯，均已建成赌场，且规模越来越大，越来越豪华，有些已经可以与澳门赌场相媲美。中国台湾地区以及日本也在筹划建设大型的度假村赌场，预计在不太久远的将来可看到成效。面对激烈的竞争，澳门必须从纯粹的赌城转型为旅游休闲娱乐中心，为游客提供除博彩之外的其他休闲娱乐活动，否则难以保持目前的繁荣。

博彩业是一个资本密集的行业，不仅赌场的兴建需要大量的投资，而且赌场的维修、翻新等均需要持续的、大量的投资。在博彩行业，赌客有喜新厌旧的特点，博彩经营者必须采取措施保持赌场的新鲜状态，这就是20世纪90年代以来全世界的赌场越来越豪华的原因所在。近年来，澳门博彩业正面临周边地区开赌的挑战。这逼迫澳门发展更多的酒店、会展、餐饮、娱乐等设施。澳门周边地区博彩设施的兴起

为当地以及周边地区的赌客提供了方便，赌客不必千里迢迢来到澳门，就可享受现代化的博彩服务。澳门将来如欲立于不败之地，必须能够为访客提供除博彩以外的其他体验，这就凸显了酒店、会展、餐饮与娱乐的重要性。因此，澳门必须努力实现从赌城到休闲娱乐城市的转型，为此，必须鼓励博彩企业增加资本投资。下面将以新加坡和马来西亚为例，论证澳门外部存在着巨大的潜在竞争。

（一）新加坡

随着澳门回归祖国以及内地“自由行”的开放，整个澳门的博彩旅游业的收入在 10 年间翻了 10 倍。在博彩业的带动下，2008 年，澳门人均 GDP 超过新加坡，达到 43081 美元。近年来，受世界博彩合法化的浪潮和澳门博彩开放所带来的高速发展的影响，中国澳门周边的国家和地区也陆续开放博彩旅游业，如韩国、印度尼西亚、马来西亚、日本、新加坡等，令中国澳门博彩旅游业面临更大和更新的区域竞争。

本节通过对比中国澳门和新加坡博彩旅游业竞争力，分析两地博彩旅游业的竞争状况，论证新加坡是澳门博彩业发展的强大竞争对手。

1. 新加坡博彩业的发展

自 20 世纪 90 年代亚洲金融危机后，新加坡面临传统工业和制造业发展动力不足的困境。在决定开赌之前，所有经济数据对新加坡都是不利的。2005 年第一季经济增长与 2004 年同期相比，只有 2.4% 的增长；与 2004 年第四季度相比，更出现 5.8% 的负增长。为刺激经济发展，克服国土面积狭小和自然资源匮乏的不利因素，新加坡政府通过大量的研究，将以博彩业为主要构成部分的综合旅游业确定为发展重点，为新加坡的经济发展注入活力。

新加坡于 2010 年开设两家赌场，一家是马来西亚云顶集团兴建的圣淘沙名胜世界赌场，另一家是拉斯维加斯金沙集团兴建的滨海湾金沙赌场。仅2012年上半年，新加坡政府得自两大赌场入场费的收益就达9300万新加坡元（7350万美元），而2011年全年，新加坡政府得自赌场入场费的收益则为1950万新加坡元。

2. 澳门地区、新加坡博彩旅游业竞争力影响因素比较分析

根据博彩旅游业的特点，在波特钻石模型的基础上从影响博彩的诸多因素中总结了影响竞争力的5个因素。

（1）生产因素。生产因素指进行社会生产经营活动时所需要的各种社会资源。博彩旅游业不同于制造业和服务业，其生产要素也和传统经济学不完全相同，赌权、土地、人力资源和区位四者是博彩旅游业发展最重要的生产要素。（冯邦彦，2005）

澳门特别行政区将博彩经营权批给澳博、银河、永利，再由这3个集团分别转批给美高美、威尼斯人、新濠博亚。新加坡只有两个赌牌，分别是圣淘沙名胜世界、滨海湾金沙娱乐城。由表6－3可知，新加坡在土地总面积、生产总值、固定资本形成总额等指标上比澳门地区有优势，体现了新加坡博彩业发展的广阔空间。

表6－3　2016年澳门和新加坡部分经济指标情况

指　　标	澳　　门	新　加　坡
土地总面积/平方千米	32.80	719.10
本地生产总值/百万美元	31533.60	294946.68
人均GDP/美元	51511.44	52600.64
月度收入中位数/(美元·月$^{-1}$)	1866.00	3744.29
固定资本形成总额/百万美元	6791.03	72403.59

数据来源：世界银行。

注：本地生产总值、人均GDP、固定资本形成总额均是以2010年的价格计算所得。

在区位上，澳门毗邻内地，有着得天独厚的优势。如图 6－14 所示，澳门旅游的主要客源是中国内地、香港和台湾地区，三者之和占来澳门旅客人数的 90% 以上。新加坡博彩旅游业也具有广阔的客源市场，根据圣淘沙名胜世界企业通信部门介绍，公司瞄准的是拥有 27 亿人口、7 小时飞行范围以内的市场。亚洲游客是新加坡游客的主要来源，占比约 77%。其中，东南亚是新加坡最大的客源地，其次是中国，两者之和约占亚洲客源的 70%。这也从侧面反映了新加坡在旅游业上比澳门拥有更加广阔的市场。

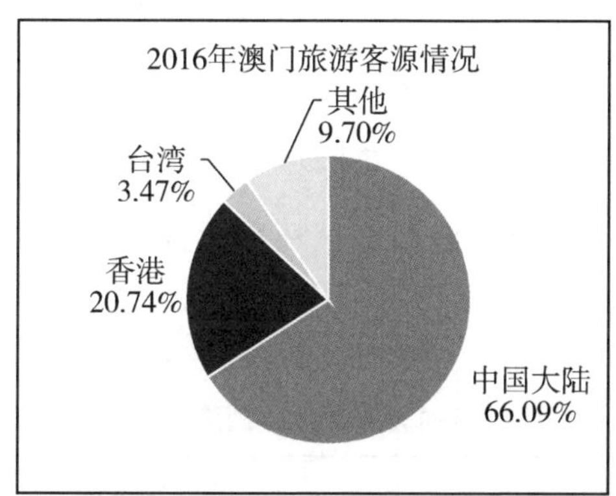

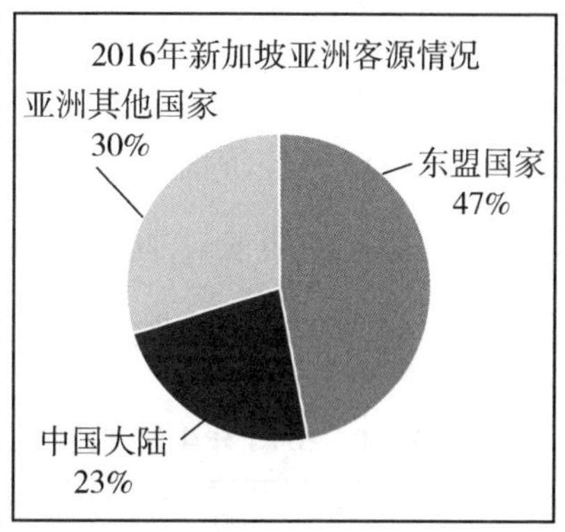

图 6－14　2016 年中国澳门特别行政区、新加坡旅游客源情况

资料来源：根据中国澳门特别行政区政府统计局、新加坡统计局整理。

（2）需求因素。需求因素指市场对博彩产业所提供产品或服务的需求状况。对于澳门来说，澳门规模小，人口数量少，本地需求对澳门博彩旅游业的影响甚微。也就是说，澳门本地对博彩旅游业的需求并不大，对澳门博彩旅游业的需求主要由外地游客带动。新加坡本地人对博彩需求较澳门有一定优势，其百万富翁人口比例在世界排名靠前。然而，新加坡政府规定外国游客免费入场，而新加坡公民和永久居民则必须单日支付 100 新元（约合 500 元人民币），且超过 24 小时要重新征税，如此高额“门票”的政策无疑限制了新加坡的本地需求。

(3) 博彩相关产业集群因素。博彩旅游业的相关产业包括旅游业、酒店业、交通业、批发零售业、会展业、运输通信等。博彩产业集群是大量博彩及相关行业、企业、部门在空间上的聚集。博彩旅游业集群形成了与旅游业相似的“行、游、吃、住、娱”模式，从传统的博彩娱乐场开始扩大到博彩活动的方方面面，产业链也从下游产业延伸到上游产业。

结合表6-4，2015年博彩业带动的旅游行业发展占澳门出口的90%以上，而澳门作为一个土地面积只有新加坡1/22的城市，却容纳着和新加坡数量差距不大的100多家酒店，足以证明博彩旅游业是澳门的支柱产业。单一的产业结构表明澳门经济的脆弱性，一旦被竞争对手超越，澳门经济面临崩盘的风险。反观“花园城市”新加坡，旅客平均逗留时间更长，酒店入住率甚至比澳门地区还稍微高些，旅游仅占出口的3.2%，产业结构更加多元稳定。

表6-4　2015年中国澳门特别行政区和新加坡旅游业、酒店业情况

情　况	澳　门	新　加　坡
平均逗留时间/天	1.425	3.610
酒店数量/家	101.5	148.0
酒店入住率	81.46%	84.94%
旅游项目收入/百万美元	31476	16743
旅游占出口百分比	90.64%	3.17%

数据来源：根据中国澳门特别行政区政府统计局、新加坡统计局数据和世界银行报告整理。

(4) 博彩企业因素。博彩企业因素是指博彩企业在该国家或地区的基础、组织和管理形态，以及国内外市场竞争对手所表现出来的营销战略、产业结构和同业竞争情况。

澳门博彩企业的赌场资产周转率明显较其他博彩目的地高，耗资2.65亿美元的澳门金沙赌场开业7个月后，该赌场以闪电般的速度收回成本。

新加坡博彩产业虽起步晚，但是企业博彩收益上升速度十分惊人。如表6-5所示，2011年新加坡虽然只有2家娱乐场，但发展迅猛，开业一年后总收益即达到30亿美元。考虑到新加坡广阔的东南亚市场以及宜人的旅游环境，新加坡是澳门地区博彩业的强大竞争对手。

表6-5　2011年中国澳门特别行政区和新加坡博彩企业情况

情　况	澳　门	新　加　坡
娱乐场数目/个	33	2
博彩总收益/百万美元	23679.5	3000.0
角子机数目/部	14500	2900
赌桌数目/台	4800	1000
博彩税收入/百万美元	8590.1	2119.6
博彩税/财政收入比	88%	5%

数据来源：根据澳门特别行政区政府统计局和新加坡统计局数据整理。

（5）制度因素。制度因素是指各层次政府部门对产业发展的影响力，包括法律、法规、经济政策等。政府因素对博彩旅游业竞争力的影响主要体现在制度对其的作用上。从历史角度分析，博彩制度变迁对博彩旅游业、当地经济发展的作用是不容置疑的，具体可以体现在澳门特别行政区政府对博彩企业牌照的发放和博彩税收机制的控制上。

澳门博彩旅游业的发展主要受益于中国政府的港澳“自由行”政策，容许中国内地居民以个人旅游的方式前往香港和澳门两地旅游大大带动澳门博彩业和经济的发展。研究结果表明：“自由行”人数每增加1%，博彩税相应增加0.004%；博彩及其他服务业每月工资中位数都相应增加0.003%；零售业销售额相应增加0.001%。然而，新加坡博彩旅游业在税制方面比澳门地区有优势，新加坡政府将博彩税下调至全球最低水平的15%，较澳门地区的35%低很多。较低的税率使新加坡赌场有较低的运营成本。

3. 总结

从生产要素来看，澳门地区虽然经济增长率有明显优势，但在其他关键因素，如土地、本地生产总值、固定资本形成总额与客源地等重要指标均落后于新加坡，澳门博彩旅游业主要客源地为中国内地、香港和台湾地区。而新加坡博彩旅游业的主要客源地除了中国内地外，还包括整个东南亚。从需求要素和产业集群来看，新加坡人均逗留时间约为澳门地区的2.5倍，酒店入住率也比澳门地区高3.5个百分点。单从博彩企业的角度看，澳门在博彩总规模上远远超过新加坡。这主要是因为澳门博彩旅游业历悠久，而新加坡博彩旅游业2010年才正式开放赌权。此外，澳门在博彩本身的竞争力方面超过新加坡，但是，其博彩相关产业未能跟上博彩旅游业的发展速度，如在批发零售、酒店餐饮、运输仓储及通信等博彩相关产业上发展不足，澳门博彩旅游业结构单一，缺乏多元化。从制度因素看，澳门博彩税税率为35%，新加坡博彩税税率为15%。较高的税率意味着企业需要较高的运营成本。

综上所述，新加坡是澳门地区在博彩行业的强有力的竞争对手，澳门地区应重视其风险。

（二）马来西亚

1965年，中国福建商人林梧桐在云顶高原兴建酒店，1970年获首相特许，在酒店开办赌场，这是马来西亚唯一合法的赌场。截至目前，云顶赌场是在亚洲范围内为数不多的、堪与澳门葡京赌场相提并论的

赌场之一。

1. 地理位置

良好的区位条件吸引了大量的游客。云顶高原位于马来半岛蒂迪旺沙山脉，海拔1865米以上，云顶高原全年气候宜人，气温介于15～25℃，是马来西亚彭亨州文冬县的著名高原景点，距离吉隆坡市中心约1小时车程。而马来西亚位于东南亚的中心，独特的地理坐标、沿海、沿边、岛屿与良好的生态环境，为马来西亚博彩旅游业的发展提供了良好的区位条件，吸引了大量的游客。

2. 娱乐城客源

在区位上，澳门地区毗邻中国内地市场，具有得天独厚的区域优势。澳门博彩旅游业主要客源为内地、香港地区、台湾地区。其中，旅客54.5%来自内地、32.6%来自香港地区、6.5%来自台湾地区。

马来西亚主要客源为东南亚、中国。马来西亚旅游部部长黄燕燕在东海岸三州中华总商会交流会中提到，新加坡、印度尼西亚、泰国和文莱位列马来西亚前四大客源国，中国位列第五。旅游业提供170万个就业机会，相当于马来西亚就业率的15%。

娱乐城客源不受旅游淡季影响。云顶赌场作为马来西亚国内唯一的合法赌场，吸引了到马来西亚旅游的游客。但据统计，云顶赌场的客源似乎不受旅游淡季的影响。2004年，马来西亚发生了海啸，但云顶赌场的人流量似乎没有受到很大影响。这可能与赌场管理层定期进行的各种促销活动有关，令赌客无法抗拒。2012年，有超过2000万游客到达云顶赌场，甚至超过了马来西亚首都吉隆坡的游客人数。说明比起纯游玩，博彩对游客的吸引力更大。

3. 娱乐城产业体系

娱乐城拥有庞大的赌场规模。赌场设在云顶娱乐城的中心地带，与名胜酒店、云顶酒店和高原酒店相对独立又相通相连。马戏宫殿、蒙特卡罗厅、好莱坞厅、国际厅等赌厅连在一起，形成一个狭长地带，各区装潢赌具略有不同。“星际世界”是赌场外面的另一娱乐地，设有50 张游戏桌和约 600 台最新式的老虎机。山间还建有一个富人俱乐部，实行会员制，每年会费 3 万美元，会员卡几年前就销售一空。

娱乐城拥有豪华的酒店规模。除了规模庞大的赌场云顶集团，在高原还设有 6 家三至五星级酒店。其中，拥有 6118 间客房的第一大酒店曾获得吉尼斯世界纪录大全颁发的“世界最大的酒店”证书。此外，云豪酒店以奢华著称，充满艺术气息的设计风格，以及完善的服务及设施，让云豪酒店成为云顶名胜世界最豪华的酒店。此外，在云豪酒店里的 Mspa & Fitness 曾经赢得 Asia Spa & Wellness Festival 2009 中的“Best Signature Treatment”。

娱乐城拥有丰富的娱乐设施。1997 年，云顶世界再度增添设施，长 3. 38 千米的云顶缆车正式启动，可直接将游客们送达云顶名胜世界，让他们能够以更快的速度抵达云顶名胜世界。云顶缆车是世界最快的单轨缆车，也是马来西亚甚至东南亚最长的缆车。除此之外，云顶世界配备 3 座游乐园（云顶户外游乐园、云顶第一城户内游乐园及水上乐园）、云顶云星剧场、云顶国际会议中心、云顶第一城、云天大道。

云顶娱乐城完善的娱乐设施能够满足游客的大部分需求，形成了一个完备的产业体系。

4. 税收优惠

马来西亚政府给予 5 年免税政策支持娱乐城发展。云顶娱乐城开业后不久，林梧桐向财政部申请给云顶娱乐城新兴工业的地位，并给予 5 年的免税。考虑到云顶娱乐城对马来西亚经济的贡献，马来西亚

政府同意了这个请求。

马来西亚具有更低的税率。为了鼓励赌场的经营，马来西亚规定其博彩税税率为26%，而澳门地区的博彩税税率为39%。比起澳门的高税率，马来西亚相对低的税率可能吸引更多的外资投资。

5. 多元化发展

娱乐城的发展具有两大主要特征：一是赌场业务经营的方式多元化发展，二是娱乐城的业务从以赌为主向老少皆宜的娱乐城方向发展。

在经营方式的多元化方面，赌场业务从岸上发展到船上。云顶集团拥有世界上最大的游船业，2008年游船赌博带来的博彩业收入高达2.2亿美元。邮轮由云顶集团旗下的子公司丽星邮轮有限公司经营，云顶集团持有19.6%的股权。丽星邮轮集团是世界第三大邮轮公司，共运营16艘邮轮，接近3万个床位。

在娱乐城业务多元化方面，从以赌为主向老少皆宜的娱乐城方向发展。自1989年以来，经营云顶赌场的子公司“名胜世界”将云顶赌场定位为“适合所有家庭成员的假日休闲地”。为达到目标，云顶集团大量投资建设休闲娱乐设施。2001年，建成的第一个综合设施总投资达3.16亿美元。目前，云顶集团拥有休闲娱乐设施包括体育、购物、观光、会议、餐饮、主题公园和表演等。

6. 娱乐城收入对经济的贡献

（1）娱乐城收入。1971年赌场开业，开业之后生意十分红火，业务蒸蒸日上。1992年，赌场及其相关业务的收入为3.9亿美元，2008年达到14.16亿美元，16年间增长了2.6倍，年平均增长率达到9.4%。

如图6-15所示，在近5年的数据中显示，增长率有较大的波动，表现在2012年和2014年呈负增长，深层原因是因为酒店收入降低而非博彩业收入降低。

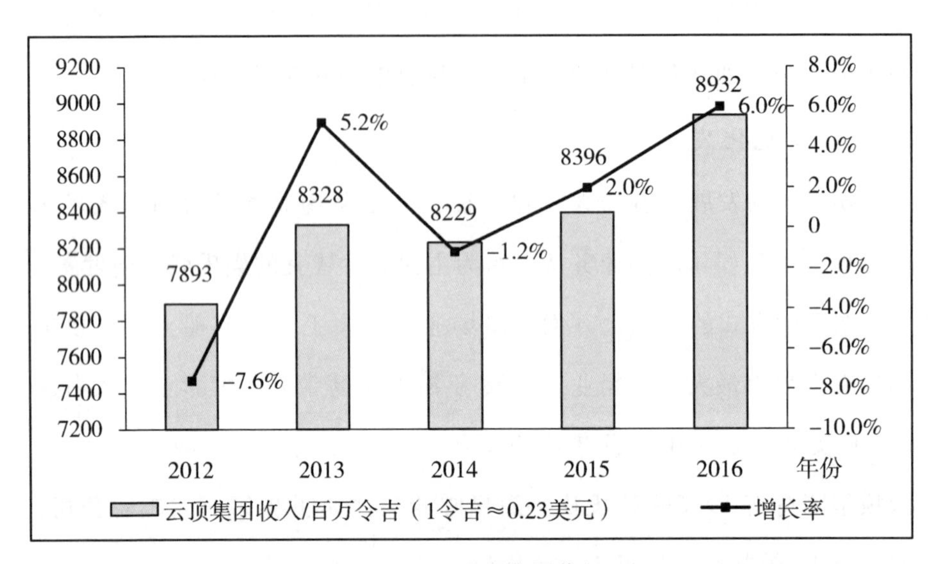

图6－15　云顶集团收入

数据来源：云顶集团年报。

（2）酒店入住率。娱乐城4座山顶酒店（云顶大酒店、美星酒店、名胜酒店及第一大酒店）2016年的整体入住率为93%（2015年为90%）。阿娃娜酒店在中山的入住率为65%（2015年为54%）。这是云顶集团有史以来入住率最高的年份，有307万间客房入住游客（2015年为291万间）。2015年6月20日新建成的第一大酒店3号大楼为酒店客房库存增加了1286间客房。

2014年第一大酒店迎来1810万名游客（2013年为1960万名），其中，28%的游客是酒店客人，其余72%的游客是一日游。4座酒店（云顶大酒店、美星酒店、名胜酒店和第一酒店）的整体入住率达到91%（2013年为90%），有250万人次入住酒店（2013年为267万人次）。娱乐城的阿瓦纳酒店在中山上的入住率为55%（2013年为

59%），如表6－6、图6－16所示。

表6－6　娱乐城四大酒店入住率

年　份	入　住　率
2013	90%
2014	91%
2015	90%
2016	93%

数据来源：云顶集团年报。

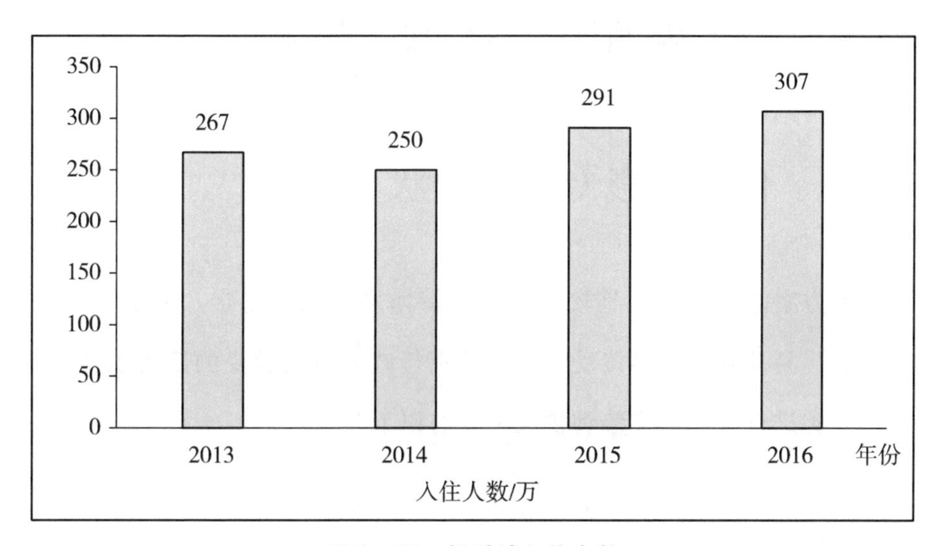

图6－16　娱乐城入住人数

数据来源：云顶集团年报。

云顶赌场的游客大多选择一日游，没有入住酒店，但在上述数据中娱乐城的主要酒店入住率几乎每年都接近90%。这说明云顶赌场在酒店扩建和娱乐设施扩建方面还有更大的潜力，因此，对投资者有很大的吸引力。作为亚洲第二大赌场，云顶赌场与澳门赌场形成竞争关系，极有可能分散外资在亚洲博彩业的投资。

7. 小结

从客源来说，澳门博彩旅游业主要客源为中国内地、香港地区、台湾地区；马来西亚主要客源为东南亚、中国。马来西亚拥有比澳门地区更广的客源，且从历史数据来看，不受旅游淡季因素影响。从政府税收优惠来说，马来西亚的低税率可能更吸引外资。从娱乐城的多元化发展和规模来看，马来西亚已经发展形成一个较为成熟的多元产业体系。因此，我们认为，马来西亚博彩业是澳门地区博彩业发展的潜在竞争对手。

第四节　对 策 分 析

一、保持博彩专营权现状不变

此方案的明显优点是较有利于保持博彩市场的稳定。由于不需改变什么，易被社会各界接受，澳门特别行政区政府承受的压力也较小。对其利弊进行权衡，优势和挑战主要有以下几点。

（一）澳门博彩总体已回暖

2002 年，澳门正式开放赌权，打破了澳门博彩旅游娱乐公司一家垄断的局面，通过公开投标的方式将竞争机制引入其中。相比于 2002 年，至 2019 年第三季度，澳门博彩业赌台数目从 339 张增加至 6756 张，角子机数目从 814 部增加至 17348 部；澳门幸运博彩娱乐场数目从 11 间增加至 41 间，其中 25 间开设于澳门半岛，余下 16 间则设在凼仔。在总体娱乐场数目当中，澳博占 22 间，银河占 6 间，威尼斯人占 5 间，新濠博亚占 4 间，永利占 2 间，美高梅占 2 间。此外，澳门逸园赛狗股份有限公司于 2018 年 7 月 20 日正式结束经营赛狗活动。

在内地旅客旅游模式改变和中央反贪腐政策等诸多外界因素的影响下，如图6－17所示，2014年开始，澳门博彩业经历了一段时间的低潮期。如今，澳门博彩业经过调整，2016年开始已经回暖趋向平稳，澳门整体赌台的数量也有小幅上升，最坏的时点已经过去。澳门拥有较大的财政缓冲区和其非常高的财政实力。现存的大规模博彩市场具有较好的持续支持博彩运营商的盈利能力，博彩行业的韧性十分可观，横向分析澳门的经济复苏，则反映了购物、餐饮、娱乐、住宿和会议设施等人均消费的增长。

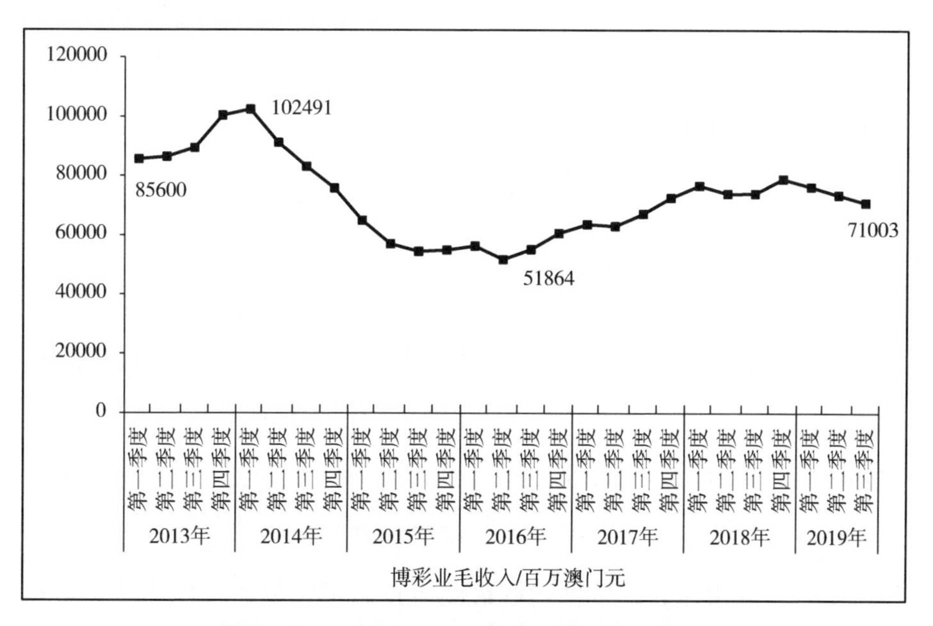

图6－17　2013—2019年澳门博彩业毛收入

数据来源：澳门特别行政区统计暨普查局。

（二）出于承载力的考虑

澳门是世界上众多微型经济体中面积最小、资源最匮乏的地区之一，也是世界上人口密度最高的地区之一。澳门一直面临着环境承载力超载的问题，资源环境承载力、生态环境承载力、经济环境承载力和社会环境承载力均存在超载危机，表明澳门地区资源、生态环境、社会环境和经济环境的脆弱性和易损性。受其影响最为严重的是经济环境承载力，博彩业急速发展，其带有的暴利性使得其能以较高的价格获得最适于其他产业发展的资本、土地、区位、人力资源等，“虹吸”其他产业的资源，挤出其他产业的适度发展，从而影响澳门的经济结构。此外，旅游社会环境承载力进入适载区间，在博彩业的带动效应增强的同时，出现居民社会满意度降低、居民参与积极性降低、交通拥挤、社区文化环境变差等问题，增加了博彩旅游业社会环境发展的压力，也对区域发展提出了警示。保持原有 6 个赌牌不变虽不能缓解澳门社会承载力弱载的现象，但也避免了增加赌牌引致的一味发展博彩业给澳门社会环境带来的诸多弊端。

（三）人力资源短缺

博彩业作为澳门的支柱产业，经过这些年的飞速发展，极大地拉动了澳门的就业，人力资源的支持是产业得以发展的重要因素。然而，现在澳门的人力资本市场呈现出来的却是一个短缺的状况，如图 6－18、图 6－19 所示，失业率一直保持在较低的水平，基本与自然失业率持平。一方面，这些年博彩业给澳门贡献了大量的工作岗位，劳动力大量涌向博彩业，导致其他产业人力资源越发短缺；另一方面，澳门特别行政区政府的人才招聘政策存在着限制，企业若增加一个外地员工，这项旨在保证澳门本地人利益的政策诚然奏效，但也限制了澳门人力资源的供应。维持赌牌不变能在一定程度上保持劳动力市场的稳定，不会加剧劳动力供不应求的局面。

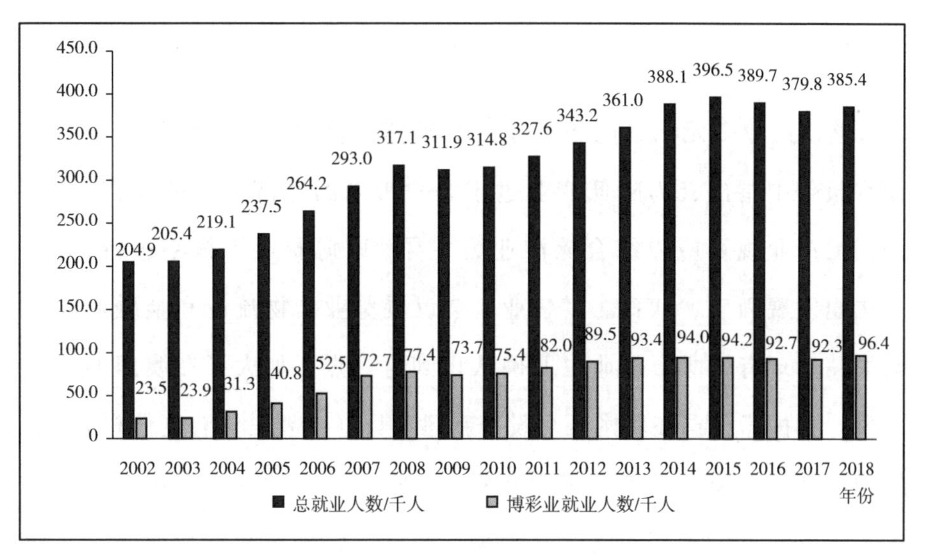

图 6－18　2002—2018 年澳门就业人口与博彩业就业人口

数据来源：澳门特别行政区统计暨普查局。

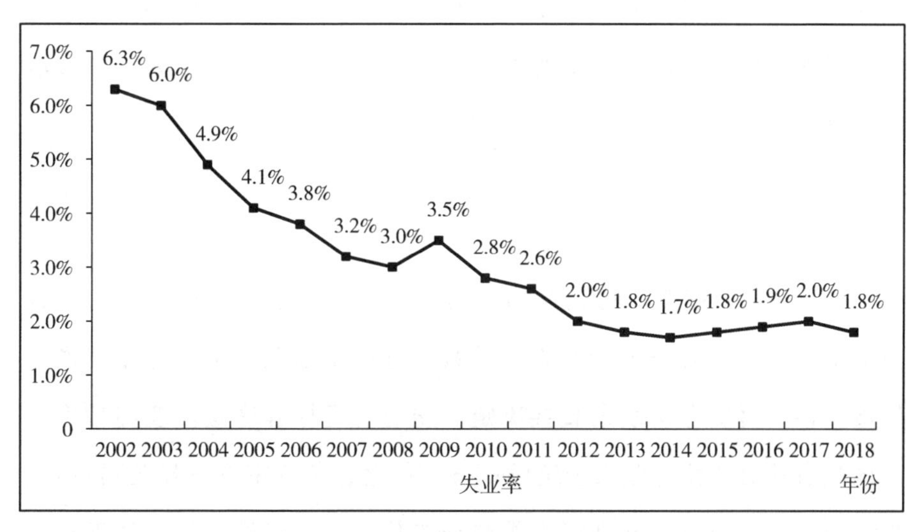

图 6－19　2002—2018 年澳门失业率

数据来源：澳门特别行政区统计暨普查局。

（四）出于产业多元化的考量

澳门产业多元化是优势产业链的延伸，澳门发展策略研究中心在研究报告中指出，为降低产业过于单一带来的经济系统的潜在风险，澳门的产业规划应以综合旅游业为主导，以博彩业为核心进行扩充，并提出发展酒店、饮食、零售业、会议展览业、物流业和金融业的优化思路。现有的博彩企业也明确认识到这一点，加大了在澳门的投资力度。各博彩公司在路凼区均设有新建项目（主要是综合度假村），如银河二期及新濠影汇等已正式开幕。新建成的大型综合度假设备能为客源提供完整的客房、餐饮、购物、博彩、娱乐表演整套服务，从而更促进了高级客源的增长。酒店业已经成为澳门增速最快的产业。去赌场消费已经不再是旅客的第一选择，相较于增加更多的赌牌，保持原有赌牌不变，保持博彩企业目前多元化的发展方向不失为一个可取的选择。

（五）竞标工作开展难度较大

参与澳门赌牌竞标的企业均实力雄厚，不相上下，这增加了竞投招标工作有序、公正进行的难度系数。且过于依赖政策，产业规模和发展在很大程度上由政策直接决定。先前的竞标程序是由澳门特别行政区政府任命8位专业人士组成竞投委员会，负责审查竞投公司资格、提出经营合约意见、处理标书等各项工作。在开启标书后，处理标书的程序分为处理标书正本、处理文件正本、处理标书副本、处理文件副本4个过程。同时，设立经营赌场的经验、对澳门的投资承诺等6项标准评分。在确定中标公司之后，澳门特别行政区政府与其签订合同，分别规定了中标公司需要承担的投资义务，对澳门城市建设、推

广旅游和社会保障的义务、对政府税收的义务等。若选择维持6个赌牌不变的方案，则有两个竞标工作将面临法律问题需要解决。

第一，采用什么方式批出下一期赌牌？按现行法律规定，澳门特别行政区政府须公开竞投后才能批出赌牌。若启动这一程序，但最后中选的仍是现有6家博彩公司，则这一程序不过是走过场，既浪费资源，又对其他参与投标者不公平，还会引起社会对政府的负面评价。但若绕过这一程序，由政府径直批出赌牌或直接与现有博彩公司完成赌牌续约，显然又不符合法律规定。

另一种情况则是，政府在公开竞投的程序中按规则程序办事，极有可能以这一程序淘汰现有的一两家公司，但淘汰后的后续工作对政府而言却较棘手。

按照现行法律规定，博彩公司终止营业后，需把赌场交还给澳门特别行政区政府，酒店等设施则无须交还。被淘汰的博彩公司面临两个选择：其一，交还赌场经营权，保留酒店等其他设施的经营权。但新中目标博彩公司在经营上将面临很大掣肘，因赌场与酒店等设施基本共处一个大建筑物中，互相连接，很难想象新公司只经营赌场而不经营其他设施。此外，新旧公司在一个屋檐下经营，难免会产生许多日常管理上的冲突。其二，被淘汰的博彩公司把赌场之外的酒店等其他设施出售给政府或新公司，完全撤离澳门。若是这种情况，一方面，政府或新公司恐怕需为购买酒店等设施支付较高的代价；另一方面，新旧公司的变动，也有很大机会引起博彩、雇佣等市场的震动，且新公司经营效果也是一个未知数。故换一家公司在原有设施上经营，如非出于公司或市场自身需要，对政府及社会而言，未必是聪明、有效的选择。

第二，现有的正牌、副牌问题如何解决？澳门法律明文规定赌牌最多不超过3个，但实际市场上有6个赌牌，即3个正牌加3个副牌，被博彩企业钻了空子。

首先，赌牌转批给实际上于法无据。有关政府部门虽以批给合同为依据，但相关条款本身没有法律条文的支撑，转批给的合法性终究有问题。其次，只有澳门特别行政区政府才拥有博彩经营权，故赌牌理应由澳门特别行政区政府批出，若由博彩公司转批给并收取费用，逻辑上讲不通。最后，如果正牌公司有一天退出市场，副牌公司继续经营，其存在的合法性必然受到挑战。因此，应当借赌牌续约之机解决这一尴尬问题。但若修订现行法律，把赌牌数量规定为最多6个，并通过公开竞投程序给予副牌公司名分，又同样产生上述“走过场、假竞投”的问题。

现行博彩批给制度的主要缺点之一，是不能为未来的博彩市场提供足够的竞争。就澳门市场而言，竞争还不是一个大问题，因博彩还处于上升期，各公司仍在竞相建设新赌场和非博彩娱乐设施。但随着各博彩公司在路凼城的建设项目基本完成，意味着在其后相当长的时间内不能为顾客提供新的赌场和新的刺激，博彩市场对顾客的吸引力将降低。倘在澳门吸引力下降的同时，临近地区出现重量级竞争对手，澳门博彩市场将可能受到极大的挑战，如今的荣景甚至可能一去不复返。

澳门博彩续约需着眼于未来，着眼于长远。从这个角度看，维持现有博彩业格局和博彩管理体制不变，由于不能为市场提供持久的新鲜感和竞争，不一定是好的选择。

二、适当引入内地资本参与博彩专营权

（一）引入多元资本参与博彩专营权可行性分析

目前，澳门博彩业有3张正牌、3张副牌，可考虑在现有的基础上增加一两个赌牌。此方案的主要好处体现在以下几个方面。

第一，不必对博彩管理体制进行大改革，除增加赌牌数量，一切可照旧，可以避免因博彩企业更替而带来负面影响。

第二，在保持博彩市场稳定的基础上，令市场在2020年后的数年内仍有新赌场建成，可以保持澳门博彩业始终具有一定的竞争性，进一步促进博彩业内部结构的升级转型，对整个澳门的经济也是有极大利好的。

第三，虽然引入内地资本会增加澳门博彩业现有的博彩企业的竞争压力，但同时也可以增加澳门博彩企业的信心，因为这样会减轻它们对中央政策的变动而产生的担忧。

第四，可在一定程度上解决前述选择中可能出现的“走过场、假竞投”问题，缓解社会对政府的压力。

第五，目前澳门博彩业的资本已经包括本地资本、以美资为主的外资及港资，如果新增加的赌牌可分配给内地资本，则可保持博彩市场上资本来源的多样性和平衡性。更重要的是，内地资本如果能够持牌，不仅能够进一步促进澳门经济社会的长期稳定发展，也能够应对澳门博彩业因外资突然撤离所带来的经济民生等问题，起到一个澳门博彩业“锚”的作用。

第六，引入多元资本，可进一步扩大澳门旅游业。澳门唯一的经济活水来自“自由行”，澳门的游客大部分还是来自内地的游客，如果没有“自由行”，增加多少赌牌没有太大意义。因此，如果能够在引入多元资本的同时，中央积极配合相应的政策，是可以创造澳门新一轮的繁荣的。

内地资本参与澳门博彩专营权最大的障碍其实是澳门与内地政治制度上的差异，中国内地是实行社会主义制度，而澳门地区是实行资本主义制度。虽然在澳门博彩业属于合法行业，但内地资本目前仍然是不允许参与澳门博彩业的。早期以南光集团为代表的中资企业除了在澳门寻求企业发展，更重要的是其特殊且重要的政治角色，因为内地企业可以在一定程度上让利于澳门的中小企业，以维护澳门的稳定发展。因此，从维护澳门政治经济长期繁荣稳定的角度出发，可适当解放思想，在一定程度上放开政策，特许某些内地企业，尤其是熟悉澳门营商环境的中资企业有限度地参与博彩业，并且参与博彩业的内地企业由澳门特别行政区政府加强监管。这既不影响“一国两制”，又可以在澳门经济繁荣和政治稳定上取得最大收益。

（二）引入多元资本参与博彩专营权必要性的分析

澳门必须抓住博彩市场地区性垄断的有利时机，以博彩业为杠杆，把澳门建设成博彩业与其他非博彩休闲娱乐业并重的城市。为什么要引入多元资本参与澳门博彩专营权?

第一，根据第二章的分析可得知，目前美资存在通过控制澳门博彩业来影响澳门经济社会的企图，如果到某个时期美资博彩企业突然撤资，将极大地影响澳门的 GDP 及就业等经济社会问题。出于维护澳门长期繁荣发展的目的，是有必要引入的。

第二，一个企业垄断也好，多个企业寡占也好，如果一个产业长

期被控制在少数企业手里，这些企业就会慢慢懈怠，放弃持续创新。现在澳门的博彩公司都还处于上升的过程，但长此以往，在澳门特别行政区政府的保护下，一定会出现保守经营的情况。因此，要引入多元资本，给这些博彩企业一些竞争的压力，让它们不至于懈怠。

第三，现有的经营者在澳门投资到一定程度，就会选择把资金转移到世界其他市场去。如果让市场更开放一点，引进多元资本，则会使澳门市场保持持续繁荣。

第四，现在澳门的状况是限制赌牌，却不限制赌场，虽说澳门现在只有 6 张赌牌，但是已有三十几家赌场。也就是说，限制赌牌并没有起到限制赌场的作用，所以有必要引入多元资本参与博彩专营权。

下面将通过建立澳门博彩业市场结构的系统动力学模型，对引入多元资本参与博彩专营权的必要性进行仿真实证分析，以引入中资参与博彩专营权为例，分别建立引入和未引入中资的澳门博彩业市场的系统动力学模型，旨在说明若美资博彩企业突然撤资，且无中资参与博彩专营权，将会给澳门的经济社会带来极大的影响，以及分析即便美资不撤走，引入中资参与博彩专营权，再积极配合中央相应政策，是可以进一步促进澳门长期稳定健康繁荣发展的，进而论证引入中资等多元资本参与博彩专营权是有必要的。

1. 美资博彩企业若撤走且无中资参与博彩专营权的情形

1）模型主要方程。根据系统要素之间的关系及影响机理，结合数据的可获得性，确定了模型所需的状态变量、速率变量、辅助变量及常量。本节使用 Vensim 软件建立系统模型，通过软件的特殊功能了解各变量的输入与输出之间的关系，需要编写适当的方程式来表达各变量之间的关系，将方程式写入模型，在反映各个变量之间因果关系的同时，各变量之间的数量关系也通过方程式得以体现。

（1）由于：澳门 GDP = 澳门博彩业毛收入 × 博彩业毛收入影响因子，根据全微分公式：

$$dGDP = d(\text{博彩业毛收入} \times \text{影响因子})$$

$$= \frac{\partial GDP}{\partial \text{博彩业毛收入}} \times d\text{博彩业毛收入} + \frac{\partial GDP}{\partial \text{影响因子}} \times d\text{影响因子}$$

$$= \text{影响因子} \times d\text{博彩业毛收入} + \text{博彩业毛收入} \times d\text{影响因子}$$

故：GDP 增量 = 博彩业毛收入影响因子 × 毛收入增量 + 影响因子增量 × 澳门博彩业毛收入

单位：百万澳门元。

（2）博彩业毛收入影响因子 = WITH LOOKUP（Time）。

单位：* * undefined * *。

（3）影响因子增量 = WITH LOOKUP（Time）。

单位：* * undefined * *。

（4）人口增长率 = WITH LOOKUP（Time）。

单位：百万澳门元。

（5）人口增量 = 澳门人口 × 人口增长率。

单位：人。

（6）澳门人均 GDP = 澳门 GDP/澳门人口。

单位：澳门元。

（7）由于澳门博彩业毛收入 = 美资博彩企业博彩业毛收入 + 非美资博彩企业博彩业毛收入，故博彩业毛收入增量 = 美资博彩企业博彩业毛收入增量 + 非美资博彩企业博彩业毛收入增量。

单位：百万澳门元。

（8）澳门 GDP = $65734 + \sum_{1}^{t} GDP$ 增量（$t \in [1,13]$）。

单位：百万澳门元。

(9) 澳门博彩业毛收入 = 20315 + $\sum_{1}^{t}$ 博彩业毛收入增量 ($t \in [1,13]$)。

单位：百万澳门元。

(10) 澳门财政收入 = 18371 + $\sum_{1}^{t}$ 财政收入增量 ($t \in [1,13]$)。

单位：百万澳门元。

(11) 影响因子增量 = WITH LOOKUP (Time)。

单位：* * undefined * * 。

(12) 由于：财政收入 =0.475 × 博彩业毛收入，根据全微分公式：d 财政收入 = (财政收入)$'_{\text{博彩业毛收入}}$ × d 博彩业毛收入，

故：财政收入增量 =0.475 × 毛收入增量。

单位：百万澳门元。

2）系统动力学模型流图建立。如图 6－20 所示，本节建立了没有中资参与的澳门博彩业系统动力学模型。模型首先把目前澳门博彩业的市场分为美资企业及非美资企业，因此，整个澳门博彩业毛收入就由美资博彩业毛收入与非美资博彩业毛收入加总得到，并且博彩业毛收入与澳门 GDP 以及澳门财政收入是紧密联系的，具体的数学关系根据模型的主要方程中（1）可以得到。最后，利用澳门的人口数与澳门 GDP 可以得到澳门的社会指标——澳门人均 GDP。

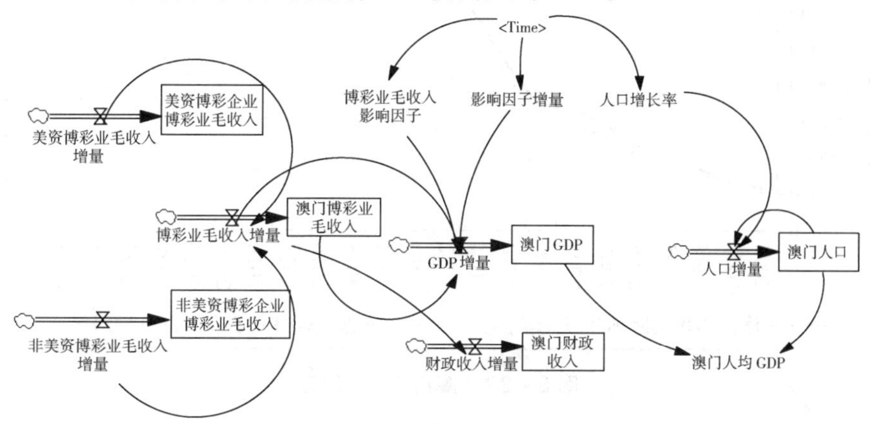

图 6－20　澳门博彩业系统动力学流程

3）模型仿真。根据图6－20中系统动力学模型，对澳门的财政收入、GDP、人均GDP及博彩业毛收入进行仿真，具体结果分别如图6－21至图6－24所示。

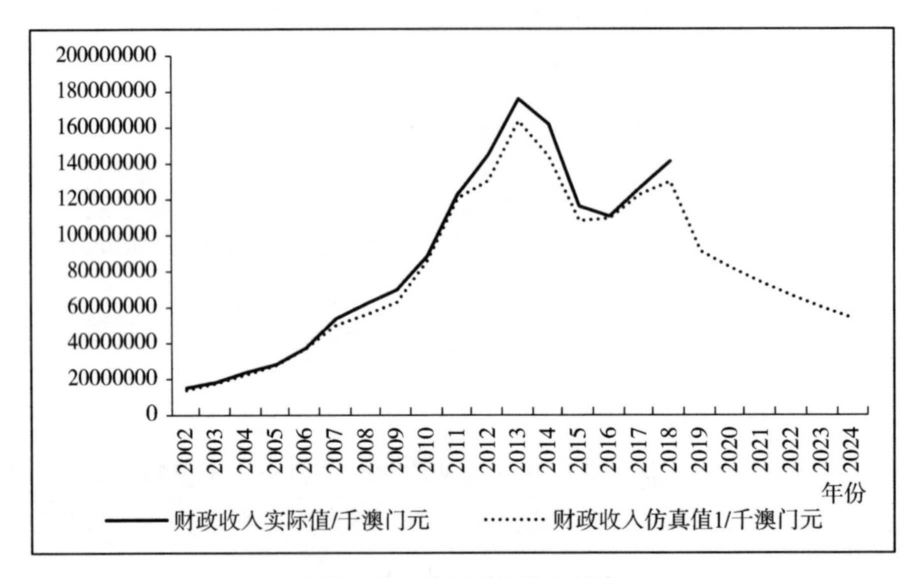

图6－21 澳门财政收入仿真

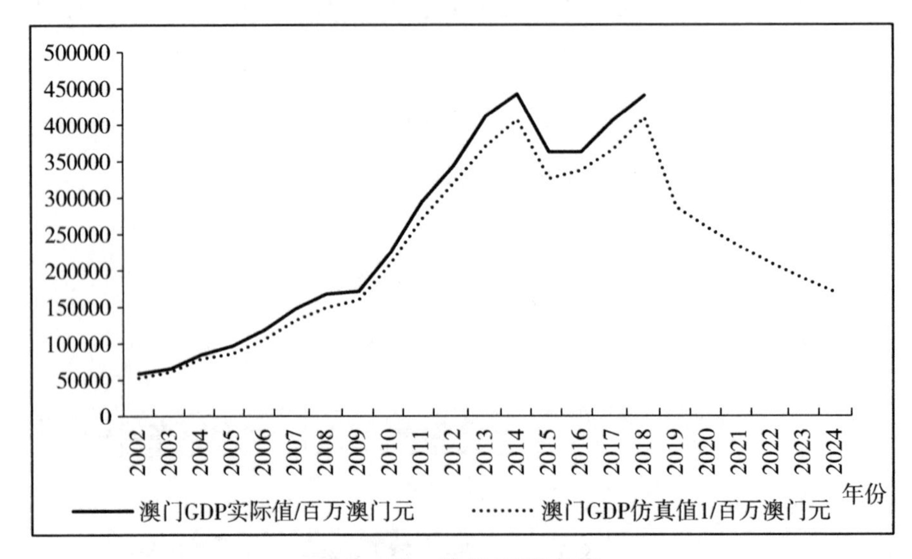

图6－22 澳门GDP仿真

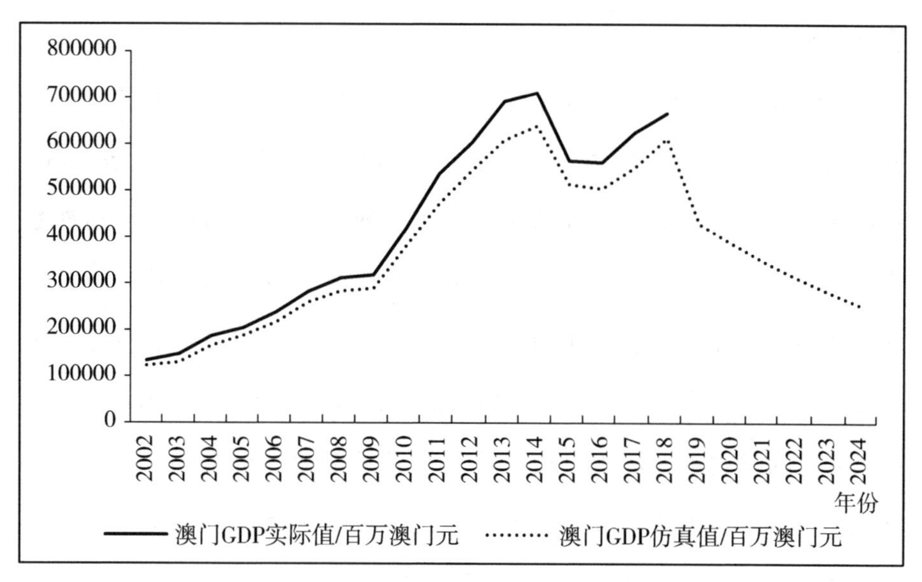

图 6 -23 澳门人均 GDP 仿真

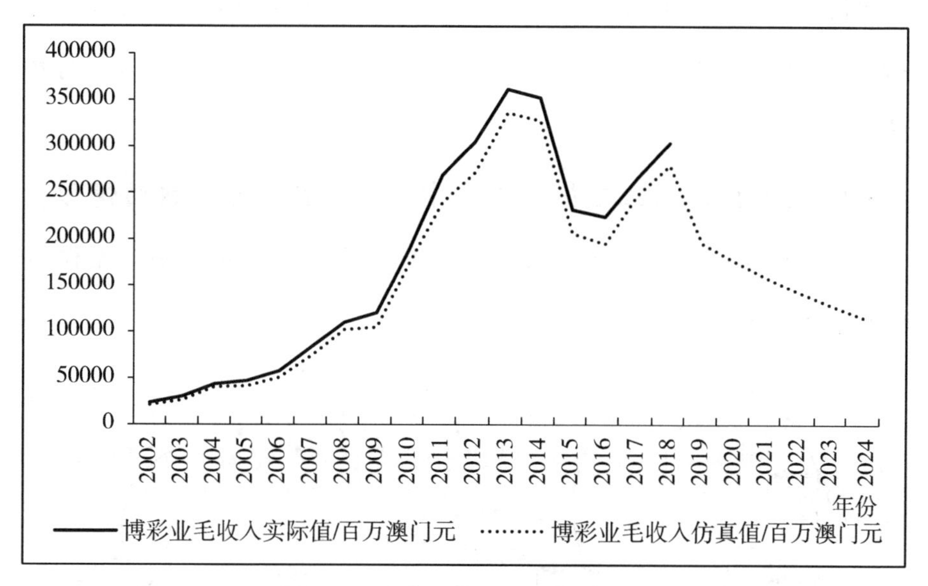

图 6 -24 澳门博彩业毛收入仿真

利用模型对澳门博彩业毛收入、澳门 GDP、澳门人均 GDP 及财政收入进行仿真，如图 6 -21 至图 6 -24 所示，假设美资博彩企业从 2019 年突然撤资，且无中资参与时，澳门的这几项经济社会指标都将会下降近一半。

澳门博彩业毛收入与澳门 GDP 以及人均 GDP 都有极大的关联度指标，无论哪一项指标变动，都几乎可以直接代表澳门整体经济状况。根据仿真结果可以看出，在这种情况下，澳门这几项指标都将出现断崖式的下降，即会对澳门整个经济社会产生极大的负面影响，届时还会造成澳门失业率的急剧上升，减少澳门居民对澳门经济的信心，也会影响澳门的稳定发展，对整个国家而言，也会造成巨大的损失。

澳门的财政收入是澳门经济社会非常重要的一个指标，关乎整个澳门居民的福利水平。如果没有足够的财政收入做支撑，澳门整个经济系统将无法对抗一些突如其来的经济风险。因此，在这种情况下，如果没有中资这样的多元资本做平衡，一旦发生这种风险，将极大地影响澳门的财政收入，进而极大地影响澳门整个经济与社会的长期繁荣稳定发展。

2. 美资博彩企业若撤走但有中资参与博彩专营权的情形

1）系统动力学模型流图建立。具体用于仿真分析的系统流程如图 6－25 所示。

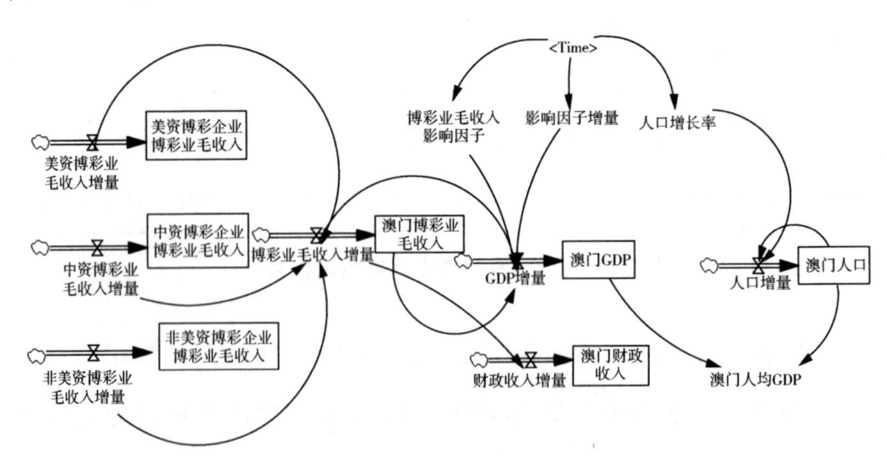

图 6－25　引入中资后的澳门博彩业系统动力学流程

美资博彩企业如果撤走，但是有中资博彩企业这样起着特定作用的博彩企业作支撑，届时再配合中央相应的“自由行”和就业保障等紧急政策措施，就可以将上节所提到的风险及负面影响降低到最小。本节建立的系统动力学流程如图6－25所示，此模型跟上节的模型大体是一致的，只是在上一节的模型中加入了中资博彩企业博彩业毛收入这一个新的变量，即把整个澳门博彩业市场分为美资、中资及其他资本。因为目前澳门博彩业实际并没有引入中资，所以中资博彩企业的市场份额以及对澳门博彩业毛收入的贡献度并没有确切的数据。因此，此模型的分析只能建立在理论层面，但是可以明确的是，有中资企业的制衡，将在一定程度上削弱美资博彩企业的市场份额，形成更好的良性竞争，分流一定的劳动力，一旦美资博彩企业企图通过控制澳门博彩业来影响澳门的经济社会，便可通过这样的制衡将这种风险及可能给澳门经济民生带来的影响降到最低，并且再配合中央相应的政策，可以保证澳门经济社会繁荣稳定地发展。

2）美资博彩企业不撤走且有中资参与博彩专营权的情形。假设美资博彩企业并不会撤走，引入中资参与博彩专营权也是有必要性的。除了上文提到的引入竞争等因素之外，另外一个重点就是，中资博彩企业可以在发展博彩的同时，发展非博彩元素，带头形成博彩与非博彩元素并重的博彩企业，虽然并不一定会带来澳门游客的人数暴增（游客人数的暴增并非对澳门利好），但可以提升来澳门游客的边际消费倾向，等同于提升每位游客对澳门 GDP 的贡献度，进而促进澳门经济多元化发展，促进澳门经济向长期健康繁荣发展。除此之外，也会在一定程度上增加澳门的就业率，提升澳门的财政收入，增加澳门整体的福利水平，对澳门整体的经济民生是有极大利好的。下面将采用系统动力学模型对引入中资后澳门的 GDP 和财政收入进行仿真，因为具体的数值不是最关键的，重要的是引入中资后各经济指标的趋势，故假设2020年后引入中资，将促进游客边际消费倾向提升50%，并且届时配合国家“自由行”的政策，即两年内增加200万名游客，每个季度增加25万人，2019第四季度的仿真采用模拟2018年季节特征，即维持2018年现状不变且不受别的冲击的情况。2020年之后，以以上假设为基础对澳门的GDP和财政收入进行仿真。

（1）模型主要方程：

a. 由于：GDP = 博彩业毛收入 × 影响因子。

根据全微分公式：

$$dGDP = d\,(\text{博彩业毛收入} \times \text{影响因子})$$

$$= \frac{\partial GDP}{\partial \text{博彩业毛收入}} \times d\,\text{博彩业毛收入} + \frac{\partial GDP}{\partial \text{影响因子}} \times d\,\text{影响因子}$$

$$= \text{影响因子} \times d\,\text{博彩业毛收入} + \text{博彩业毛收入} \times d\,\text{影响因子}$$

故：GDP增量 = 博彩业毛收入影响因子 × 毛收入增量 + 影响因子增量 × 澳门博彩业毛收入。

单位：百万澳门元。

b. 博彩业毛收入影响因子 = WITH LOOKUP（Time）。

单位：* * undefined * * 。

c. 影响因子增量 = WITH LOOKUP（Time）。

单位：* * undefined * * 。

d. 旅客博彩业收入贡献度 = WITH LOOKUP（Time）。

单位：百万澳门元。

e. 旅客增量 = 游客人数 × 游客人数变化率。

单位：人。

f. 由于：博彩业毛收入＝游客人数×旅客博彩业收入贡献度。

根据全微分公式：

$$
\begin{aligned}
d\,\text{博彩业毛收入} &= d(\text{游客人数} \times \text{旅客博彩业收入贡献度}) \\
&= \frac{\partial\,\text{博彩业毛收入}}{\partial\,\text{游客人数}} \times d\,\text{游客人数} + \\
&\quad \frac{\partial\,\text{博彩业毛收入}}{\partial\,\text{旅客博彩业收入贡献度}} \times \\
&\quad d\,\text{旅客博彩业收入贡献度} \\
&= \text{旅客博彩业收入贡献度} \times d\,\text{游客人数} + \\
&\quad \text{游客人数} \times d\,\text{旅客博彩业收入贡献度}
\end{aligned}
$$

故：毛收入增量＝旅客增量×旅客博彩业收入贡献度＋

游客人数×贡献度增量。

单位：百万澳门元。

g. 游客人数 = 6942320 + $\sum_{1}^{t}$ 旅客增量（$t \in [1,44]$）。

单位：人。

h. 游客人数变化率＝WITH LOOKUP（Time）。

单位：Dmnl。

i. 澳门 GDP = 79219 + $\sum_{1}^{t}$ GDP 增量（$t \in [1,44]$）。

单位：百万澳门元。

j. 澳门博彩业毛收入 = 74596 + $\sum_{1}^{t}$ 毛收入增量（$t \in [1,44]$）。

单位：百万澳门元。

k. 澳门财政收入 = 28421 + $\sum_{1}^{t}$ 财政收入增量（$t \in [1,44]$）。

单位：百万澳门元。

l. 贡献度增量＝WITH LOOKUP（Time）。

单位：＊＊undefined＊＊。

m. 由于：财政收入 =0.475 × 博彩业毛收入。

根据全微分公式：d财政收入 ＝（财政收入）$'_{博彩业毛收入}$ × d博彩业毛收入。

故：财政收入增量 =0.475 × 毛收入增量。

单位：百万澳门元。

（2）系统动力学模型流图建立。具体用于仿真分析的系统流程如图 6-26 所示，此模型与上述两个模型有区别，因为此模型的重心在于引入中资后提升游客的边际消费倾向，以及配合“自由行”政策的仿真分析，故此模型的逻辑在于由游客人数和旅客贡献度得到博彩业毛收入，进而得到澳门 GDP 和澳门财政收入的仿真。

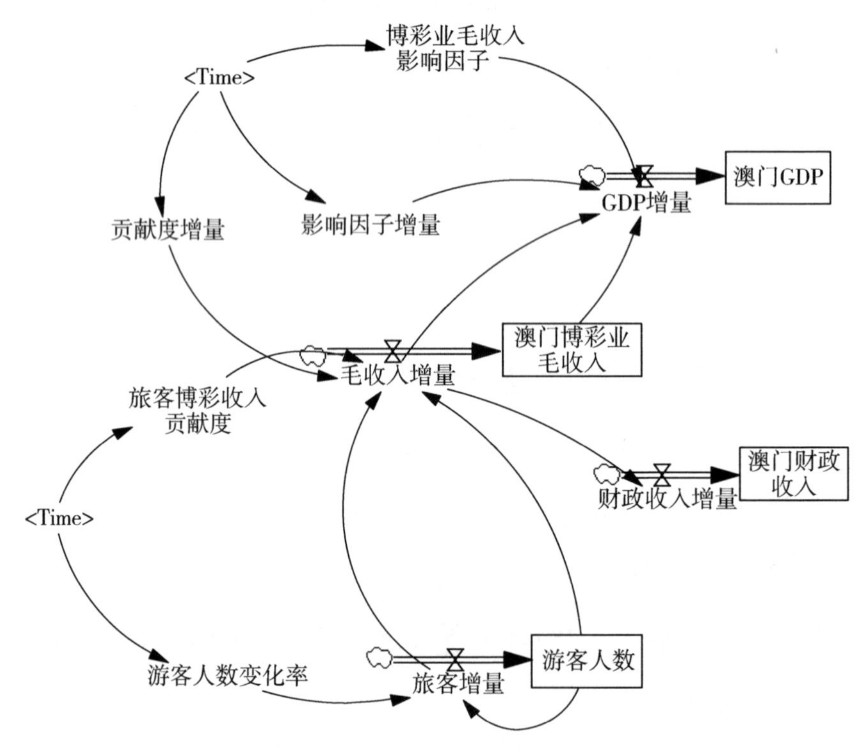

图 6-26 博彩业收入仿真系统流程

（3）模型仿真。根据图 6－26 的系统动力学仿真流图，对澳门 GDP 和财政收入进行仿真，结果如图 6－27 和图 6－28 所示：若 2020 年后引入中资参与博彩专营权，假设将提升来澳门旅客的边际消费倾向 50%，且两年内每季度增加 25 万名游客，在这种情况下，澳门的 GDP 和财政收入都会随着时间而增长，并且有望在 2030 年实现澳门 GDP 翻一番，虽然具体的数值并不完全准确，但是 GDP 和财政收入的增长趋势是可以基本确定的。从这一结果可以看出，若引入中资参与澳门博彩专营权，中央配合出台相应政策，极有可能会提高澳门财政收入，提升澳门整体福利水平，促进澳门整体经济社会的发展，因此，引入中资参与澳门博彩专营权是有必要的。

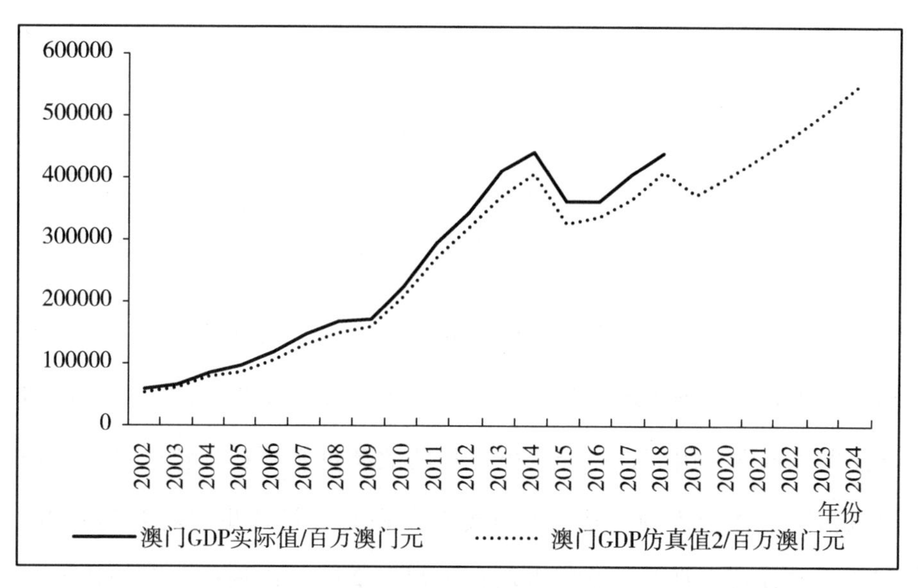

图 6－27　澳门 GDP 仿真

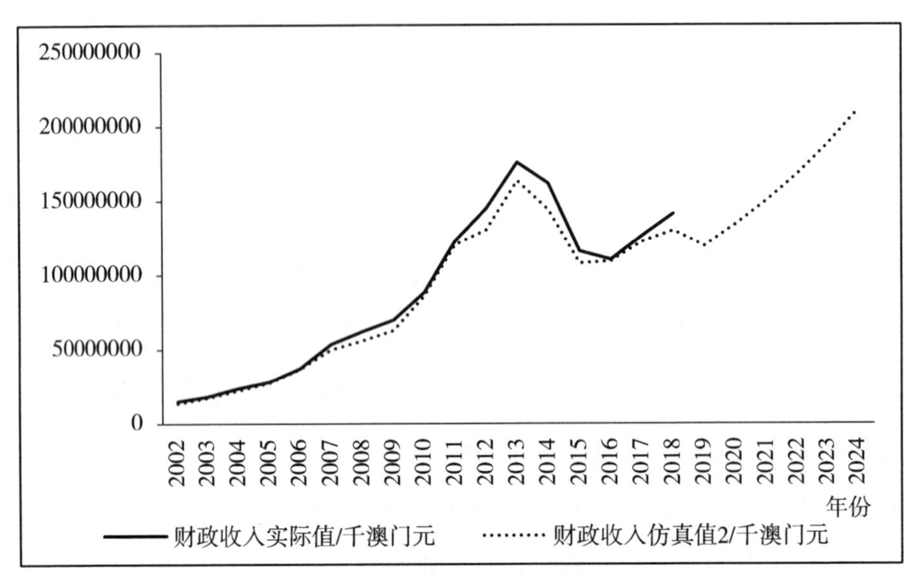

图 6－28　澳门财政收入仿真

三、完全放开所有资本参与博彩专营权

（一）理论分析——完全竞争市场理论

完全竞争市场又叫作“纯粹竞争市场”，是指竞争充分而不受任何阻碍和干扰的一种市场结构。完全竞争市场在现实生活前提条件的情况下很难成立，因而，完全竞争市场的效率也必须在具备严格前提条件的情况下才会出现。其一，市场上存在着大量的生产者和消费者，任何生产者和消费者的单独市场行为都不会引起市场产量和价格的变化；其二，产品同质性，以至于任何一个企业都无法通过自己的产品具有与他人产品的特异之处来影响价格而形成垄断，从而享受垄断利益；其三，资源流动性，生产者能自由进入或退出市场；其四，信息完全性，每一个消费者和每一个厂商都可以根据自己掌握的完全信息，

做出自己的最优的经济决策，从而获得最大的经济效益，如表 6 - 7 所示。

表 6 - 7　市场类型划分和特征

市场类型	厂商数目	产品差异程度	对价格的控制程度	进出一个市场的难易程度	接近哪种市场
完全竞争	很多	完全无差别	没有	很容易	一些农产品
垄断竞争	很多	有差别	有一些	比较容易	一些轻工业、零售业
寡头	几个	有差别或无差别	相当程度	比较困难	钢、汽车、石油
垄断	唯一	唯一产品，且无替代品	很大程度，但常常受到管制	很困难，几乎不可能	公共事业

如果博彩行业中存在 $N(>2)$ 个相同的博彩企业，并且，第 $N+1$ 个博彩企业会被博彩行业有效地排斥在外，每一个现存的博彩企业成本函数相同，即成本为

$$C(q_j) = cq_j \qquad (j = 1,2,\cdots,N) \tag{1}$$

设澳门整个市场需求为

$$p = a - b(\sum_{j=1}^{N} q_j) \tag{2}$$

这里 $a>0$，$b>0$，当然 $a>c$，从（1）式与（2）式可知，博彩企业 j 的利润为

$$\pi_j(q_1,q_2,\cdots,q_N) = (a - b\sum_{k=1}^{N} q_k)q_j - cq_j \tag{3}$$

此处的博彩行业古诺均衡，存在着一个产量向量 $q^* = (q_1^*,q_2^*,\cdots,q_N^*)$，使得每一个博彩企业的利润都达到极大。这就是说，当所有别的博彩企业的产量 $q_k = q_k^*$ 时（$k \neq j$），q_k^* 必须使（2）式极大化。于是，

让

$$\frac{\partial \pi_j(\cdot)}{\partial q_j} = 0$$

即

$$a - 2bq_j^* - b\sum_{k \neq j}^{N} q_k^* - c = 0 \tag{4}$$

即

$$bq_j^* = a - c - b\sum_{k=1}^{N} \tag{5}$$

注意到（5）式右端与考虑的博彩企业 j 是谁无关，因此，在均衡时，所有的博彩企业的 bq_j^* 必等于（3）式的右端。即

$$bq_j^* = a - c - bNq^* \tag{6}$$

换言之

$$q^* = \frac{a - c}{b(N+1)} \tag{7}$$

从（7）式中可以看出 $a > c$ 的必要性。通过（7）式可知，对于每个博彩企业 j 来说，在古诺均衡时，其最优产量 q_k^* 为

$$q_j^* = \frac{a - c}{b(N+1)} \qquad (j = 1, 2, \cdots, N) \tag{8}$$

因此，澳门博彩行业的总产量为

$$\sum_{j=1}^{N} q_j^* = \frac{N(a - c)}{b(N+1)} \tag{9}$$

价格 p 为

$$p = a - \frac{N(a - c)}{N + 1} < a \tag{10}$$

每个博彩企业的利润 π_j 为

$$\begin{aligned}\pi_j &= [p - c]q_j^* \\ &= \left[a - \frac{N(a - c)}{N + 1} - c\right]\frac{(a - c)}{b(N+1)} \\ &= \frac{(a - c)^2}{b(N+1)^2}\end{aligned}$$

值得注意的是，在古诺均衡时，价格高出边际成本（这里为 c）的幅度 $p = c$ 为

$$p - c = a - c - \frac{N(a - c)}{N + 1}$$

$$= \frac{(N + 1)(a - c) - N(a - c)}{N + 1}$$

$$= \frac{a - c}{N + 1} > 0$$

但是，当 $N \to \infty$ 时

$$\lim_{N \to \infty}(p - c) = 0$$

这说明当博彩企业个数无穷多的时候，$p \to c$，即价格会接近于边际成本。这也就是说，当博彩企业个数无穷多时，博彩业市场结构会趋于完全竞争。完全放开所有资本参与澳门博彩专营权，中资与各类外资均积极参与到澳门博彩专营权中，形成多元竞争的格局，极大地影响了澳门的 GDP 和就业情况，对澳门社会经济发展也会产生极大影响。

（二）正面影响分析

第一，促使博彩行业经济运行保持高效率，提高了博彩业本身的竞争力。完全竞争的博彩业市场结构全面排除了任何垄断性质和任何限制，完全依据博彩业市场的调节进行运行，因而可以促使博彩行业经济运行保持高效率。在完全竞争市场条件下，效率低和无效率的博彩企业会在众多博彩企业的相互竞争中被迫退出市场，经营效率高的企业则得以继续存在。同时，又有经营效率更高的企业随时进入市场参与市场竞争，经营效率更高的博彩企业会在新一轮的市场竞争中取胜。因而，完全竞争市场可促使众多博彩企业充分发挥自己的积极性和主动性，引入先进的管理经验和技术，加强了竞争，提升了澳门博彩业的整体素质，进行高效率的经营。

第二，增进社会利益，提升城市的整体形象。完全竞争市场中的竞争，在引导博彩企业追求自己利益的过程中，也有效地促进了社会的利益。市场竞争引导每个企业不断地努力追求自己的利益，它们所考虑的并不都是社会利益，但是，由于受着一只看不见的手的指导，往往比在真正出于本意的情况下更能有效地促进社会的利益。澳门博彩业赌权完全开放打破了博彩业的独家垄断经营，体现了澳门的国际化发展过程，这对澳门基础设施的建设和科技文化的发展起到了巨大的推动作用，进一步改善了澳门的投资环境，提升了城市的整体形象。

第三，拉动了相关产业的发展，提高了资源的配置效率。由于产业结构内部的关联性，随着赌权的完全开放，博彩业对相关产业的带动作用逐步显现并将进一步扩大，给澳门整体经济带来活力，进一步提升澳门经济的发展层次。在完全竞争市场条件下，资源能不断地自由流向最能满足消费者需要的生产部门。在资源的不断流动过程中，实现了资源在不同用途间、不同效益间和在生产过程中的不同组合间的有效选择，使资源发挥出更大的效用，从而也就会大大提高资源的配置效率与配置效益，受益比较明显的是旅游、零售、餐饮、酒店、交通运输业、建筑房地产、珠宝金饰业、古玩业及当铺行等。

第四，消费者及消费需求满足的最大化。在完全竞争市场条件下，价格趋向等于生产成本。因而，在许多情况下，它可以形成对消费者来说最低的价格，而且完全竞争市场条件下的利润比其他非完全竞争市场条件下的利润要小，所以在纯粹竞争的情况下，获利最大的是消费者。同时，完全竞争市场还可以使消费需求的满足趋向最大化。

（三）负面影响分析

第一，完全竞争市场中完整知识的假设是不现实的，完全竞争的博彩业市场在现实生活前提条件下很难成立。

一般情况下，无论是经营者还是消费者，都只能具有不完整的知识。经营者对其在现实市场中的地位、将来发展的动向及影响市场的各种因素的信息等知识，都不可能完整地掌握。只能经常在不确定的世界中进行活动。消费者不可能全面掌握博彩市场上全部服务的价格、品质等方面的情况。同时，市场信息也不可能畅通无阻而且非常准确。所以，市场参与者都不可能具有完整、全面、准确的市场信息和市场知识，完整的市场知识只能是不现实的理论假设。

完全竞争的博彩业市场的效率也必须在具备严格前提条件的情况下才会出现。而在现实经济实践中，难以全面具备完全竞争市场的所有前提条件，因此，实际上，完全竞争的博彩业市场在现实经济实践中很难出现。从理论角度出发，完全竞争市场只是西方经济学家在研究市场经济理论过程中的一种理论假设，是他们进行经济分析的一种手段和方法。这样，没有实践意义就成了完全竞争市场形式的最根本的缺陷。

第二，完全竞争的博彩市场也会造成资源的浪费，造成土地及人力等有限资源的不合理配置。

在完全竞争博彩市场条件下，自由进入使经营效率更高、各类服务更能适合消费者需要的博彩企业不断涌进市场，而那些效率低、服务已不能适应消费者需要的博彩企业则被淘汰，退出博彩市场。那些因在竞争中失败而退出市场的博彩企业，其整个企业的设备与劳动力在仍然可以发挥作用的情况下被迫停止使用，这样，不可能不造成宝贵的物质资源和劳动力资源的浪费。

随着赌权的完全开放，博彩业将急剧扩张，将远远超过其他行业的增长速度，因此，将会带来环境、交通、能源、人力资源及土地资源等多方面的压力。澳门本地可以配置的基础设施、生产要素资源开始出现严重不足，与博彩旅游业相配套的市政能力也趋于紧张，行业间发展不平衡引起的产业结构矛盾开始显现；在土地资源方面，赌权开放以来，各博彩公司投资的项目纷纷开工，澳门可利用的土地资源基本用完，澳门特别行政区政府只能期望通过填海来解决城市发展的用地问题，而这又对环境保护提出新的挑战；在人力资源方面，随着更多的大型博彩设施投入运营，非博彩行业的人员流失问题更为突出，中小企业将面临更为严峻的挑战，博彩业对人力资源的现效应对其他产业的发展已产生明显的抑制作用。这些负面影响将堵塞其他产业的发展路径，使澳门的整体经济日益失衡，加大经济的不稳定性和风险性。

第三，完全竞争市场的博彩业收入差距巨大，社会群体贫富悬殊加剧，存在恶性竞争并潜伏较大风险。

随着博彩业赌权的完全开放，入境旅客人数将飞速上升。这将拉起澳门本地的市场需求，导致物价飙升，这不仅大大加重了澳门本地居民的实际生活成本，也使得居民的实际收入变相下降。澳门博彩业的过快发展，其主要客源依赖于内地游客支撑，而内地游客旅游目的地的选择性很大，再加上政策与经济的不确定性，存在过大的风险。

第四，城市的规模与功能难以承载博彩业过快发展所需求的游客数量，与此同时，市民的价值观受到冲击。

城市空间有限，难以承受博彩业扩张所需的大量外来客流，商业区和景点人满为患，交通拥堵，澳门“生态足迹”已经大大超荷，生

态赤字严重。另外，由于缺乏整体及完善的城市发展规划，澳门博彩业开放以来，赌场设施遍地开花，与学校、居民区混在一起，各类投注站更深入小区，必然对澳门全体市民的价值观、文化素质、创新意识等带来消极影响。

四、政策建议

（一）引入多元资本参与澳门博彩专营权

起初在赌权开放时期，澳门的发展更加侧重于“请进来”，因此，引进以美资为主的外资企业进入澳门博彩业有利于促进澳门整体经济的发展。但是，随着澳门经济的不断演变和发展，结合目前国家“一带一路”建设和粤港澳大湾区建设的机遇，以及目前面临的各种风险与挑战，澳门的发展则应该开始侧重于“走出去”。2020年，澳门博彩专营权将重新发牌，可借此机会有条件地对澳门博彩业引入多种资本，实现博彩市场的持牌多元化，以平衡协调各方势力，预防澳门经济面临的风险。

其中，引入中资企业参与经营博彩是既必要且可行的一种方式。首先，实际上，从维护澳门繁荣稳定的角度出发，思想上可以更解放一些，政策上可以更放开一些。特许某些中资企业尤其是熟悉澳门营商环境的中资企业有限度地参与博彩业，并由澳门特别行政区政府加强监管，这既不影响“一国两制”，又可以在经济繁荣和政治稳定上取得最大收益。有中资企业的制衡，将在一定程度上削弱美资博彩企业的市场份额，形成更好的良性竞争，分流一定的劳动力，一旦美资博彩企业企图通过控制澳门博彩业来影响澳门经济社会，便可通过这样的制衡将这种风险及可能给澳门经济民生带来的影响降到最低，以保证澳门经济社会繁荣稳定地发展。其次，在澳门中资企业市场份额不大，缺乏一定的话语权。以南光集团为代表的驻澳中资企业的业务主要以本地市场为主，不能参与博彩业，并且竞争激烈、利润率低、市场剩余空间极其有限。更严重的是，受博彩业的挤压，在澳门的中资企业面临着人才流失的困境和被边缘化的现实。如果中资进入澳门博彩业，也可以在一定程度上解决在澳门的中资企业面临的困境。

1. 在引入多元资本参与的同时要注意限制赌台数量

现在澳门整体过分依赖于博彩业，发展也过快，从原来一家博彩企业的400张赌台发展到现在6家博彩企业5000多张赌台，游客从回归前每年800多万人发展到现在接近3000万人。游客只不过翻了不到4倍，赌台却增加了近12倍，扩张规模已经是超前了。所以，澳门特别行政区政府提出制约赌台发展其实是好事，因为过去有争论赌台是不是应该增长，当时澳门特别行政区政府的说法是交给市场决定，但是事实上，在增加赌台的过程中，澳门同时在损失包括土地、人力和外劳资源在内的资源。

限制赌台还有助于优化赌台的使用。现在除了特别假日外，很多赌台都没有开张。现在能做的就是限制赌台增长，优化赌台的使用，这样，从粗放型的开放后，有利于赌台更加有效益，同时减少土地资源和人力资源的投入及对其他中小企业的压力。

2. 政府应对博彩企业发展非博彩元素的要求进行具体细化

实际上，赌权开放之初，合约中有要求博彩企业发展非博彩元素，将来应该对这条合约细节再细分。比如，要求具体有什么元素在里面，

澳门特别行政区政府会不会将维护费用比较高的设施交给博彩企业去做等细节。

澳门现在几个度假村都是以赌场为中心的设计，而非博彩元素都是围着赌场造出来的。反观新加坡金沙赌场只有一个角落是赌场，其主体是一个大型的购物商场。澳门现时在建的赌场有一个政府部门协调的问题，因为澳门工务局只保障这个建筑物符合安全标准，并没有监管建筑物内博彩和非博彩元素的分布。

3. 建议未来持牌博彩企业自建员工宿舍

建议未来赌牌合约要求博彩企业自行建员工宿舍，减少外劳与市民争夺房屋资源的问题，并通过一系列政策要求博彩企业负起不能将成本转嫁给社会的责任，这对员工的整体生活质量也会更好，一举两得。

4. 在增发赌牌的同时要加强政府监管

未来增发赌牌，如果监管不好，增发多少影响都不大，反而会让竞争恶化，最终造成澳门经济社会的恶化，进而影响整个国家的稳定发展。

（二）积极发展“负责任博彩”

1. “负责任博彩”的概念及原则

随着社会各界逐渐意识到博彩活动可能造成的危害和社会成本，自20世纪90年代初开始，“负责任博彩”政策及战略得到逐步实施。从政府的角度来看，出台“负责任博彩”政策是为了保护消费者，控制博彩行为，特别是保护弱势群体。从博彩业的角度来看，小区及社会的压力促使政府实施更严格的监管控制措施。这些措施限制了博彩活动的范围。因此，对于业界而言，出台“负责任博彩”政策，旨在通过“负责任博彩”实践和行为守则来保持行业的长期可持续发展。

（1）“负责任博彩”的概念。“负责任博彩”是指在一个适度监管的环境下，博彩者在参与博彩时不会对本人、家人、亲友、其他博彩者、娱乐场员工的健康构成威胁，或对本地区及博彩者原居地带来负面影响。即“负责任博彩”是把博彩行为可引致的危害减至社会可接受的水平。为达到这个目标，“负责任博彩”需要政府、博彩者及其亲友、博彩营运商、问题赌博防治机构及其他小区团体共同承担责任，以确保博彩者在知情的情况下决定博彩，其博彩行为对个人、亲友甚至社会都是负责任的。“负责任博彩”既是指导思想，也是制度措施的集合，即在负责任博彩思想的导引下，建立制度和采取措施降低博彩负面影响，尤其是问题博彩。

“负责任博彩”行为的推广可以预防一些形式的犯罪，如赌不借钱就可以避免高利贷犯罪，又如当发现不能控制自己的博彩行为时主动向相关服务机构求助，可以预防因赌博失调而引致的各种犯罪。

（2）“负责任博彩”的原则。其一，“共同承担责任”原则。所有利益相关者必须承担各自的责任去落实“负责任博彩”政策。其二，“平衡发展”原则。所有利益相关者应共同合作来达致一个以可持续发展为主的平衡模式。最简单的平行点就是利益相关者在降低博彩潜在危害的同时，博彩活动还可为当地带来社会效益及经济效益。其三，“知情决定”原则。应给予每位博彩者应有的知识，以便博彩者在博彩活动上可做出明智的选择。其四，“伤害最小”原则。“负责任博彩”虽然可以有效防止一些博彩所衍生的社会伤害，有效降低社会成本，但是绝不可能完全杜绝，所以我们要做的是将有关的伤害减到社会可接受的水平。其五，“最佳实践”原则。所有政策及有关实践计划应在

实证支持下提出，而最终更应以可靠的科研成果为设计基础。但在缺乏实证或科研成果的情况下，“负责任博彩”政策应以“最佳实践”为标准借鉴。“最佳实践”是指某一计划在执行过程中，有足够的证据显示它已达到最佳效果，或已满足“负责任博彩”的定义和要求。

2. 欧美地区“负责任博彩”的实践

由于社会、经济、政治的变化，从20世纪60年代开始，博彩业在北美、欧洲和澳洲出现了爆发式的发展。国家彩票的引入、赌博机的繁荣、赌场博彩的扩张、新媒体在博彩中的运用等，大大提高了博彩的可进入性和广泛性，结果是寻求帮助解决与博彩相关问题的人也大幅增加。作为应对，“负责任博彩”被欧美各国提出并付诸博彩发展实践。加拿大学者直言：“一个得到很好发展和管理的问题博彩与‘负责任博彩’策略是一种社会必需。同时，有效的‘负责任博彩’策略对于实现博彩业的可持续发展至关重要。”

1）欧美“负责任博彩”的背景与理念。“问题博彩”是博彩业发展带来的主要负面影响之一。对澳门特别行政区政府而言，“问题博彩”危及公众健康是一方面，更为重要的是，如果任由问题扩大，将直接危及博彩业自身存亡。这对依赖博彩获取财政收入、推动经济发展和扩大就业的政府而言，是不可接受的。因此，欧美各国推行“负责任博彩”的初衷和出发点在于，通过推行“负责任博彩”降低“问题博彩”及相关负面影响，并以此换取博彩业长期可持续发展。

2）欧美“负责任博彩”制度的主要内容。博彩负面影响的核心是“问题博彩”。欧美责任彩票因问题博彩而生，制度构建也以“问题博彩”为中心而展开。

（1）“问题博彩”预防制度。“问题博彩”预防作为一种“防患于未然”的措施，对降低博彩负面影响具有特别的价值。欧美“问题博彩”预防制度包括博彩游戏信息告知制度、社会公众教育制度、博彩业从业人员培训制度、博彩营销规章制度、未成年人保护制度、博彩游戏影响评估制度等。这些制度有效地预防了潜在的“问题博彩”威胁，在一定程度上降低了博彩的负面影响。

（2）“问题博彩”的治疗制度。“问题博彩”的特征在于，“博彩游戏者无法控制自己在博彩游戏中的时间和金钱投入而对自己、家庭和社会形成了困扰”。[①] 可借助治疗的外力作用，“问题博彩”者摆脱“问题博彩”的困境。①辅导救助制度，包括设立免费辅导救助电话，建立辅导治疗机构、辅导救助人员的专业培训等。②博彩参与排除制度。欧美各国普遍建立的是自愿自我排除制度。该制度的核心在于：首先，“自我排除”是一种“问题博彩”者自我保护的制度，由博彩游戏者本人申请，博彩运营者以此为依据拒绝提供相关博彩服务；其次，排除是自愿而非强制的。

（3）“问题博彩”的研究制度。研究在“责任博彩”中扮演着重要的角色。一方面，“负责任博彩”政策和制度的出台有赖于研究为其提供依据和支撑。澳大利亚生产力委员会1999年发布的关于博彩经济、社会影响的全面调查报告加速了澳大利亚“负责任博彩”制度的更新就是一个典型的例证。另一方面，“问题博彩”的预防、治疗救助措施的有效性建立在对“问题博彩”深入了解的基础上。因此，欧美各国普遍重视“问题博彩”的研究，并在经费方面给予保障。

（4）“问题博彩”的资金制度。“问题博彩”的预防、干预及治疗、研究都需要资金的支持。因此，欧美各国大都建立了资金制度，

---

① 陈洪平：《直面问题博彩：中国责任博彩法律制度的构建》，载《武汉体育学院学报》2015年第3期，第40－45页。

以保证“负责任博彩”的顺利推进。不过，各国和地区的“负责任博彩”资金制度存在着一些差异，尤其是资金筹集方面。资金筹集有自愿和强制两种模式。在英国，“负责任博彩”信托负责为研究、教育和治疗筹集资金。“负责任博彩”信托的资金主要来源于博彩业的自愿捐赠。在澳大利亚奥北区，“负责任博彩”资金源于对部分博彩游戏的征税。

3. 澳门如何发展“负责任博彩”

1）澳门特别行政区政府转变博彩发展理念。澳门特别行政区政府对博彩的合法化和拓展，缓解了澳门特别行政区政府的财政危机，促进了当地旅游、餐饮等产业的发展，也解决了部分就业。然而，随着博彩的扩张，博彩的负面影响开始显现，尤其是“问题博彩”。这些负面影响的出现和发展引发了社会关切，并威胁到博彩业的生存和发展。“负责任博彩”在这种背景之下诞生和发展。可以肯定，“负责任博彩”制度的建立对缓解博彩社会负面影响具有十分重要的意义。然而，对“问题博彩”及相关负面影响的控制和降低而言，更为重要的是，国家应改变“收入、经济发展、就业”的功利博彩发展思想。唯有如此，才能在最大限度内减少和控制“问题博彩”及相关负面影响。从历史发展看，博彩的原初功能是博弈娱乐，而非收入筹集。收入筹集是社会对博彩功能的一种附加。这种“附加”在为博彩的繁荣和发展提供机遇的同时，也为博彩的长期可持续发展埋下了“危机种子”。对国家合法化博彩而言，基本的出发点应是，为社会民众提供健康、合法、安全的博彩娱乐渠道。在此前提下，博彩可以附带为澳门特别行政区政府财政筹集部分收入。

2）澳门“负责任博彩”的制度建设。澳门该怎样应对博彩给社会带来的负面影响？借鉴欧美并结合澳门具体情况构建“负责任博彩”

制度，无论对公共健康，还是对博彩业自身，都是一种可行的选择。博彩发展在追求经济收益的同时，更应当承担起社会责任，减少博彩带来的负面影响。

（1）澳门“负责任博彩”制度的理念——基于公众健康。“问题博彩”及相关负面影响涉及的不仅是博彩所给政府带来的利益，更为重要的是社会公众健康。“问题博彩”日渐成为一个公共健康议题。与之相适应，“负责任博彩”制度更应从公共健康着眼。首先，博彩最大的价值在于其所能给社会公众带来的娱乐。澳大利亚生产力委员会1999年发布的博彩业咨询报告的核心发现之一就是，国家在博彩自由化中的主要获益是博彩带给社会民众娱乐。因为如果将博彩业对其他行业发展的影响考虑进来，博彩业对经济发展和就业的贡献是比较小的。博彩的核心价值既为娱乐，健康自是题中之意。其次，从公共健康着眼构建“负责任博彩”制度，可以从更高的层面和更宽广的视野对待“问题博彩”及相关负面影响。“问题博彩”及相关负面影响不单是一个行业的发展问题，更为重要的是，其存在和发展已经对公共健康形成了困扰和威胁。从“负责任博彩”制度体系看，不仅应建立“问题博彩”的治疗干预制度，也要构建“问题博彩”的教育预防制度。

（2）澳门“负责任博彩”的核心制度体系。“负责任博彩”的核心制度体系分为两类：预防制度和干预制度。博彩行为大体呈现出两种状态：“娱乐博彩”和“问题博彩”。这两种状态并非固化和静止，而可能互相转变与演化。因此，“负责任博彩”不仅应该对“问题博彩”者进行辅导治疗干预，以助其脱离“问题博彩”，也应“防患于未然”，对“娱乐博彩”者进行教育、指导，防止其向“问题博彩”转化。

就预防制度而言，可选择的制度主要有以下几种。一是博彩教育制度，包括普及型教育和特殊教育。这些教育项目旨在通过普及博彩相关知识，以及提高人们对博彩风险、博彩的原理等问题的了解，来预防博彩的危害。其目的是减少社区赌客的数量，让赌客提前知悉相关风险，以便进行明智的选择，以及通过增强意识、接受个人和家庭咨询等辅导服务来减少危害。二是博彩信息公开制度。该制度的目的在于使公众在参与博彩时就已掌握全面准确的游戏信息，并以此为基础决定是否参与博彩游戏。澳门“负责任博彩”可以面向公众设立网站，用以提供博彩和问题的信息。三是博彩运营监管制度。该制度通过防止赌客冲动下注或错误决定或越输越赌的捞本心态，来预防和减少危害。其一，对本地人进入赌场设置高门槛。其二，实施赌场禁入制度。凡财务状况不佳、陷入经济困境或领取社会救助金的人员不得进入赌场。其三，控制借贷。除被赌场列为贵宾的赌客外，赌场不准接受信用卡或远期支票；限制提取现金，赌场内也不得设有提款机等设施。其四，在游戏和交易时段安排强制性休息、自我隔离，以及工作人员干预等。四是博彩营销规章制度。为降低营销对公众博彩行为的不当影响，应对博彩营销做出约束和限制。例如，限制赌场广告。规定赌场广告只限在机场、游客中心和旅游景点里，禁止赌场在免费电视和电缆电视、广播节目、报章、公共汽车站和公共汽车上打广告。五是博彩游戏影响评估制度。该制度的目的在于防止博彩产品对博彩游戏参与者的行为产生不恰当的影响。六是未成年人保护制度。未成年人作为受博彩影响的一个特殊群体，应受到重视。针对未成年人的保护措施包括禁止未成年人参与博彩、不得进行针对未成年人的博彩营销、未成年人的博彩教育等。七是博彩业从业人员培训制度。应该确保与顾客接触的游戏设施工作人员得到培训，以帮助这些员工能对正在经历困境的顾客进行识别并做出反应。

就干预制度而言，可选择的制度主要有以下几种。一是辅导救助制度。①赌场为赌客提供方便“自设输亏顶限”的服务。②设立免费辅导救助电话，建立辅导治疗机构等。目的其一是加强为嗜赌者提供治疗和心理咨询；其二是向博彩者及其配偶和家人提供建议、支持和资源，通过干预措施，减少危害，帮助赌客重新控制自己的博彩行为。二是辅导救助人员专业培训制度。专业辅导救助人员可以更有针对性地提供治疗思路和方案。三是博彩参与排除制度。博彩参与排除制度的设立在减少社会损失中扮演着重要的角色，旨在为博彩游戏参与者提供在一定时期内退出博彩游戏的机会。博彩游戏者一旦参与该项目，博彩运营者将拒绝为其提供博彩服务。

（3）澳门“负责任博彩”辅助支持制度。无论是“问题博彩”的预防，还是“问题博彩”的治疗干预都需要相应的制度措施予以辅助和支持。“负责任博彩”的辅助制度主要有两大类：博彩社会经济影响研究制度、责任博彩推行资金保障制度。博彩的社会经济影响研究制度为“负责任博彩”制度的制定和实施提供相应的“证据”支撑，从而提高了制度的科学性、针对性和有效性。“负责任博彩”的资金制度为“负责任博彩”的预防、治疗以及研究提供了资金支持和物质保障。

3）成立专职常设机构。博彩业的可持续健康发展，需要长期推动“负责任博彩”政策以控制可能出现之风险，而“负责任博彩”政策是澳门成功迈进“世界旅游休闲中心”的必要条件之一。因此，建议成立一个具有“常设架构”的“负责任博彩”议会，专责处理问题赌博防治工作以及推动“负责任博彩”相关政策。设立专责议会有三大好处：一是提供恒常资源，确保可持续发展；二是加强规划管理，提升防治效度；三是吸纳不同利益相关者，共同负责任。

参 考 文 献

［1］袁持平，等．澳门产业结构适度多元化研究［M］．北京：中国社会科学出版社，2011.

［2］王其藩．系统动力学［M］．上海：上海财经大学出版社，2009.

［3］王五一．“赌权开放”与澳门博彩业发展［J］．广东社会科学，2011（2）：100－106.

［4］史际春，蔡家浚．“十二五”规划与澳门产业政策对接的法治思考［J］．法学杂志，2015（1）：33－40.

［5］代魁．“一带一路”建设背景下澳门的发展机遇［J］．现代管理科学，2017（12）：33－35.

［6］孙久文，潘鸿桂．“一带一路”战略定位与澳门的机遇［J］．现代管理科学，2016（1）：27－29.

［7］毛艳华，刘小飞．“自由行”政策对澳门经济影响的评价［J］．旅游学刊，2016，31（12）：28－40.

［8］汪海．澳门：中国和拉丁语系国家的经贸合作平台［J］．国际经济合作，2008（5）：84－89.

［9］欧阳军，等．澳门博彩旅游业的多维效应：一个5年的历时性对比研究［J］．旅游学刊，2009（2）：18－24.

［10］龚唯平．澳门博彩旅游业的升级与发展：三维制度创新［J］．学

术研究，2007（1）：86－90.

[11] 封小云. 澳门博彩旅游业高增长预期下的经济失衡分析［J］. 广东社会科学，2006（4）：167－173.

[12] 苏育楷，冯邦彦，胡娟红. 澳门博彩税与财政储备制度［J］. 国际税收，2014（3）：46－48.

[13] 郑华峰. 澳门博彩业的恒久博弈与政府选择［J］. 学术研究，2008（5）：93－96.

[14] 郭小东，刘长生. 澳门博彩业的经济带动能力及其产业政策取向分析［J］. 国际经贸探索，2009，25（8）：21－26.

[15] 曾忠禄. 澳门博彩业的利益相关者：分析与建议［J］. 亚太经济，2008（6）：114－117.

[16] 陈章喜. 澳门博彩业对房地产业影响效应的实证分析［J］. 港澳研究，2016（3）：84－92.

[17] 林双凤. 澳门博彩业发展的社会问题分析［J］. 广东社会科学，2012（2）：213－220.

[18] 陈章喜. 澳门博彩业与会展业：效应比较及产业走向［J］. 暨南学报（哲学社会科学版），2012（6）：82－88.

[19] 王鹏. 澳门博彩业与文化创意产业的融合互动研究［J］. 旅游学刊，2010，25（6）：57－65.

[20] 吕开颜，杨道匡. 澳门财政支出特点分析和建议［J］. 广东社会科学，2008（6）：87－91.

[21] 张涛. 澳门财政状况与经济增长互动性分析［J］. 商业研究，2016（11）：47－52.

[22] 萧志泳，姜彦福，林嵩. 澳门产业发展战略研究［J］. 科学学与科学技术管理，2008（12）：116－120.

[23] 褚俊虹. 澳门产业结构调整：第二产业发展的一些观点 [J]. 学术论坛，2008 (8)：147-149，154.

[24] 林昌华. 澳门城市发展对旅游业吸引力的影响研究 [J]. 亚太经济，2017 (5)：166-172.

[25] 薛伟玲，孙代尧. 澳门城市竞争力提高的人口因素研究 [J]. 港澳研究，2015 (4)：84-93.

[26] 谢四德. 澳门当前发展的主要经济矛盾：基于政治经济学分析 [J]. 亚太经济，2014 (3)：139-143.

[27] 陈振光. 澳门的城市发展：挑战与机遇 [J]. 城市规划，2014 (38)：31-36.

[28] 文彤，梁金燕. 澳门赌权开放政策的社会效用与管理调控：基于青少年群体的调查研究 [J]. 社会科学家，2012 (3)：89-93.

[29] 陈章喜，稂欣. 澳门房地产业：经济地位、香港元素与产业合作 [J]. 产经评论，2015 (3)：108-116.

[30] 柯晶莹. 澳门回归十年博彩业实证研究 [J]. 特区经济，2010 (3)：23-24.

[31] 梁明珠，钟金凤，廖奇辉. 澳门会展旅游的发展模式及其推进路径 [J]. 旅游科学，2012 (2)：77-84.

[32] 杨道匡. 澳门建设旅游休闲中心相关问题探讨 [J]. 港澳研究，2016 (1)：44-51.

[33] 郭永中. 澳门建设中葡商贸合作平台的战略思考 [J]. 理论学刊，2011 (10)：64-68.

[34] 陈广汉，李小瑛. 澳门经济发展瓶颈与“走出去”策略 [J]. 港澳研究，2015 (1)：51-60.

[35] 曹达华. 澳门经济结构演变对就业和收入分配的影响分析 [J].

广东行政学院学报，2016，28（3）：90－95.

[36] 王应贵，彭丹云. 澳门经济增长、金融状况与特色金融的路径选择[J]. 亚太经济，2016（6）：149－154.

[37] 张应武. 澳门经济增长与波动：基于产业结构变动视角的分析[J]. 国际经贸探索，2009，25（11）：14－19.

[38] 曹达华. 澳门经济周期与就业波动的关联效应分析[J]. 学术研究，2016（8）：107－112.

[39] 戴安娜，徐凤山. 澳门经济转型走向何方[J]. 人民论坛，2010（36）：66.

[40] 陈章喜. 澳门世界旅游休闲中心竞争力分析：理论与实证[J]. 港澳研究，2017（1）：68－77.

[41] 柳智毅. 澳门特区人力资源存在的问题与开发建议[J]. 暨南学报（哲学社会科学版），2009，31（5）：92－97.

[42] 刘毅. 澳门通货膨胀的社会福利成本研究[J]. 广东社会科学，2016（6）：84－89.

[43] 高武洲. 澳门未来解决居住问题的对策：公共房屋[J]. 南方建筑，2014（1）：115－119.

[44] 苏武江. 澳门文化创意产业发展路径研究[J]. 科技管理研究，2012（24）：64－68.

[45] 柳智毅. 澳门在校青少年人力资源问题与对策建议[J]. 中国青年政治学院学报，2009（2）：43－47.

[46] 郭永中. 澳门中小企业的发展与挑战[J]. 广东行政学院学报，2013，25（4）：87－91.

[47] 郭永中. 澳门中小企业提升竞争力的选择：制度、技术与管理创新[J]. 河南师范大学学报（哲学社会科学版），2010（4）：

78 - 80.

[48] 龚唯平，刘岳忠. 澳门中小微型企业营商环境研究 [J]. 产经评论，2014 (2)：121 - 131.

[49] 玛尔丹，杨曦，梁柱. 澳门主要来源地赴澳门游客规模预测分析 [J]. 特区经济，2011 (1)：161 - 163.

[50] 戴安娜. 澳门 GDP 陷阱与新的动力机制：关于建立澳门绿色核算体系的思考 [J]. 人民论坛，2011 (17)：244 - 245.

[51] 冯邦彦，谭裕华. 博彩经营权开放后澳门的国际竞争力结构与竞争战略：基于 DDD 模型 [J]. 广西社会科学，2008 (4)：64 - 68.

[52] 袁持平，介莹. 博彩业发展与澳门承载力适应性研究 [J]. 港澳研究，2014 (4)：55 - 61.

[53] 吴伟东，郭腾军. 产业结构与青年的就业选择：对 9 名澳门青年的深度访谈分析 [J]. 中国青年研究，2012 (3)：96 - 100.

[54] 王慧，周晓燕. 对于澳门转型的深度思考："高度决定视野：'金砖四国' 崛起，澳门何去何从" 研讨会综述 [J]. 人民论坛（中旬刊），2010 (35)：241 - 242.

[55] 王五一. 繁荣与矛盾：澳门赌权开放十周年回望 [J]. 广东社会科学，2012 (4)：108 - 117.

[56] 冯家超，伍美宝. 负责任博彩：澳门模式及经验 [J]. 港澳研究，2015 (4)：57 - 65.

[57] 郑炎潮，卢晓媚. 共建 "澳门—横琴" 一体化的 "世界旅游休闲中心"：营造以博彩业为核心的世界旅游休闲产业链和聚集区 [J]. 南方经济，2011 (11)：79 - 82.

[58] 吴江秋，晏阳. 回归后 "澳门模式" 的经济特征及其可持续发展

[J]. 经济地理, 2014 (8): 1-7.

[59] 陈章喜, 颜昌明. 基于产业分类的澳门香港经济合作探讨 [J]. 国际经济合作, 2010 (2): 47-50.

[60] 曹达华. 行业收入差距: 基于澳门二元劳动力市场的实证分析 [J]. 经济问题探索, 2016 (6): 34-40.

[61] 陈海明, 顾良智, 演克武. 基于 PEST 分析法和平衡计分卡的澳门旅游发展因素测定 [J]. 区域经济, 2014 (8): 140-144.

[62] 覃成林. 基于产业和文化资源优势的澳门城市形象定位研究 [J]. 城市发展研究, 2009 (10): 123-126.

[63] 杨英. 基于城市群视角的澳门城市竞争力研究 [J]. 华南师范大学学报 (社会科学版), 2013 (4): 61-66.

[64] 司徒健彬, 莫紫莹, 林文斯. 联系汇率制下汇率波动对澳门贸易影响的实证分析 [J]. 武汉金融, 2015 (7): 56-59.

[65] 张红峰. 流动性的变化及其对澳门博彩经济的影响 [J]. 亚太经济, 2015 (6): 134-139.

[66] 罗浩, 黄思齐, 黄富文. 论澳门的旅游业转型: 以博彩旅游带动文化旅游 [J]. 经济管理, 2015, 37 (6): 123-132.

[67] 于欣. 论美资博彩企业对澳门政治生态的影响及法治应对之策 [J]. 深圳大学学报 (人文社会科学版), 2015, 32 (3): 58-64.

[68] 刘伯龙. 美国在澳门的博彩业投资分析 [J]. 国际经济评论, 2008 (4): 61-62.

[69] 柳智毅. 内地游客对澳门经济影响的相关度分析 [J]. 学术研究, 2009 (3): 102-105.

[70] 霍建国. 内地与澳门绿色经济合作探索 [J]. 人民论坛, 2011

(17)：246 – 247.

[71] 陈嘉贤. 剖析内地旅客在澳门只作短暂停留的原因与对策 [J]. 旅游学刊，2008 (8)：24 – 30.

[72] 王薛红. 浅析澳门博彩专营权改革 [J]. 中国财政，2013 (6)：77.

[73] 谢四德. 全球资本管控及其对澳门经济的影响 [J]. 亚太经济，2015 (2)：143 – 148.

[74] 陈国平，姚枝仲，李众敏. 如何实现澳门的长期繁荣 [J]. 国际经济评论，2012 (6)：150 – 159.

[75] 袁俊，张萌. 生态旅游视野下的澳门文化遗产旅游可持续发展研究 [J]. 深圳大学学报（人文社会科学版），2010，27 (4)：99 – 104.

[76] 宋雅楠. 外来劳动力对澳门工资水平的影响研究 [J]. 中国人口·资源与环境，2013 (5)：113 – 117.

[77] 宋雅楠. 外来劳动力对澳门经济增长影响研究：从行业的视角 [J]. 国际经贸探索，2013，29 (3)：72 – 79.

[78] 陈广汉，曹正清. 外资进入澳门博彩业带来的社会政治问题 [M]//周镇宏港澳海外统战工作新探索. 广州：广东人民出版社，2008：230 – 237.

[79] 郑华峰. 微型经济体的产业比较及其对澳门发展启示 [J]. 亚太经济，2010 (3)：127 – 132.

[80] 李嘉曾. 微型经济转型背景下的劳动力需求与人才培养政策：以澳门为例 [J]. 辽宁大学学报，2017，45 (6)：39 – 46.

[81] 杨英，王晶. 小空间尺度区域视角的澳门世界旅游休闲中心发展研究 [J]. 产经评论，2017，8 (2)：57 – 65.

[82] 陈章喜，李霞. 休闲旅游中心的国际竞争力评价：以香港特区与澳门特区为例 [J]. 国际商务（对外经济贸易大学学报），2016 (4)：72-80.

[83] 曾韬. 休闲体验时代澳门博彩旅游业的转型 [J]. 开放导报，2016 (5)：48-51.

[84] 杨正浒，汪占熬. 要素禀赋、市场结构视角下澳门经济发展研究：澳门经济发展回顾、分析和展望 [J]. 商业经济研究，2011 (3)：144-145.

[85] 刘佳宁. 以澳门为平台开展与葡语国家的金融合作研究 [J]. 新金融，2013 (8)：42-45.

[86] 袁持平，梁雯. 以澳门与横琴合作促进澳门经济可持续发展 [J]. 华南师范大学学报（社会科学版），2013 (4)：67-76.

[87] 梁华峰. 游客的地区差异对澳门零售业影响研究 [J]. 商业经济研究，2014 (30)：139-143.

[88] 姚树洁，CHUN K L，冯根福. 中国内地、香港和澳门地区的收入收敛性 [J]. 经济研究，2008 (10)：80-92.

[89] 杨继超. 以产业多元化为途径拓宽澳门收入来源 [J]. 中山大学研究生学刊（人文社会科学版），2016 (4)：108-121.

[90] 郭小东. 刘长征. 澳门博彩业的经济带动能力及其产业政策取向分析 [J]. 国际经贸探索，2009，25 (8)：21-26.

[91] 刘元春，张影强. 当前我国经济运行处于下行周期 [J]. 经济研究参考，2013 (55)：81-82，96.

[92] 李晓东. 澳门博彩业从业人员的发展状况研究 [D]. 武汉：华中科技大学，2013.

[93] 王小广. 引领新常态的战略选择 [J]. 区域经济评论，2015

(3): 17 - 23.

[94] 刘晓兵. 澳门博彩债务在内地的司法追偿研究 [J]. 首都师范大学学报 (社会科学版), 2015 (3): 56 - 65.

[95] 王五一. 一场两制: 历史视野下的澳门贵宾赌业 [J]. 澳门理工学报 (人文社会科学版), 2016 (4): 34 - 43.

[96] 王长斌. 澳门博彩业中期检讨的几个问题 [J]. 港澳研究, 2016 (1): 52 - 61.

[97] 邓泽宏, 王丹. 澳门博彩监管体制存在的问题及改革构想 [J]. 人民论坛, 2016 (11): 229 - 231.

[98] 袁持平, 杨继超. 澳门博彩业收入下降风险、隐患及对策分析: 基于系统动力学模型 [J]. 当代港澳研究, 2017 (4): 91 - 123.

[99] 卢颂馨. 中国内地对于澳门地区因博彩而衍生之债务的追偿问题研究 [J]. 法治社会, 2017 (6): 24 - 30.